GOLDMANN

Marcel Pagnol wurde am 28. Februar 1895 in Aubagne bei Marseille geboren. Er schrieb mit achtzehn Jahren seine erste Komödie, doch dauerte es über ein Jahrzehnt, bis ein Stück von ihm in Paris aufgeführt wurde. 1928–31 entstand die »Marseiller Trilogie«, drei Komödien, die ihn berühmt machten: »Marius«, »Fanny« und »César«; sie führen lebensecht und mit großer Wärme Menschen aus dem Hafenviertel der südfranzösischen Metropole vor. Seit 1930 arbeitete Pagnol auch als Drehbuchautor und Regisseur und schuf Filme, die heute bereits klassisch sind. Als Erzähler fesselte er das Publikum vor allem mit seinen hinreißenden Jugenderinnerungen: »Marcel« (1957/58), »Marcel und Isabelle« (1961) und »Die Zeit der Liebe« (1977, aus dem Nachlaß). Pagnol wurde 1946 zum Mitglied der Académie Française gewählt. Er starb am 18. April 1974 in Paris.

Außer dem vorliegenden Band sind von Marcel Pagnol als Goldmann-Taschenbücher erschienen:

Marcel. Eine Kindheit in der Provence (3750)
Marcel und Isabelle. Die Zeit der Geheimnisse (3759)
Die Zeit der Liebe. Kindheitserinnerungen (3878)
Die Wasser der Hügel. Roman (3766)
Das Mädchen mit den dunklen Augen. Roman (8987)
Die eiserne Maske. Der Sonnenkönig und das Geheimnis des großen Unbekannten (3862)
Marius – Fanny – César. Szenen aus Marseille (3972)

MARCEL PAGNOL

Ganz Persönliches

GOLDMANN VERLAG

Ungekürzte Ausgabe
Aus dem Französischen von Irène Kuhn und Ralf Stamm
Titel der Originalausgabe: Confidences

Der Goldmann Verlag
ist ein Unternehmen der Verlagsgruppe Bertelsmann

Made in Germany · 1. Auflage · 6/88

Genehmigte Taschenbuchausgabe
Umschlagentwurf: Design Team München
Umschlagfoto: (Ausschnitt aus dem Gemälde »Der Boulevard
des Italiens im Morgenlicht« von Camille Pissarro):
Josef F. Martin / Artothek, Planegg
Druck: Elsnerdruck, Berlin
Verlagsnummer: 9085
MV · Herstellung: Sebastian Strohmaier
ISBN 3-442-09085-7

Inhalt

Vorwort

Wußten Sie, daß Marcel Pagnol den Beginn seiner Theaterkarriere der Wohnungsnot zu verdanken hat? Daß sein erstes Stück *Tonton* hieß, und daß er es etwas leichtgewichtig fand und deshalb lieber mit dem Namen Castro zeichnete? Daß er, als er seinen ersten Vertrag feierte, im Smoking von Arsène Lupin steckte? Daß der geheimnisvolle, düstere junge Mann, dessen Schreibmaschine eine Etage weiter oben klapperte, während Pagnol an *Topaze* schrieb, kein anderer war als André Malraux? All diese Anekdoten und noch zahlreiche andere werden Sie entdecken, wenn Sie jetzt diese vertraulichen Mitteilungen lesen, die gewissermaßen Marcel Pagnols Memoiren darstellen. Marcel Pagnol hat also seine Memoiren verfaßt? Ja, er hat, aber ohne es uns zu sagen... fast ohne es selbst zu wissen.
Im Jahre 1960 hatte er gerade seine Kindheitserinnerungen herausgebracht. Zum drittenmal ein glänzender Erfolg, wo keiner es erwartete: nach dem Dramatiker und dem Schöpfer großartiger Filme feierte nun der Erzähler Triumphe mit der wunderbar einfachen Prosa seiner bereits klassisch gewordenen Trilogie. Der Erfolg entzückte ihn, aber mehr noch hatte er die Freude genossen, diese Prosa zu schreiben, und er hatte nicht vor, es dabei bewenden zu lassen. Der vierte Band, der später unter dem Titel *Die Zeit der Liebe* herauskam, ging ihm nicht ganz so leicht von der Hand. Aber der unerschöpfliche Erzähler hatte noch manche Erinnerung auf Lager, nicht zuletzt die aus seiner großen Zeit zwischen den zwei Weltkriegen. Wie würde er diese Aufgabe anpacken? In welcher Form? Nun, die Gelegenheit ergab sich, und zwar mit dem Projekt der *Sämtlichen Werke*.

Diese Ausgabe des Gesamtwerks begann tatsächlich zu erscheinen, zunächst bei den Editions de Provence und ab 1965 beim Club de l'Honnête Homme. Sehr sorgfältig hatte der Autor die endgültige Fassung seiner in dreißig Jahren so oft überarbeiteten Stücke erstellt. Er griff außerdem eine Reihe von Artikeln wieder auf, die er 1933, als der Streit um den Tonfilm ausgetragen wurde, für die Zeitschrift *Les Cahiers du Film* geschrieben hatte; das veranlaßte ihn gleich noch dazu, quasi als Prolog und äußerst lebhaft, die Atmosphäre zu schildern, in der er das Kino für sich entdeckt hatte. Und schließlich schrieb er für jedes seiner bedeutenderen Werke eine lange Einführung.

Diese wunderschönen Texte sind so gut wie unbemerkt geblieben; sie sind jedenfalls den meisten Lesern entgangen, denn sie waren nicht nur auf mehrere Bände verteilt, nicht nur bescheiden und wenig verlockend als »Vorworte« betitelt, sondern auch noch winzig klein gedruckt – wie es sich für Vorworte ziemt, deren normales Schicksal es ist, übersprungen zu werden.

Für Pagnols Leser haben wir sie hier zusammengestellt. Das Ergebnis ist ein Buch von erstaunlicher Geschlossenheit. Von seinen Vorworten sagte Marcel Pagnol, es handle sich um vertrauliche Mitteilungen, um »ganz Persönliches«, weil er nämlich dem Werkkommentar die Zeitschilderung, die farbige Entstehungsgeschichte bei weitem vorzog. Es sind ganz einfach Erinnerungen, neue Erinnerungen. Nach der *Kindheit in der Provence* und der *Zeit der Liebe* nun also die Zeit des Publikumslieblings Pagnol.

Die Zeit des Publikumslieblings, das bedeutet die Zeit der Abenteuer, denn Theater heißt Abenteuer. Ein Abenteuer mit Unverhofftem, Unerwartetem, mit Begegnungen, Querelen und Verrat, mit Lachen und Weinen. Ein Abenteuer, bei dem man nie alleine ist. Es ist kein Zufall, daß beim Theater wie beim Militär von der Truppe gesprochen wird. Die Schauspie-

ler bilden in der Tat eine Truppe, die Vormarsch und Rückzug kennt, die gehorcht oder die meutert, die ihr Austerlitz und ihr Waterloo erlebt. Und da Marcel Pagnol mit genausoviel Humor und Augenzwinkern von seinen Mißerfolgen wie von seinen Erfolgen berichtet, lesen wir keineswegs nur eine Chronik der Triumphe, sondern ebenso ausführlich von einigen Pleiten, die zwar weniger denkwürdig sind, aber dafür um so mehr Unterhaltungswert besitzen.
Mit diesen Erzählungen wird für uns das Porträt einer ganzen Generation frohgemuter, herzlicher Menschen lebendig. Der Band *Ganz Persönliches* setzt ein, wo die »wilden Jahre« enden. Langsam verblaßt die Nachkriegszeit. Noch ist Paris – nicht mehr für lange – die Lichterstadt. Das Theater sprüht seinen letzten Glanz, der Film steigt auf wie ein strahlendes Gestirn... Marcel Pagnol ist noch keine dreißig Jahre alt. Er entdeckt Paris, er entdeckt den Film, er entdeckt den Erfolg, er entdeckt Schriftsteller, Schauspieler, Musiker, Regisseure, die jung sind, wie er, die noch unbekannt sind, wie er, und die wie er gewillt sind, Ruhm und Erfolg zu erobern. Die Seiten, die er ihnen widmet, gehören zu den schönsten, auf denen je der Jugend und der Freundschaft gehuldigt wurde, denn es sind die lebendigsten. Die Tür öffnet sich und Popesco steckt den Kopf herein. Raimu wird gleich in Wut geraten, man sucht Pierre Fresnay, er ist unauffindbar, Volterra kaut auf seiner Zigarre, Harry Baur kommt nicht aus seinen Verträgen, Poupon ruft aus Toulon an, Louis Jouvet schneidet Grimassen vor dem Spiegel, Vincent Scotto könnte sich sehr gut in *Jofroi* vorstellen... Die Helden dieser vertraulichen Mitteilungen sind nicht erdichtete Gestalten, und aus den absolut wirklichen Geschichten, die ihnen passieren, wird Marcel Pagnol eine Legende weben.
Geschichten? Dieses Buch ist voll von Geschichten, so wie sein Leben es war. Da gibt es die von der phönizischen Vase und dem Gelehrten, die von Robert Darzens und von seiner

Bärin. Es gibt die vom »unverbrauchten Auge« und die von der lieben Alten, die unbedingt Césars Ende wissen wollte. Es gibt die Geschichte von Boeuf, dem lieben Schaf, das einen Eimer Gips fraß, den es für Milch gehalten hatte, und die von Gaubert, dem kleinen Kaninchen, das mit den beiden Schäferhunden spielen wollte und glaubte – ein gängiger Irrtum! –, Schäferhunde seien auch nur Kaninchen, ein bißchen mächtiger als die anderen. Lebhaft, zärtlich, komisch sind sie, diese Geschichten von Marcel Pagnol, nie herzig, wo Gefühl, nie herzlos, wo Lächeln dominiert. Und mit nie erlahmender Freude hat er sie erzählt. Wenn wir sie lesen, haben wir den Eindruck, den letzten, den größten seiner Filme zu erleben. Den Film, den er nie gedreht hat, den er aber – zu unserem Glück – geschrieben hat: die Geschichte seines Lebens.

Bernard de Fallois

Erster Teil

Die Zeit des Theaters

I

Die Händler des Ruhms

1925

Der Wohnungsnot, von der so viele Franzosen so grausam betroffen waren, habe ich meine ganze Karriere zu verdanken.

Das Lycée Condorcet ist, wie jeder weiß (wie jeder im Lycée Condorcet weiß), das Erste unter den Gymnasien Frankreichs. Vor dem Ersten Weltkrieg war es der Traum eines jeden Gymnasiallehrers aus der Provinz, zum Ende seiner Laufbahn ans Lycée Condorcet berufen zu werden.

Nach dem Waffenstillstand vom November 1918 lehnten Leute, denen diese Ehre zugedacht war, ab, aus Angst, sie müßten unter den Brücken von Paris schlafen.

Und so kam es, daß ich 1922 in dieser heiligsten aller schulischen Stätten zum außerplanmäßigen Lehrer für Englisch ernannt wurde, trotz jugendlichem Alter und ungenügender Qualifikation. Ich wurde übrigens hinbefohlen, denn ich hatte mich zunächst geweigert, das Lycée Saint-Charles in Marseille aufzugeben.

Ich führte dort ein angenehmes Leben unter der Sonne Vergils, mein Stundenplan war angenehm unüberlastet, und ich war der ruhmreiche Chefredakteur einer literarischen Zeitschrift, aus der dank Jean Ballard die *Cahiers du Sud* geworden sind. Ich schrieb Gedichte und arbeitete an Tragödien (in Versen, selbstverständlich), welche die Liebschaften des Dichters Catull oder den Aufenthalt des Odysseus bei Nausikaas Vater auf die Bühne bringen sollten.

Paris, das ich mir als Ameisenhaufen im Regen vorstellte, machte mir Angst. Das gute Zureden meiner Freunde und das väterliche Insistieren meines obersten Vorgesetzten brachten mich dann doch dahin, die Stelle anzunehmen, und ich begann am Lycée Condorcet just am Tag des großen Kaufhausbrands im »Printemps«, beziehungsweise an dem Tag, wo in den trauten Heimen die Niederlage unseres geliebten Georges Carpentier beweint wurde, der am Vorabend von Battling Siki ausgeknockt worden war.

Ich hatte das Glück, in Paris Paul Nivoix wiederzubegegnen. Er hatte in Marseille eine wöchentlich erscheinende Theaterzeitschrift namens *Spectator* geleitet. Die Stadt Marseille schert sich wenig um literarische Probleme, und ihre Intellektuellen lesen so gut wie ausschließlich die Presse der Hauptstadt. Aus diesem Grund erlag *Spectator* eines Tages einer akuten Finanzthrombose; Nivoix tat den Sprung nach Paris und wurde Redakteur bei der Zeitschrift *Comoedia.*

Comoedia, die nie eine würdige Nachfolgerin gefunden hat, war das einzige Journal für Kunst und Literatur, das täglich erschien. Die Redaktion war in einem sehr schönen Stadtpalais untergebracht, jenem Gebäude, das später von einem geschickten Architekten in das Théâtre Saint-Georges umgewandelt wurde.

Der Freundschaft mit Nivoix habe ich es zu verdanken, daß ich den großen Redaktionsraum betreten durfte. Jeden Abend, wenn ich das Lycée Condorcet verließ, verbrachte ich dort eine Stunde. So lernte ich eine Mannschaft junger Journalisten kennen, die bald meine Freunde wurden: André Lang, J.-P. Liausu, Asté d'Esparbès, Robert de Thiac, Yves Krier.

Auch schon bekannte Schriftsteller lernte ich auf diese Weise kennen, André Levinson, Fréjaville, ebenso wie den Chefredakteur der Zeitung, den sanften, gelehrten Gabriel Boissy, der ein echter Dichter, ein großer Theaterkritiker und ein Mann von hohem sittlichem Ernst war.

Da für ihn alles seine Ordnung haben mußte, legte er Wert darauf, meine Anwesenheit in diesem Raum zu rechtfertigen;

er tat das, indem er mir einige zweitrangige Aufgaben anvertraute, wie z.B. den Bericht über die Enthüllung einer Gedenktafel an dem Geburtshaus irgendeiner literarischen Berühmtheit oder die Kritik einer Laienaufführung.
Auf diese Weise kam ich hinein in einen Kreis von modernen, frohgemuten Menschen, hinein ins volle Theaterleben. Boissy gab mir oft Karten für die exklusiven Vorpremieren. Dadurch hatte ich Gelegenheit, zwei bereits berühmte junge Autoren kennenzulernen: Jean Sarment und Jacques Natanson, die damals die Könige von Paris waren und die meine Freunde geblieben sind.
Sprache und Kolorit dieses Milieus hatten nichts Akademisches: Ich begann sehr bald an der Bedeutung meiner griechischen und römischen Tragödien zu zweifeln; ich machte Nivoix den Vorschlag, unsere Kräfte zu vereinen und eine Boulevardkomödie zu schreiben.
Dieses Werk wurde sehr schnell abgeschlossen und bekam den Titel *Tonton**.
Beim Schreiben hatten wir oft lauthals gelacht. Als ich aber das Manuskript wiederlas, war ich entsetzt, wie banal und vulgär diese Dialoge klangen; denn für den typischen Akademiker, der ich war, setzten Marivaux, Beaumarchais oder Alfred de Musset die Wertmaßstäbe. Voller Gewissensbisse erklärte ich Nivoix, das Herstellen solcher Machwerke sei keinen Deut besser als Prostitution, und ich weigerte mich, meinen Namen dafür herzugeben.
Er war darüber erstaunt und betrübt.
»Ich bin gerade auf dem Weg, das Manuskript beim Schutzverband der Autoren zu hinterlegen. Wenn du das Formular nicht unterschreibst, verpaßt du eine Gelegenheit, Mitglied zu werden, und du verzichtest damit praktisch auf deine Autorenrechte. Ich verstehe schon, daß du Angst hast, dein Vater

* *Tonton: Onkelchen,* nicht ins Deutsche übersetzt. d.Ü.

oder deine Schüler könnten komisch reagieren; aber dann denk dir doch einfach ein Pseudonym aus.«
»Nein, nein und nochmals nein«, antwortete ich. »Ich will nicht das geringste mehr zu tun haben mit diesem niveaulosen Zeug, mit diesen entsetzlichen Albernheiten. Unterschreib halt alleine.«
»Aber was sagst du, wenn das Stück dann das große Geld bringt?«
»Dann bin ich nicht nur verblüfft, sondern empört!«
Er zuckte die Schultern und verließ mich.
Noch am selben Abend sagte er mir kurz und bündig: »Du heißt Castro.«
»Ich? Wieso?«
»Weil ich letzten Endes gefunden habe, daß es nicht anständig wäre, allein für ein Stück zu zeichnen, von dem du mehr als die Hälfte geschrieben hast. Also habe ich dich unter dem Pseudonym Castro angemeldet. Der Name ist knapp und im übrigen schmeichelt er. Corneille, *Le Cid*, Guilhem de Castro... Und es ist mir eben nun eingefallen, einfach so... Wenn du willst, kannst du es ja noch ändern.«
Ich änderte nichts. Aus diesem Grund steht heute noch in den Registern des besagten Verbands hinter meinem Namen der Vermerk: »genannt Castro«.
Bei den Pariser Theaterdirektoren hatte Nivoix keinerlei Erfolg, deshalb suchte er nun Franck auf, der damals die beiden Theater von Marseille leitete, und bearbeitete ihn so lange, bis er bereit war, im Théâtre des Variétés das Experiment zu wagen: Aus purer Freundschaft entschloß er sich, die Saison vom 15. bis zum 30. Juli zu verlängern, um *Tonton* uraufzuführen.
Indessen wurden meine Gefühle *Tonton* gegenüber etwas milder im Laufe meiner Gespräche mit Liausu und vor allem Robert de Thiac (dem bekannten Verfasser des *Train des Cocus**).

* *Le Train des Cocus: Gehörnte im Zug*

Gewiß, ich weigerte mich nach wie vor, meinen Namen auf dem Theaterplakat zuzulassen, aber ich wartete voller Ungeduld auf den Beginn der Proben, um meine Lehre als Theaterautor anzutreten.

Dieser erste Kontakt mit dem Metier sollte für meinen Werdegang von entscheidender Bedeutung sein.

Jeder Schriftsteller erinnert sich an den Tag, an dem er seine Prosa oder seine Verse zum ersten Mal gedruckt gesehen hat. Der Stolz, den er an diesem Tag verspürt hat, läßt nur ferne ahnen, was der Theaterautor empfindet, wenn er zum ersten Mal seine Dialoge hört und seine Personen lebendig werden sieht: für ihn wird das sogleich zur wertvollen Lektion, und der erste und wichtigste Schluß betrifft den literarischen Stil: der ist hinfort zu vermeiden; denn er hört, wie seine schönsten Sätze hoffnungslos papieren versacken, anstatt über die Rampe zu kommen.

Die Rolle des *Tonton* wurde von Hippolyte de Gerny vorzüglich gespielt, der sicherlich eine große Schauspielerkarriere gemacht hätte, wenn er nicht mit dreißig Jahren gestorben wäre. Das Stück wurde etwa zwanzigmal gespielt, was bereits einen Achtungserfolg bedeutete, und der verblüffte und hochgestimmte Castro bekam siebenhundert Francs Autorenhonorar ausgezahlt. Im Jahre 1924 war das eine nicht unwesentliche Summe, da sie zirka einhundertfünfzig Mahlzeiten in einem anständigen Restaurant entsprach.

Auf der Stelle verkündete ich Nivoix, wir müßten ein neues Stück schreiben, diesmal aber ein anspruchvolleres.

Nivoix war über unseren Erfolg hocherfreut, aber die Art, wie die Pariser Theaterdirektoren ihn empfangen hatten, war ihm noch gut im Gedächtnis, und so meinte er: »In Paris will kein Theater unser Stück. Die sind völlig überschwemmt mit Manuskripten, die lesen sie nicht einmal.«

Daraufhin sagte J.-P. Liausu, der an diesem Gespräch teilnahm: »Er hat recht. Aber es gibt einen Weg, um gespielt zu werden.«

»Welchen?«

»Die Gesellschaft der ›Escholiers‹. Das ist ein sehr wohlhabender Verein, der sich zum Ziel gesetzt hat, junge Autoren zu entdecken und zu lancieren. Wenn die meinen, daß ein Stück in Frage kommt, dann mieten sie ein Theater; das Stück wird ein einziges Mal aufgeführt, und zwar vor der Pariser Premierenprominenz; die Kritik berichtet auf jeden Fall darüber. Den Vorsitzenden kenne ich gut. Bringt mir ein Manuskript, ich verbürge mich dafür, daß er es liest.«

Ich hatte großes Vertrauen zu Liausu und ich dankte ihm von ganzem Herzen. Er fügte noch einige Ratschläge hinzu.

»Da das Stück nur ein einziges Mal aufgeführt wird, muß es irgend etwas Aufsehenerregendes enthalten: es muß zeitgemäß, vom Thema her brisant sein, am besten eine richtige Bombe. Wenn es ein großer Erfolg wird, findet sich ein Theater, das es übernimmt. Wenn ihr dieses Glück nicht habt, dann langt es noch immer zu einer Tournee in der Provinz, euer Name wird in der Branche bekannt, und euer nächstes Stück könnt ihr dann vielleicht unterbringen.«

Wir beschlossen, uns gleich am folgenden Tag an die Arbeit zu machen, aber es galt, einen Stoff zu finden. Nach langem Hin- und Herüberlegen fiel mir plötzlich die Geschichte meines Freundes Robert oder vielmehr die Geschichte seines Vaters ein.

*

In der Abiturklasse war Robert mein Banknachbar. Er war ein sehr schmächtiger Junge, der sich bei unseren Spielen nicht sonderlich hervortat, aber er war ein heller, musischer Geist und einer der guten Schüler der Klasse.

Sein Vater war Volkschullehrer wie der meine, sie hatten beide zum gleichen Zeitpunkt das Lehrerseminar von Aix-en-Provence hinter sich gebracht.

Sie waren so überzeugt konfessionslos, daß ihre Konfessionslosigkeit schon wieder eine Religion war. Von Natur aus gut und großherzig, glaubten sie, alle anderen Menschen seien es auch, und sie waren mit unbeirrbarem Glauben und ungeheurem Idealismus in der sozialistischen Bewegung aktiv.
Damals war die Armee nicht, was sie heute ist: der Adel stellte ihr drei Viertel der Offiziere. Die Sozialisten betrachteten diese Tatsache als ein Überbleibsel des Ancien régime und summten mit Vorliebe die »Internationale«, worin ein Couplet eindeutig besagte:

Unsre Kugeln
Sind für unsre eigenen Generäle*

Roberts Vater, der noch strenger war als meiner, war der Ansicht, daß die beiden wichtigsten Hindernisse für das Glück der Menschen die Kirche und die Armee seien; bei Wahlveranstaltungen verdammte er die kriminelle Allianz von Säbel und Altar. Er war so tief überzeugt von den Vorzügen des Freidenkertums, daß er, hätte er die Macht dazu gehabt, die Menschen mit dem Knüppel zum Freidenken gezwungen hätte, d.h. zu denken wie er selbst.
Er verachtete jegliche Orden und Uniformen (ob zivile oder militärische) und gab lauthals seine Entrüstung kund, wenn ein Kollege dank politischer Protektion befördert wurde: er war ein Muster an Ehrlichkeit, Aufrichtigkeit und Zivilcourage.
Dieser integre, strenge Mann liebte seinen Jungen abgöttisch, seinen einzigen Sohn, in den er seine ganzen Hoffnungen und seinen ganzen Stolz setzte.
Robert wurde 1914 eingezogen, zur höchsten Empörung seines Vaters, der in diesem Krieg nichts als die böse Machenschaft der mit den Bankiers und den Ölmagnaten verbündeten Kanonenhändler sah.

---

* *Nos balles/sont pour nos propres généraux.* – In der dt. Nachdichtung von Emil Luckhardt nicht vorhanden.

Im Februar 1916 in Verdun fiel der Fähnrich der Infanterie Robert über seinem Maschinengewehr. Als einziger Überlebender eines Vorwerks hatte er ein feindliches Bataillon einen ganzen Tag lang in Schach gehalten und wurde ruhmvoll im Tagesbefehl der Armee erwähnt.
Den unglücklichen Sozialisten schmetterte die nicht wiedergutzumachende Katastrophe nieder. Eine Hirnblutung streckte ihn zu Boden. Sechs Monate lang schwebte er zwischen Leben und Tod, und erst nach Wochen lernte er wieder zu sprechen. Mein Vater, der ihn oft besuchte, sagte mir: »Er ist nicht wiederzuerkennen. Das ist weder sein Gesicht, noch ist es sein Blick, noch seine Stimme. Ich habe noch nie eine so tiefe Verzweiflung gesehen. Er wird ganz bestimmt sterben.«
Einige Monate später jedoch kam der arme Mensch wieder etwas zu Kräften und schien, dank der unermüdlichen Pflege seiner Frau und der treuen Anhänglichkeit der Freunde, zu genesen. Er ging am Stock, machte kleine Spaziergänge in der Sonne und verweigerte nicht mehr die Nahrung.

*

Eines schönen Tages schließlich gab es im Ehrenhof der Präfektur eine Parade, und er wurde aufgefordert, das Kriegskreuz und die Militärmedaille seines Sohnes in Empfang zu nehmen.
Trotz seiner antimilitärischen Gesinnung blieb er dieser Feierlichkeit nicht fern, wohnte ihr vielmehr in der ersten Reihe in Hab-acht-Stellung bei, inmitten von anderen trauernden Vätern. Als der General ihn umarmte, liefen ihm die Tränen herunter. Auf dem Weg nach Hause sagte er seinen Freunden, daß er für sich selbst niemals die geringste Auszeichnung angenommen hätte, daß er aber der Meinung sei, er habe nicht das Recht gehabt, für seinen Sohn diese Ehrung zurückzuweisen, seinen Sohn, dessen Andenken gewissermaßen durch diese Feierlichkeit gefestigt werde.

Einige Wochen später wurde er Mitglied im Verein der Eltern von Kriegshelden, nahm an Aufmärschen teil und hatte hinfort an der Existenz des Vaterlandes keinerlei Zweifel mehr: das Vaterland zu verleugnen hätte bedeutet, daß sein Sohn umsonst gestorben war.
Damals wurde er sehr bald zum Direktor einer bedeutenden Schule ernannt: eine Beförderung etwas außer der Reihe, die der Minister ihm jedoch anbot, um sein Unglück etwas zu lindern. Mir scheint, das war ein Akt der Gerechtigkeit, aber seine Freunde waren erstaunt, daß er nicht ablehnte.

*

Ein paar Jahre später erklärte mir mein Vater, als ich gerade in Marseille Station machte, am folgenden Tag werde auf dem Friedhof Saint-Pierre eine militärische Zeremonie stattfinden; die sterblichen Überreste einiger Offiziere und Soldaten, die auf dem Feld der Ehre gefallen waren, würden hierher überführt, und mein Freund Robert gehöre auch zu dem traurigen Zug.
Aus Pietät nahmen wir an der Feierlichkeit teil.
Eine betroffene Menschenmenge geleitete stumm die sterbliche Hülle der jungen Märtyrer. Roberts Vater war in einen schwarzen, gutgeschnittenen Anzug gekleidet; auf einem Samtkissen trug er die Orden seines Sohnes. Erhobenen Hauptes lauschte er den Reden des Präfekten und des Generals und schien keineswegs schockiert, als der Bischof feierlich die Särge segnete: Von weitem winkte er uns zum Zeichen der Freundschaft zu, kam aber nicht zu uns her, da der Präfekt ihn in seinem Wagen mitnahm.
Mein Vater sagte etwas melancholisch: »Er hat gerade selbst einen hohen Schulorden bekommen und will jetzt in die Politik gehen. Bei den nächsten Wahlen wird er womöglich in den Stadtrat gewählt.«

Ich dachte an meinen fürs Vaterland gefallenen Freund und sagte auf einmal: »Wenn Robert plötzlich auferstünde, ich frage mich, was geschehen würde...«
»Sein Vater wäre natürlich in einer ziemlich verqueren Lage – aber ich bin überzeugt, daß er eine tiefe, aufrichtige Freude empfinden würde und daß er nicht zögern würde, auf alles zu verzichten. Man darf ihn nicht verurteilen. Ich weiß, daß er letzten Endes bereit war, wieder zu leben und sogar aufzusteigen nur seinem Sohn zu Ehren, auf daß sein Angedenken lebendig bleibe. Ich glaube zumindest, daß er dies glaubt.«
Wir gingen noch ein paar Schritte zwischen den Gräbern, wo ich überall hinter verrosteten Gitterstäben lesen konnte: »In ewiger Trauer«. Mein Vater blieb stehen und sagte: »La Rochefoucauld hat recht. Unsere Ideen und Überzeugungen nehmen nur allzubald die Farbe unserer Interessen an.«

*

Da ich auf Liausus Rat hin einen »brisanten« und wenn möglich »brandaktuellen« Stoff suchte, erzählte ich Nivoix diese Geschichte. Er fand sie fabelhaft, und wir legten augenblicks eine Szenenfolge fest.

*

Damals waren wir ganz vernarrt in das Theater eines Becque und eines Mirbeau. Die Jugend, die so viele Gründe hat zu lachen und das Leben zu lieben, zeigt sich beim Schreiben gern bitter und sarkastisch. Bestärkt durch Liausus Ratschläge, bemühte ich mich, »dynamitgeladene« Repliken zu erfinden. Es fiel mir eine hübsche Anzahl davon ein, denn es gibt nichts Leichteres als das.
Nivoix hatte sich die Frauenrollen vorbehalten, denn er behauptete, er kenne das schwache Geschlecht »bis zur Neige«.

Diese Behauptung gründete sich darauf, daß er die Hörner aufgesetzt bekommen hatte, eine Tatsache, die ganz offiziell von einem Polizeibeamten festgestellt worden war; dessen Protokoll betrachtete er als eine Art Diplom. Ich konnte ihm nichts anderes entgegenstellen als meine akademischen Titel, also beugte ich mich seiner Erfahrung auf dem Gebiet der weiblichen Psyche. Er kündigte mir an, daß er diese Szenen mit »Vitriol« schreiben würde.

Auf diese Weise arbeiteten wir nahezu einen Monat: Am Abend las jeder von uns, was er im Lauf des Tages geschrieben hatte, dem andern vor. Manchmal gaben wir auch Liausu ein paar Seiten preis: seine brüderliche Bewunderung ermunterte uns dazu, das Dynamit zu verstärken und das Vitriol zu konzentrieren. Er hatte dem Vorsitzenden der »Escholiers« schon von dem Stück erzählt, und dieser wartete gierig auf unser Manuskript.

*

Das war der Stand der Dinge, als ich eines Abends um viertel vor sieben Nivoix antraf, oben auf der Treppe zum Lycée Condorcet. Er machte nicht sein gewöhnliches Gesicht, er schien verklärt.

»Ein Wahnsinnsglück!« sagte er. »Kennst du das Théâtre de la Madeleine?«

»Ich habe davon gehört«, antwortete ich. »Ein ganz neues Theater, nicht wahr?«

»Ja. Ein wunderschönes Haus, das von Robert Trébor und André Brulé geleitet wird. Ihr Stück läuft nicht, wie sie es gerne hätten. Sie suchen ein neues für Anfang April. Über einen Mann von den Escholiers haben sie von unserem gehört. Heute morgen habe ich für *Comoedia* ein Interview mit Trébor gemacht: Er lädt uns ein, ihm aus unserem Manuskript vorzulesen.«

»Wann?«

»Morgen abend.«
»Du weißt doch, daß wir kein Manuskript besitzen...«, hatte ich einzuwenden.
Wir waren nämlich sehr arm und warteten beide auf den Monatsanfang, um unsere Entwürfe Compère bringen zu können, bei dem nahezu alle Bühnenstücke jener Zeit getippt worden sind.
»Wir haben die Abschriften morgen früh«, sagte Nivoix. »Schau her.«
Er zeigte mir, was er unter dem Arm trug. Es war eine Schreibmaschine.
»Wo hast du sie geklaut?«
»Sie gehört der Redaktion von *Comoedia*«, antwortete er. »Wenn ich gefragt hätte, hätte man sie mir geliehen. Ich werde sie morgen früh zurückbringen.«
»Aber wer wird denn auf dieser Maschine schreiben?«
»Ich. Als ich im Krieg gasvergiftet war, wurde ich auf die Schreibstube versetzt. Zwei Jahre lang habe ich dort an der Maschine gesessen. Komm, beeilen wir uns.«
Wir gingen zu mir nach Hause, um dort mehrere Bündel loser Blätter und Schulhefte abzuholen, die das Originalmanuskript der *Händler des Ruhms* bildeten.
Danach gingen wir zu ihm in eine winzige Erdgeschoßwohnung in der Rue Taitbout. Er wohnte Tür an Tür mit dem Concierge, und nur eine recht dünne Wand trennte seine Miniwohnung von der des Hausmeisters.
Er hatte schon Brote und eine Flasche Weißwein vorbereitet.
Wir arbeiteten die ganze Nacht.
Ich wühlte in den Papierbündeln und suchte auf der Rückseite eines Arrestformulars der Schule die Fortsetzung einer auf einem Umschlag unserer *Comoedia* begonnenen Szene. Ich diktierte, Nivoix tippte.
Es war eine ziemlich altmodische Schreibmaschine. Die Stahlstengel, auf denen die Buchstaben saßen, waren gut fingerlang.

In Ruhestellung lagen sie waagrecht, aber sobald ein Finger eine Taste berührte, sauste der Stengel mit ungeheurer Geschwindigkeit empor: Der Buchstabe schoß durch das Farbband und das Papier hindurch und knallte laut und heftig auf die hölzerne Wagenrolle. Am Anfang war Nivoix von dieser rattenfallenähnlichen Nervosität der Mechanik verblüfft, aber nach einigen Tonleiterübungen bekam er das knatternde Ungetüm in den Griff. Er schrieb mit ernster Miene, sehr würdevoll, mit aufrechtem Oberkörper und vorgeschobener Lippe. Seine großen Hände flogen förmlich über die Tasten, er sah aus wie Paderewskij, aber die Musik, die man hörte, erinnerte eher an dreitausend Haselnüsse, die eine Holztreppe hinunterklackern.

Von Zeit zu Zeit erholten wir uns ein paar Minuten lang. Er legte seine Hände in warmes Wasser, und ich massierte ihm die Finger; wir tranken einen Schluck Weißwein, und sobald ich mit vor Müdigkeit heiserer Stimme mein Diktat wiederaufnahm, setzte das Geknatter wieder ein. Diese Strapaze dauerte die ganze Nacht. Als der Morgen graute, war die letzte Replik geschrieben, und wir ordneten die Blätter, die sich auf dem Teppich häuften. Wir waren entzückt, wie dick das fertige Manuskript war; nun besaßen wir – endlich! – drei Exemplare davon. Unser Stolz und ein paar Spritzer kaltes Wasser machten uns die Gedanken frisch, und wir verließen das Haus, um ein wenig Luft zu schnappen und in einem kleinen Bistro einen Café-Crème zu trinken.

Vor der Tür war der Concierge gerade damit beschäftigt, das Trottoir, das er zuvor naß gemacht hatte, sauberzufegen, die Rue Taitbout war leer im fahlen Morgenlicht.

Der wackere Feger hatte große, blaue Augen, einen starken, weißen Schnurrbart und trug eine Schürze mit einer großen Tasche auf dem Bauch, fast wie eine Beutelratte.

Als wir vorbeigingen, wünschte er uns einen guten Morgen, und wir erwiderten den Gruß. Da machte er einen Schritt auf uns zu, legte beide Hände um den Besenstiel und sagte: »Entschuldigen Sie, Monsieur Nivoix, aber was ist denn in Sie gefahren, daß Sie die ganze Nacht mit Kastagnetten geklappert haben?«

»Ich habe auf der Maschine geschrieben«, antwortete Nivoix. »Es war eine ganz eilige Arbeit.«

»Einen Artikel für Ihre Zeitung?« fragte der Concierge mit Ehrfurcht in der Stimme.

»Nein«, sagte ich. »Wir haben ein Theaterstück geschrieben, und wir brauchten für heute morgen eine Abschrift. Die Direktoren eines großen Theaters haben darum gebeten.«

Der besenführende Mann machte große Augen.

»Sie schreiben Theaterstücke?«

Er schien sehr beeindruckt.

»Ja«, antwortete Nivoix.

Mit widerwärtig falscher Bescheidenheit fügte er hinzu: »Zumindest versuchen wir es.«

»Theaterstücke!« wiederholte der Concierge.

Er betrachtete uns beide mit grüblerischer Bewunderung. Auch wir beobachteten ihn. Wir standen da wie beim Photographen, unbeweglich, lächelnd... Schließlich schüttelte er den Kopf und sagte: »Ach, ich hätte nicht die Geduld dazu!«

*

Wir waren für die Lesung bereit. Wer aber würde lesen? Ich rechnete mit Nivoix, er rechnete mit mir. Er gestand mir, seine Stimme würde sehr schnell heiser, ich verriet ihm, daß ich sehr schlecht las. Also eilten wir zu unserem Freund René Simon.

René kam damals gerade mit zwei Ersten Preisen von der Schauspielschule; er wohnte in der Rue du Temple unter dem Dach, in einer Wohnung, die aus lauter sehr kleinen Zimmerchen bestand, die noch dazu auf verschiedenen Ebenen lagen.

Die Fenster gingen auf den Hof hinaus, aber René behauptete, man habe »eine schöne Aussicht«, weil eine junge Dame, die genau gegenüber wohnte, sich immer bei offenem Fenster schön machte, mit der Gleichgültigkeit einer Marmorstatue. Es handelte sich um eine gefärbte Blondine.

Ich besuchte ihn oft mit einem Brot unter dem Arm und einer Salami in der Tasche, in der Hoffnung, er hätte wenigstens Käse und Wein vorrätig. Ich las ihm aus meinen dichterischen Werken vor, und er fand sie genial; er spielte mir Szenen von Molière vor, und ich sagte ihm und meinte es ehrlich, daß ich ihn unübertrefflich fände; indessen hatte ich immer ein Auge auf das Fenster der Blonden, das plötzlich hell wurde für die Abendzeremonie vor dem Spiegel.

René hatte damals gerade großen Erfolg im Théâtre de l'Œuvre, in einem bemerkenswerten Stück von Paul Blanchard, das den Titel *Monsieur Potassium** trug; wir rechneten fest mit ihm für die Hauptrolle in unseren *Händlern des Ruhms*... Er freute sich, daß er unsere fünf Akte bei Trébor vorlesen sollte.

Nivoix besaß einen Smoking. André Brulé lieh mir einen, der eigentlich Arsène Lupin gehörte, und ein großzügiger Freund vertraute den seinen René an. Es wurde ein glorreicher Abend.

Die Parysis präsidierte dem Dîner, im vollen Glanz ihrer diamantengeschmückten Jugend. Das ganze spielte sich ab in einer Wohnung in der Rue La Boétie, im dritten Stock; nichtsdestoweniger durchquerte ein künstlicher Bach zwischen zwei Uferböschungen aus Muschelwerk murmelnd das Speisezimmer.

Ein Dutzend Gäste waren anwesend: Herren, deren Smoking mit den bekannten roten Bändchen oder einer Rosette geschmückt war; einer, ein sehr sympathischer Mensch, war

* *Monsieur Potassium: Monsieur Kalium*

Vorstand von zehn oder mehr Versicherungsgesellschaften; an Sicherheit mangelte es ihm selbst keineswegs, denn sein Name stand gedruckt auf der Schnittkante des Telefonbuchs, was keinem Schriftsteller seit Menschengedenken je widerfahren ist...

Diese Herren waren in Begleitung noch junger Damen von perfektester Eleganz, die lichtstrahlende Colliers trugen und deren Hände glitzerten. Ich stellte fest, daß eine Dame fehlte, denn ein Stuhl neben mir war leer.

Gegenüber thronte ein voluminöser Grandseigneur. Er deutete mit dem Finger auf den leeren Platz und lieferte mir folgende Erklärung: »Der ist für die schöne Pamela. Sie kommt erst gegen elf: sie tritt in den Folies Bergères auf.«

Mit einem Stolz, der mich nachdenklich machte, fügte er hinzu: »Sie ist dort die Starnackte!«

Ich gab meine Bewunderung kund, indem ich meine Augen weit aufriß.

»Sie werden bemerkt haben«, fuhr er fort, »daß alle Nackttänzerinnen, ich sage bewußt *alle,* in einer anmutigen Geste die Arme über dem Kopf wölben, wenn sie auftreten. Warum? Können Sie mir sagen warum?«

Ich wußte nicht, was ich dem Fachmann antworten sollte.

»Ganz einfach, um ihren Busen in der Waagrechten zu halten«, sagte er und lächelte blasiert. »Pamela jedoch tritt auf in der Habacht-Stellung eines Soldaten, die Hände an der Hosennaht, obwohl da gar keine Hosennaht zu sehen ist. Und es *hält,* mein Herr, es bleibt stramm auf den Horizont gerichtet... Das ist der Grund, weshalb sie in der ganzen Branche als eine Art Sarah Bernhardt der Entblätterten angesehen wird.«

Ich antwortete ihm mit dem Lächeln des Kenners und einem doppelten Gratulationskopfnicken, denn er schien sich das Verdienst für diese Brüste selbst anzurechnen, aber ich fragte mich, was passieren würde, wenn die schöne Pamela es eines Tages wagen sollte, die Arme zu heben.

Sie kam übrigens beim Dessert, viel hochgeschlossener als die anderen Damen, wahrscheinlich um zu bekunden, daß ihre Arbeitszeit beendet war. Ich bewunderte ihr Oberteil, dessen Stoff so straff gespannt war wie ein Regenschirm. Sie war schön, stumm und wacker, denn während wir das Obst zu uns nahmen, vertilgte sie die Vorspeisen, den Fisch, den Braten und alles andere.

Dieses Dîner war ebenso angenehm wie üppig. René Simon fühlte sich ganz in seinem Element und verfocht leidenschaftlich seine Theorien über das Theater. Nivoix redete kaum und schien besorgt. Was mich betrifft, so hatte ich große Zweifel an unserem Erfolg; mir schien, diese liebenswürdigen und zweifelsohne sehr reichen Leute würden sicherlich den Mißgeschicken eines kleinen Präfekturangestellten aus der Provinz gegenüber ungerührt bleiben...

Ich hatte mich geirrt.

Während der Lesung konnte die schöne Pamela – deren fester Busen ein weiches Herz verbarg – nicht umhin, Tränen zu vergießen, zum Leidwesen ihrer Wimperntusche, und selbst André Brulé, der berühmte »Unbekannte Tänzer«, der illustre »Arsène Lupin«, hatte an den richtigen Stellen laut und ehrlich gelacht.

Schließlich behauptete die Parysis, dieses Stück sei ein Meisterwerk, und der überaus sympathische Versicherungsmensch erklärte, wir würden einen zweiten »Hernani«-Skandal erleben, was für uns mehrere hundert Vorstellungen zu bedeuten hätte.

Champagner- und freudetrunken verließen wir die Gesellschaft.

*

Am folgenden Tag erlebten wir eine Enttäuschung. Trébor erklärte uns in aller Freundlichkeit, das Théâtre de la Madeleine

sei nicht die Gesellschaft der Escholiers, er könne den frisch aus der Schauspielschule entlassenen René Simon keinesfalls auf allen Plakatsäulen groß ankündigen; er sei jedoch gerne bereit, ihm die beste Rolle des Stücks anzuvertrauen, die des Grandel.
René lehnte würdevoll ab und schien aufs grausamste getroffen von einem so unziemlichen Angebot. In Wirklichkeit legte er wenig Wert darauf, die Bühnenbretter zu betreten, denn er war damals schon von seiner pädagogischen Leidenschaft gepackt, die aus ihm später den berühmtesten Schauspiellehrer von Paris machte; die stumme Rolle des verratenen Freundes, der jedoch vergibt, spielte er uns einige Tage lang aus reiner Feinfühligkeit.
Gabriel Signoret, der ein großer Star und der liebenswürdigste Mensch war, hätte sehr gerne die Rolle des Bachelet übernommen, aber er kam nicht aus seinem Vertrag im Théâtre Michel heraus, wo er großen Erfolg hatte. Um uns zu trösten, übernahm er die Regie der *Händler des Ruhms.* Die Proben versetzten uns in hellstes Entzücken.

*

Constant Rémy, ebenso geschickt wie echt, spielte die Hauptrolle mit viel Charme und Gefühl. Suzy Prim war schön und anmutig, Pierre Renoir einfach in den Mitteln und stark. Und was den dicken Berley betraf, sein unbewußter Zynismus erhellte das ganze Stück. André Brulé sagte mir leise: »Er wird alle an die Wand spielen.«
Am Abend vor der Vorpremiere verkündete man uns voller Stolz, der Ministerpräsident, Edouard Herriot, habe wissen lassen, daß er dem Ereignis beiwohnen werde. Zwei Minister hatten eine Loge beantragt. Bekannte Journalisten boten uns »Interviews« an. Die Verbände der ehemaligen Kriegsteilnehmer und die der Kriegsversehrten sicherten uns ihre Unter-

stützung zu und annoncierten in ihren Mitgliederzeitschriften die Geburt dieses »rächenden« Werkes.
Dieser ganze Rummel vor der Uraufführung erfüllte uns mit eitlem Stolz, und wenig später, nachdem wir uns die Sache durch den Kopf hatten gehen lassen, mit Sorge.
Meine Freunde vom Lycée Condorcet beruhigten mich, meine Schüler (unter ihnen der berühmte Chansontexter Jean Rigaux) betrachteten mich mit einer Bewunderung, die mich grausamen Spott im Falle eines Mißerfolgs vorausahnen ließ.

*

Die Premiere begann mit einer neuen Enttäuschung. Regierungschef Herriot und die beiden Minister hatten abgesagt: das Kabinett war am Nachmittag gestürzt worden. Ich dachte mir, daß sie sich wohl heftig bemühen mußten, in der nächsten Regierung wieder dabeizusein, und da ich damals noch das Privileg der jugendlichen Anmaßung genoß, sagte ich zu Trébor: »Geschieht ihnen recht!« Ja, so töricht ist die Jugend. Und so schön.
Die Vorstellung wurde ein Triumph.
Ich habe selten so große Premierenerfolge erlebt. Beim letzten Vorhang gab es endlose Ovationen... Wir standen alle zitternd hinter den Kulissen. Unsere Darsteller umarmten uns, unbekannte Damen küßten uns; ein Herr im Frack, sichtlich gerührt, schüttelte mir beide Hände und sagte: »Erinnerst du dich an Sainte-Barbe, in der Obersekunda?« Ich wagte es nicht, ihm zu antworten, daß ich in meinem ganzen Leben noch nie einen Fuß in das Gymnasium Sainte-Barbe gesetzt hatte, während seine Frau immer wieder sagte: »Seit Jahren erzählt er mir von Ihnen, seit Jahren!«
André Brulé verbesserte schroff einen Journalisten, der gewagt hatte zu sagen: »Hundert Vorstellungen sind sicher drin.«
»Junger Mann, bei der dreihundertsten Vorstellung werde ich Sie an das erinnern, was Sie soeben gesagt haben!«

Signoret war unabgeschminkt und noch im Kostüm vom Théâtre Michel herübergekommen; er murmelte von seiner bitteren Enttäuschung darüber, daß er die Rolle nicht hatte aus der Taufe heben können. Kurz, es war ein brillanter Erfolg, weit größer, als wir gehofft hatten.

Ich weiß nicht mehr – und im übrigen habe ich es nie erfahren –, wo man uns hingeführt hatte, um auf unseren Sieg zu trinken. Ich sehe noch ein Dutzend Leute in großer Abendkleidung, vor dem Hintergrund von Etablissements, deren Luxus ich bis dahin nicht gekannt hatte. Wir tranken und redeten alle durcheinander. Das vornehme Lokal wurde nach und nach leer, aber wir redeten und tranken noch immer. Da gab es Ober, die im Stehen schliefen, und Kellner, die uns müde, flehend anlächelten. Irgendwann zog der Inhaber der schönen Pamela seine Uhr aus der Westentasche und sagte: »Folgen Sie mir. Im Pelikan wird erst um drei geschlossen.«

Man folgte ihm.

Dieser gekonnt angeführte Exodus wurde mehrmals wiederholt, aber mir schien, je weiter die Nacht fortschritt, desto mehr veränderte sich der Stil der Lokale, ja sogar die Kategorie. Dabei hatte sich unsere Truppe um zwei sehr distinguierte Saufbrüder und drei oder vier elegante Damen vermehrt. Gegen halb fünf warf man uns freundlich aus der letzten Kneipe hinaus, und unser Anführer sagte lächelnd: »Jetzt ist alles geschlossen. Ich kenne aber eine Kneipe, die um fünf öffnet. Mir nach.«

Unterwegs schlug mir eine große, attraktive Blondine vor – sie war Sängerin in Nachtlokalen und hatte von hinten große Ähnlichkeit mit einem als Frau verkleideten Georges Carpentier –, »diese Langweiler allein weiterziehen zu lassen« und mit ihr nach Hause zu gehen, um »einen Schluck auf unsere Freundschaft« zu trinken. Ich fühlte mich nicht in der Lage, eine Unterhaltung dieser Art durchzustehen. Da sie mich gerade unter den Arm klemmen und mitnehmen wollte, griff Ni-

voix ein. Betrunken aber todernst erklärte er, man erwarte uns »in der Redaktion«.
Dieser absurde Vorwand erlaubte es uns, uns von der fröhlichen Gesellschaft zu verabschieden (die übrigens nicht mehr in der Lage war, Einwände zu erheben) und der schönen Potiphar eine sehr demütigende Enttäuschung zu ersparen.
Arm in Arm, das heißt, der eine den andern stützend, zogen wir von dannen, die menschenleeren Straßen entlang, und Nivoix rief: »Endlich allein!«
Ich hatte denselben Gedanken, denn wir hatten uns mehr und wichtigeres zu sagen, als üblicherweise im ersten nächtlichen Gespräch zwischen zwei frisch Vermählten ausgesprochen wird.
Wir wären unfähig gewesen zu schlafen; also beschlossen wir, die Nacht in seiner Erdgeschoßwohnung in der Rue Taitbout zu beenden und dort auf das Erscheinen der Morgenzeitungen zu warten.
Nivoix trank große Gläser Leitungswasser und machte mich, weil er ein praktischer Mensch war, aufmerksam auf einen Aspekt unserer Sache, an den ich noch gar nicht gedacht hatte.
»Hör mal gut zu«, sagte er. »Alle sind der Meinung, unser Stück hätte mindestens dreihundert Vorstellungen drauf. Vielleicht ist das nur die unterste Grenze, aber nehmen wir einmal an.«
»Ja, ich widerspreche nicht.«
»Gut. Und nun behauptet also Gobin, der Verwaltungsmensch, der kühle Kopf, der kalte Rechner – du wirst zugeben, daß er kein Sprüchemacher ist –, daß er mit einer durchschnittlichen Einnahme – einer DURCHSCHNITTLICHEN, hörst du? – von 20000 Francs pro Abend rechnen kann. Kapierst du, was ich meine?«
»Ja, ich kapiere.«
»Unsere Urheberrechte machen 10% auf die Bruttoeinnahmen. Also 2000 Francs pro Tag: 1000 für jeden. Mal dreihun-

dert, dann sind es 300000 Francs für dich und 300000 Francs für mich...«

»Hör mal, Paul, wiegen wir uns lieber nicht in Illusionen. Ich glaube, du hast zuviel Champagner getrunken, und...«

»Du weigerst dich also einzusehen, daß dreihundert mal tausend 300000 ergibt?«

»Ist dir denn nicht klar, daß 300000 Francs fünfzig Jahre meines Gehaltes im Lycée Condorcet darstellen?«

»Doch, ich weiß, und ich finde es sehr erfreulich. Und außerdem ist das nur der Anfang, denn von heute abend an öffnen uns alle Theater ihre Türen; und schon nächste Woche beginnen wir mit einem neuen Stück, diesmal für ein Theater, das wir uns selbst aussuchen. Welches ist dir am liebsten? Das Vaudeville? Das Théâtre des Variétés? Das Théâtre du Gymnase oder die Comédie-Française?«

»Glaubst du...?«

»Ich glaube nicht, ich bin ganz sicher.«

»Die Comédie-Française?«

»Aber natürlich, du armer Trottel. Neben den Klassikern haben sie seit langem kein gutes modernes Stück mehr gehabt. Laß uns eins schreiben, und du wirst sehen, wie Monsieur Emile Fabre uns auf Knien anfleht, hier, auf diesem Teppich, daß wir's ihm geben. Und wir werden ihm einen Korb geben!«

»Wieso?«

»Weil wir bei ihrem blöden Repertoire-System zwei Jahre brauchen, bis wir die hundertste Vorstellung erreichen. Nein, nein, nein. Nix da Comédie-Française! Das käme uns zu teuer!«

Also schlugen wir an jenem 16. April 1925 gegen fünf Uhr morgens, in einer Wohnung der Rue Taitbout, aus niedrigen finanziellen Beweggründen, die inständigen Bitten des vor uns knienden Herrn Emile Fabre ab.

*

Um halb sieben bereits hatten wir die wichtigsten Tageszeitungen in Händen: mehrere bekannte Kritiker hatten ihre Artikel schon abgeliefert. Der Leser wird etwas später einige dieser Dithyramben zu Gesicht bekommen, die uns ein für allemal zu Theaterautoren weihten und uns gleich von Anfang an auf eine Höhe mit unseren älteren Kollegen emporhievten.
Wir saßen in dem prunkvollen Arbeitszimmer unserer Direktoren und verbrachten berauschende Stunden damit, die ersten, am Morgen erschienenen Artikel zu lesen und vor allem wiederzulesen; später die der Nachmittagszeitungen und schließlich die vom Abend; indessen lief unser lieber Liausu von Druckerei zu Druckerei und brachte uns die Bürstenabzüge der Kritiken, die am nächsten Morgen erscheinen sollten. Schon vom Treppenhaus her hörten wir seine lauten Begeisterungsrufe; dann las er uns selbst die erstaunlichen Elogen aus der Feder der damals bekanntesten Kritiker vor.
Am Abend dieses schönen Tages – es war der offizielle Premierenabend – waren wir lange schon bevor der Vorhang aufging, im Theater und machten die Runde durch die Garderoben »unserer« Schauspieler, die sich fiebernd auf die entscheidende Schlacht vorbereiteten.
Jeder hatte Zeitungen mitgebracht, die sie untereinander mit Freudenrufen austauschten.
Dann kam auch Trébor und beglückwünschte uns einmal mehr aufs herzlichste. Ebenso herzlich dankten wir ihm.
»Heute abend haben wir ein Publikum, wie man es nur von ganz großen Ereignissen kennt... Tout Paris ist anwesend. Natürlich ist die Kasse nicht so großartig, denn wir mußten den wichtigsten Persönlichkeiten Einladungen schicken. Normalerweise bekommen wir sie zurück. Aber auf Grund der phantastischen Presse sind sie heute alle gekommen. Das ist ein großes Siegeszeichen!«
Ich ging auf die Bühne, um mir dieses besondere Publikum durch das Vorhangloch anzusehen. Das Parterre war erstklas-

sig besetzt: Hunderte von Smokings und Perlencolliers, äußerst vornehme Herren, schwindelerregende Damen, die ein Raunen der Bewunderung hervorriefen, sobald sie den Zuschauerraum betraten. Ich bemerkte jedoch, daß die große Mittelloge im ersten Rang leer blieb, und ich war ganz entsetzt darüber. Aber plötzlich öffnete sich die Tür: unter einem bebenden diamantenfunkelnden Kopfschmuck trat eine Prinzessin aus Tausendundeine Nacht in die Loge, genau in dem Augenblick, als der Inspizient die drei traditionellen Schläge tat.

*

Das Publikum schien uns anfangs etwas zäh in den Reaktionen, und nach dem Prolog gab es keinen besonders langen Applaus.

Wir waren fast empört darüber, aber Nivoix sagte: »Ach, das sind eben Snobs; aber warte nur: die kriegen wir schon!«

Wir kriegten sie in der Tat, denn etwa von der Mitte des ersten Aktes an brach immer lauteres Gelächter aus, mit vielen »Oh's«, die eine belustigte Entrüstung zum Ausdruck brachten; das Stück endete in Ovationen.

*

Am nächsten Morgen erwartete uns eine grausame Überraschung: Die Dame an der Kasse erklärte uns etwas verlegen, der Vorverkauf sei »noch nicht so richtig angelaufen«. Aber sie gab zu bedenken, daß es den ganzen Tag geregnet hatte, und daß die Regierungskrise noch nicht überwunden war... Diese Erklärungen waren gut und schön, aber sie milderten meine Besorgnis nicht.

André Brulé, der uns hinter der Bühne erwartete, schien nicht im geringsten entmutigt.

»Das ist ganz normal!« sagte er. »Wir haben keine Starbesetzung, die einen sofortigen Run auf die Karten ausgelöst hät-

te... Ich behaupte, daß dieses Stück, das auf jeden Fall seinen Weg machen wird, vier oder fünf Tage braucht, bis es richtig anlaufen kann.«
Trébor, der ihm zuhörte und unbeweglich, die Hände in den Taschen, dastand, während der Inspizient seine drei Schläge klopfte, sagte daraufhin diesen grauenvollen Satz: »Wenn es überhaupt anläuft.«
Und er sagte es ganz ohne Betonung.

*

Der Prolog begann. Wir lauschten gespannt, aber wir konnten nur die Stimmen der Schauspieler hören.
Im Zuschauerraum herrschte absolute Stille. Nivoix blickte düster vor sich hin.
Ich sagte zu ihm: »Heute abend finde ich sie ein wenig kühl.«
»Überhaupt nicht«, rief Brulé. »Das Stück hat ja kaum begonnen; sie hören zu, sie speichern jetzt die Exposition. Meines Erachtens ist dieses Schweigen ein sehr gutes Zeichen, ein Beweis für aufmerksames Interesse.«
In diesem Augenblick kam der Inspizient, der das Stück von einer Art Kabine aus verfolgte, auf Zehenspitzen hastig auf uns zu, das Regiebuch in der Hand. Eine echte Pariser Type.
»M'sjö Brulé«, sagte er, »ich weiß nicht was los ist, aber das halbe Parterre macht sich auf die Socken. Kommen Sie mal schnell!«
Es war eine Touristengruppe, die uns ein Reisebüro geschickt hatte: Engländer, Holländer, Belgier. Hundertzwölf Leute waren es, teilte uns die Kasse mit. Diese armen Menschen waren nach Paris gekommen, um die Folies-Bergères und den French-Cancan zu sehen; und nun waren sie schmerzlich enttäuscht, ja eigentlich empört, als ihnen klar wurde, daß sie hier keine nackten Frauen sehen würden: Ängstlich hatten sie sich gegenseitig angeschaut, und auf ein Zeichen ihres Reiseleiters

hin waren sie allesamt aufgestanden und verließen nun eilig den Saal; im Parterre blieb ein großer leerer Plüschfleck, in dessen Mitte ein einzelner verirrter Zuschauer sitzen blieb, unruhig und besorgt wie Robinson Crusoe.
Es gab jedoch einen Trost: neue Artikel waren soeben erschienen, aus der Feder von Robert de Flers, André Antoine, Lucien Dubech, Robert Kemp, den großen Meistern der Kritik. In ihren Lobeshymnen waren sie sich alle einig. André Rivoire, ein talentierter Stückeschreiber und hinreißender Lyriker, hatte die Ehre, nach Francisque Sarcey und Adolphe Brisson, die Theaterchronik in der Zeitung »Le Temps« zu leiten, und er schrieb folgendes über uns:

> Ein satirisches Stück über die politischen Sitten nach dem Kriege, von packender Ausdruckskraft, von vernichtender Ironie, deren recht wenige Dramatiker unserer Zeit fähig sind. Ihr Debüt ist meisterhaft, und ich würde mich sehr wundern, wenn nicht alle beide, ob gemeinsam oder getrennt, oder zumindest einer von beiden sich in der Theaterwelt einen großen Namen schaffen würde... Becque hätte ein Stück wie dieses bewundert.

Dieser Satz, dieser letzte Satz, trieb uns die Tränen in die Augen. Becque, unser Meister, unser Idol! Welch ein Triumph, seinen Namen zu lesen in einer Chronik, die über uns berichtete...
Wir waren auf der Stelle davon überzeugt, daß nach einem solchen Blütenregen positiver Kritik ein Sturm auf das Théâtre de la Madeleine losbrechen würde. Aber am nächsten Tag und am übernächsten warteten wir umsonst auf die Invasion.
Am siebten Tag hatten wir wieder etwas Hoffnung. Ein paar junge Nationalisten pfiffen das Stück heftig aus, das sie für antipatriotisch erklärten. Eine Gruppe von Kriegsversehrten applaudierte bei jeder markanten Stelle im Dialog. Ein kleiner

Tumult brach aus im Saal, und die Zeitungen schrieben darüber. Nivoix sagte: »Wir sind gerettet!«...

*

Am folgenden Tag kamen wir ins Theater mitten im ersten Akt. Trébor saß finster in seinem Intendantenzimmer. Dabei war Samstag.

»Wie sieht's aus?« fragte Nivoix.

»Kommt mit«, sagte Trébor.

Ziemlich beunruhigt folgten wir ihm.

Als wir in den Gang vor dem ersten Rang kamen, hörten wir lauten Applaus und Bravos, die uns Mut machten.

Trébor öffnete eine Logentür: Der Saal war leer, bis auf zwei Reihen in der Mitte des Parterres.

»So sieht's aus«, sagte er. »Sie sind siebenundvierzig.« Wir waren bestürzt. Ich versuchte mich zu fangen.

»Sie sind siebenundvierzig«, sagte ich, »aber sie klatschen wie fünfhundert.«

»Ich würde sogar sagen wie tausend«, erwiderte Trébor, »aber bezahlt haben sie wie zwölf, weil von den siebenundvierzig fünfunddreißig Freikarten haben!«

*

Nach dreizehn Vorstellungen wurde das Stück abgesetzt: das Publikum wollte es nicht.

Selbstverständlich weigerten wir uns, eine so lächerliche Erklärung zu akzeptieren: Mit Hilfe unserer Freunde fanden wir bessere, vor allem schmeichelhaftere.

Die erste, die uns einfiel, wurde sicher schon in den Anfängen des chinesischen Theaters vom Autor der ersten großen Bühnenpleite erfunden: seitdem wurde sie oft herangezogen. Sie besteht darin zu sagen (und zu glauben), daß das Werk seiner Zeit zwanzig Jahre voraus ist und daß die verblüffte Nachwelt

es an seinen richtigen Platz inmitten der großen Klassiker rükken wird.
Der liebe Liausu war so nett und untermauerte diese These mit technischen Argumenten: »Dieses Théâtre de la Madeleine ist ein Luxushaus. Schaut euch bloß diese Kristalleuchter an, diese mit zartem Samt bezogene Bestuhlung, diese eleganten Arabesken. Das ist der ideale Rahmen für Boulevardtheater der dümmsten Sorte, für ein Theater ohne Seele. Euer Stück ist viel zu viril, viel zu edel für diese Pariser Pralinenschachtel mit Schleifchen; es wird an anderem Ort Revanche nehmen!«
Wir waren gern mit dieser Erklärung einverstanden.
»Und im übrigen«, meinte Gabriel Boissy, »ist dieses Theater ganz neu, keiner kennt es, ebensowenig wie die Straße, in der Trébor es unvorsichtigerweise gebaut hat. Rue de Surène! Idiotisch! Alle Welt glaubt, das sei in Suresne, in einem Vorort!«
Wir stellten uns augenblicklich lange Schlangen von Zuschauern vor, die verloren durch die Straßen von Suresne irrten, auf der Suche nach einem unauffindbaren Theater...
Andere Freunde wiederum klärten uns über eine Verschwörung altgewordener Autoren auf, die wütend waren, daß junge Leute die Domäne des Boulevard-Theaters eroberten.
Schließlich behauptete ein alter Schauspieler, eine wahre Hungergestalt, daß unser Mißerfolg einzig und allein durch die Mitwirkung von Constant Rémy zu erklären sei, welcher seiner Überzeugung nach mächtige Feinde in der übernatürlichen Welt der Geister hatte.
»Ich bestreite nicht, daß er begabt ist«, sagte er, »obwohl... Nun, meinetwegen, ich bestreite es nicht... aber er ist die Verkörperung des Pechs. Selbst wenn er die Rolle des Cyrano aus der Taufe gehoben hätte, hätte er es geschafft, daß dieses Meisterwerk keine zehnmal über die Bühne gegangen wäre!«
Die Einmischung okkulter Kräfte war eine beruhigende Erklärung, zumindest was den Wert unseres Werkes betraf, und wir fühlten uns wieder ganz munter.

Als wir unserem lieben Signoret davon erzählten, schien er etwas verlegen und antwortete leise: »Das sind Dinge, die man ungern sagt, aber es stimmt schon, daß man seit langem munkelt, Constant würde trotz seines Talents den Erfolg verjagen… Natürlich ist das stark übertrieben. Aber man muß schon zugeben, daß seine Karriere in keiner Weise seiner Begabung entspricht: Es wäre falsch zu behaupten, daß er das Publikum abstößt, aber es stimmt, daß er es nicht anzieht… Die Wahrheit ist, daß euer Stück alles in allem schlecht besetzt war: Aber weint jetzt nicht über das Vergangene, denn ich bereite euch eine ungeheure Revanche.«
Das war eine große Neuigkeit.
»Ich gastiere jedes Jahr acht Wochen in Belgien. Sechs in Brüssel, dann Lüttich und Verviers. Ich werde die Rolle selbst spielen, und ich habe so großes Vertrauen, daß ich mir das Stück für die letzte Woche aufbewahre, die Galawoche, bei der uns am ersten Abend der König die Ehre gibt: das wird ein Triumph, und dann nehme ich das Stück in Paris für die Eröffnung der Theatersaison wieder auf.«
Er brauchte nicht lange auf uns einzureden, um uns zu überzeugen, und eines schönen Morgens fuhren wir nach Brüssel, wo er seit fünf Wochen in verschiedenen Komödien Applausstürme entfachte, um unseren Galavorstellungen beizuwohnen. Die Premiere war wieder ein großer Erfolg, und wir hatten die Ehre, dem König vorgestellt zu werden, der uns mit zu Herzen gehender Einfachheit gratulierte.
Wir waren hoch beglückt, ich wachte nachts auf und lachte vor Vergnügen. Am folgenden Abend aber war der Saal halbleer. Am übernächsten Abend knapp zwanzig Zuschauer: Am vierten Tag mußte unser bestürzter Signoret *La Fleur d'Oranger** wieder aufnehmen, um die Galawoche überhaupt zu Ende zu bringen.

* *La Fleur d'Oranger:* Die Orangenblüte.

Es war unverständlich – zumindest für uns. Wir fanden jedoch auch diesmal eine befriedigende Erklärung: die Brüsseler lachen gerne, das Stück war zu traurig für sie. Außerdem hatte Belgien zu grausam unter dem Krieg gelitten, um auf der Bühne davon hören zu wollen.
Unser Mißerfolg tat Signoret leid (sein eigener kränkte ihn) und er meinte: »Kinder, laßt euch nicht verdrießen. Jetzt gehen wir nach Verviers, dort kenne ich mein Publikum: das wird dort ganz anders!«
Es wurde in der Tat ganz anders: nach einer eisigen Vorstellung, die in Buhrufen unterging, wurden wir vom Inspizienten durch eine Hintertür aus dem Theater geschleust, und im Büro des Bahnhofvorstehers warteten wir auf den Frühzug. Eine Stunde später kam unter Polizeischutz die Truppe nach. »Kinder«, sagte Signoret, »das ist eine politische Verschwörung. Im Zuschauerraum saßen Leute, die sich angegriffen fühlten und die diese Katastrophe organisiert haben. Der Beweis: Ich habe mehrere Leute gesehen, die versucht haben zu reagieren und die geklatscht haben. Insbesondere in der dritten Reihe, dort stand ein kleiner Dunkelhaariger mehrmals auf und schrie: ›Bravo‹!«
»Ja ja«, sagte der Inspizient, »bis zur Pause. Danach ist er nicht wieder gekommen. Ich habe ihn selbst zum Sanitäter gebracht.«

*

Der literarische Wert von Henri Becques Werken ist niemals in Frage gestellt worden. Die klar konstruierte Intrige, die Genauigkeit und Transparenz des dramatischen Stils rücken ihn in die erste Reihe unserer Schriftsteller. Aber was eines Tages ein berühmter Kritiker, nämlich Pierre Brisson, sagte, trifft wohl zu: es ist geniales »Bücherschranktheater«. Das ist ein großes Lob und eine strenge Verurteilung zugleich.

Die Raben, ein Meisterwerk der naturalistischen Schule und des glorreichen Freien Theaters, habe ich zehnmal gelesen. Zehnmal empfand ich wieder wenn nicht die gleiche Freude daran, so doch das gleiche Interesse; aber jedesmal, wenn diese düsteren Todesvögel versucht haben, auf einer Bühne zum Erfolg emporzufliegen, sind sie noch hinter der Rampe wieder zu Boden gegangen, unter dem Applaus der Elite und der Kritik, aber in Abwesenheit des Publikums.
Abgesehen davon war Becques Theaterlaufbahn mit einer Reihe von Fiaskos gesäumt. Einzig *La Parisienne** bringt es heute noch zu einem gewissen Erfolg, aber nur in Paris selbst, und man darf nicht übersehen, daß der berühmte Antoine diese Komödie mit den fröhlichen *Gaîtés de l'Escadron,* einem Zugstück, zusammenkoppeln mußte, um sie zwei Monate lang auf dem Spielplan zu halten.
Ich habe lange nach den Gründen dieses anhaltenden Mißerfolges gesucht, der mir sehr ungerecht erschien. Ich glaube, ich habe den Grund entdeckt, und dies durch ein Wort des Aristoteles, auf welches die Entdeckungen Freuds ein bestimmtes Licht werfen.

*

Aristoteles' Poetik – eines der berühmtesten Werke des Philosophen – ist eine ziemlich umfassende Studie über die Kunst der Tragödie und die des Epos. Der zweite, der Komödie gewidmete Teil des Buches ist verschollen, und das ist außerordentlich schade; zum Glück hat er fast zu Beginn des Buches in wenigen Worten das Problem der »Katharsis« gestellt, die seiner Meinung nach das Ziel und die Rechtfertigung der dramatischen Kunst darstellt.
Dieses einzige Wort hat seit der Renaissance die Gelehrten der ganzen Welt zu Tausenden von Seiten animiert: fast alle haben

* *La Parisienne: Die Pariserin,* 1901 ins Deutsche übersetzt.

es mit »Reinigung der Leidenschaften« übersetzt. Der Begriff »Reinigung« gehört zum Wortschatz aller Religionen, er hat eine ganz klare, ethische Bedeutung.
Die Tragödie führt uns, wie es heißt, niederträchtige Intrigen und Verbrechen vor, damit uns deren schauderhafte Grausamkeit fühlbar wird und damit wir uns vom Bösen abwenden, während die Komödie uns angeblich vor Geiz und Eitelkeit bewahren will, indem sie Geizige und Eitle lächerlich macht. Es kann in der Tat sein, daß das Theater diese moralträchtige Wirkung hat; aber unseres Erachtens ist sie zweitrangig und nur die Konsequenz seiner Hauptwirkung, die wir jetzt zu definieren versuchen.

*

Die »Katharsis«, das ist das »Abführen« in der medizinischen und physiologischen Bedeutung des Wortes, und die Gräzisten erklären uns, daß Aristoteles dieses Wort nie im edlen Sinne von »Reinigung« verwendet hat, womit hier eine Falschauslegung gegeben ist.

*

Ich bin ein ganz gewöhnlicher Mensch, d.h. daß ich niemals Lust verspürt habe, meinen Vater zu töten; ich habe niemals einen Inzestgedanken gehegt, ich habe nie die eitle Ambition empfunden, über ein Volk zu herrschen, und Gott möge mich davor bewahren, jemals zusehen zu müssen, wie sich jemand die Augen ausreißt. Dies zumindest glaube ich und bin dabei absolut ehrlich.
Ich habe mir jedoch dreimal in meinem Leben *König Ödipus* angesehen, ich habe ihn mindestens zehnmal gelesen und habe ihn gerade diese Woche noch in der grandiosen Übersetzung von Fernand Aviérinos wiedergelesen.

Ich frage mich also, warum mich dieser inzestuöse Vatermörder noch immer interessiert, der sich schließlich die Augen ausreißt, daß das Blut über seinen schreienden Mund strömt.
Das ist der Punkt, an dem Freud – diabolisch – eingreift. Er behauptet:
»Diese Tragödie berührt dich, weil du in deinem Unbewußten den Ödipus-Komplex in dir trägst. Ja, seit deiner ersten Kindheit hast du dir im verborgenen den Tod deines Vaters gewünscht, weil du seinen Platz im Bett deiner Mutter einnehmen wolltest. Im übrigen hegst du in deiner Brust alle Gefühle, die guten und die schlechten, deren ein Mensch fähig ist. Ja, deine Triebe machen dich zu Diebstahl, Vergewaltigung, Meuchelmord, Inzest geneigt. Eine jahrelange Erziehung, die deine persönliche Moral herangebildet hat, hindert dich daran, diese Wünsche in die Tat umzusetzen, und du verwahrst sie in einem dunklen Verlies deines Bewußtseins; dort liegen sie, durch solide Prinzipien gekettet und geknebelt. Aber zeitweilig begehren sie auf, lassen Ketten und Handschellen klirren; sie verursachen in dir eine dauernde, dunkle Unordnung, eine Art fernen, diffusen Schmerzes, der dir nicht bis zur Bewußtseinshelle emporsteigt. Du führst – ohne es zu wissen – einen mühsamen Kampf, um die Flucht der Gefangenen zu verhindern. Diesen unablässigen Kampf nenne ich ›Verdrängung‹.
Die wohltuende Wirkung des Theaters, das den Aufrührern ein paar Stunden einer falschen Freiheit gewährt, besteht darin, daß vorübergehend ihre Wut besänftigt wird, und sie gewährt dir eine Entspannung, dank jenem Phänomen, das Aristoteles ›Katharsis‹ nannte: Die unberechenbaren Anwandlungen des Geistes müssen behandelt werden wie einst die Regungen der schlimmen Körpersäfte: durch Purgation.
Das ist die Wahrheit.
Nicht nur, daß ich es behaupte in diesem kurzen Gespräch, sondern ich fordere dich auf, die zwölf oder fünfzehn Bände

zu lesen, die wir geschrieben haben, um es zu beweisen, und deren Folgerungen keine Widerrede dulden.«

*

Mir scheint, daß wir auf das Vorangegangene eine Theorie des Theaters aufbauen können.
Die Tragödie besänftigt und entspannt meine kriminellen Instinkte durch die Therapie des berühmten Dr. Rondibilis.
Er belehrt Panurge, der ihn aufgesucht hat, daß »die Fleischeslust durch fünferlei Mittel gezügelt werden kann«.
»Das erste ist der unmäßige Genuß von Wein!«
»Zweitens durch allerlei Drogen und Pflanzen, die den Menschen abkühlen, ihn behexen und zur Zeugung unkräftig machen.«
Panurge lehnt diese beiden Mittel schlankweg ab.
»Drittens«, sagt Rondibilis, »durch wackeres Schuften.« Auch dies entspricht nicht dem Geschmack des Patienten.
»Viertens«, setzt Rondibilis fort, »durch leidenschaftliches Studieren.«
Was Panurge wiederum mit Grausen ablehnt.
»Fünftens«, meint der Doktor schließlich, »durch die fleischliche Vereinigung.«
»Darauf habe ich gewartet«, sagt Panurge, »das nehme ich für mich in Anspruch; an die vier ersten soll sich halten, wer da will!«
Für den berühmten Arzt und seinen Patienten besteht das beste Mittel gegen geile Lüsternheit darin, ihr nachzugeben.

*

Auf diese Weise werde ich in der Tragödie durchgreifend purgiert, indem sie mich an einem Mord, einem Inzest, einer Rache, einer Vergewaltigung teilhaben läßt; aber da meine kriminellen Instinkte durch jahrelange Gefangenschaft und durch die Disziplin, die ich ihnen auferlege, geschwächt sind, ist es ein leichtes, sie zu überlisten, indem ich sie zu Komplizen eines vorgetäuschten Verbrechens mache, das auf der Bühne von Schauspielern gespielt wird, mit deren Gesten und Gefühlen ich mich identifiziere.

Auf ihrem kurzen Ausflug erleben meine Monster eine gewisse Entspannung, und sie kehren brav in ihr Gefängnis zurück.

Ebenso reinigt mich die Komödie zwei Stunden lang von meinem traurigen Minderwertigkeitskomplex und ersetzt ihn auf das angenehmste durch einen Überlegenheitskomplex.

Der Autor läßt vor meinen Augen Figuren agieren, die weniger intelligent sind als ich, und er macht sie zu meinen Gunsten lächerlich, sogar dann, oder besonders dann, wenn sie gesellschaftlich über mir stehen.

Ich sehe, wie sie auf ihre eigenen Fehler reinfallen, Fehler, die meiner Meinung nach nicht die meinen sind – und dieses momentane Überlegenheitsgefühl wirkt auf mich straffend wie ein Stärkungsmittel.

»Castigat ridendo mores« könnte man mit »Reinigung der Sitten« übersetzen. Auch dies stimmt nicht.

Ich glaube nicht, daß der Anblick des Monsieur Jourdain oder des Harpagon die Bekehrung eines einzigen Spießers oder eines einzigen Geizkragens bewirkt hat. Diese Leute erkennen sich im übrigen niemals in einer Figur wieder, die zum Lachen anregt, und sie haben ja auch recht, denn Komödienfiguren sind immer Karikaturen.

Ein echter Geiziger z.B. wird sich mit Vorliebe über Harpagon lustig machen: nicht weil dieser geizig ist (was ihm die kollegiale Sympathie unseres Zuschauers einbringen würde), sondern weil der arme Held bei Molière unfähig ist, seinen Geiz zu tarnen, und weil er sich auf ganz dumme Art und Weise seine Kassette klauen läßt.

Und der Monsieur Jourdain von heute, der seine Bauernkate mittels einer einzigen Silbe zum Rittergut hochstilisiert, und durch die Manipulationen eines von ihm teuer bezahlten Ahnenforschers sich den Titel eines Barons erschwindelt hat, er wird laut lachen über Molières Dummkopf, schon um seinen Nachbarn zu beweisen, daß er wirklich im Gotha steht. Und andrerseits wird er sich in aller Ehrlichkeit über Monsieur Jourdain mokieren, nicht weil dieser Kleinbürger einen Adelstick hat – den hat er ja selbst –, sondern weil er so unraffiniert ist, weil er einen wertlosen Titel kauft – der Preis dafür ist die Hand seiner Tochter –, ohne zu kapieren, daß man sich über ihn lustig macht.
In Wirklichkeit werden der Geizige und der Pfahlbürger einen wundervollen Abend verbracht haben, weil sie sich diesen Figuren, die eigentlich Leute wie sie darstellen sollen, sehr überlegen fühlen; der einzige »moralische« Profit, den sie von der Komödie mit nach Hause nehmen, wird der Vorsatz sein, in Zukunft die Geldkassetten genauer zu beaufsichtigen, ihren Geiz sorgfältig zu tarnen, oder sehr genau aufzupassen, daß sie keine exotischen Titel kaufen.

*

Zum Glück haben wir nicht nur kriminelle oder groteske Komplexe. Wir brauchen ebensosehr reine, tiefe Gefühle, die das Leben uns nur ganz selten schenkt. Wir müssen leiden mit dem unschuldig Verurteilten, mit der reumütigen Kurtisane, mit unglücklichen Kindern, wir müssen über ihr Schicksal echte Tränen vergießen, um uns alsdann über die Strafe des Verräters oder des Henkers zu freuen.
Schließlich haben die rechtschaffensten Frauen den geheimen Wunsch, zwei Stunden lang die große Kurtisane oder die untreue Ehefrau zu sein; das Dienstmädchen steigt auch gerne mal auf den Thron und das Schafott von Maria Stuart, die Kü-

chentrine hört sich gerne mit Camilles* Stimme reden, während ein Bürogehilfe das Schwert des Cid oder des Cyrano schwingt oder ein wohlbeleibter Bankier Julias Balkon erklimmt; und nicht zuletzt wenn das Alter beginnt, in unser Gesicht jene traurig symmetrischen Falten zu zeichnen, wenn wir unserer Jugend nachzutrauern beginnen, dann wollen wir uns ein paar Stunden lang in jugendlichen Figuren verkörpern, dann wollen wir das liebe Gretchen noch einmal leidenschaftlich in unsere Arme schließen, wenn auch nur per Stellvertreter.

Ganz allgemein würde diese Theorie erklären, warum das Volk, das immer tyrannisiert wurde, die Komödie und den Schwank vorzieht. Sie führen ihm Figuren vor, die unter ihm stehen, weil der Autor sich bemüht hat, sie lächerlich zu gestalten, während der Hof von Ludwig XIV., der aus Herren bestand, von denen der Ärmste noch Milliardär war, der Tragödie applaudierte; sie lieferte ihnen Sorgen und Unglück, die in ihrem täglichen Leben fehlten.

Während der Revolution, in den finsteren Tagen des Terrors, wurden vorwiegend Schwänke und Operetten gespielt, und am Schluß des Ersten Weltkriegs war es die fröhliche Musikkomödie *Phi-Phi* von Willemetz, die fünf Jahre lang nicht vom Spielplan verschwand.

*

Zu jener Zeit, als der Stummfilm noch keine Kunstgattung war, ergötzte er die Massen. Eines Tages hörte ich, wie ein Kinobesitzer den Filmverleiher fragte: »Auf welcher Spule ist die mondäne Abendgesellschaft?«

»Auf der vierten.«

---

* *Camille:* Figur aus Corneilles Tragödie *Horace.*

»Auf der letzten wär's mir lieber«, sagte der Kinobesitzer.
»Ach«, meinte der Verleiher, »Sie können es auch hinten anhängen, viel wird das nicht ändern...«
Er klärte mich danach auf, daß in den kleinen Vorstadtkinos die Spule mit der mondänen Abendgesellschaft ein Muß sei, weil die Armen für einen Augenblick das Leben der vornehmen Herren im Frack und der schmuckbeladenen, tiefausgeschnittenen Damen teilen wollen.
Mir scheint, daß man aus diesen Bemerkungen eine generelle Schlußfolgerung ziehen kann. Der Vorzug der »Katharsis« ist, daß sie denjenigen unserer Wünsche Rechnung trägt, die im gewöhnlichen Leben nicht befriedigt werden können. Wir sind wie eine Harfe mit tausend Saiten, die eintönige Musik des Alltags benötigt nur einige davon, immer dieselben. Aber es gibt eben noch andere, die vielleicht viel straffer gespannt sind, die aber bleiben stumm, im Schatten der Moral, der Gesetze, der Erziehung. Diese Saiten sind es, die von der dramatischen Kunst gefahrlos angerührt werden, auf daß unser Instrument einmal seinen vollen Klangreichtum entfalte.
Diese Kunst ist also die Ergänzung zum Leben; das aber bedeutet ein definitives Urteil über das sogenannte »realistische« Theater, über den unerträglichen »Ausschnitt aus dem Leben«. Leute, die eine Vorliebe für den »Ausschnitt aus dem Leben« haben, sollen doch zum Fenster hinausschauen oder das Ohr an die Wand pressen, die ihre Wohnung von der ihres Nachbarn trennt.

*

Damit die Katharsis voll zur Wirkung kommt, d.h. damit das Bühnenwerk ein Erfolg wird, ist es also unabdingbar, daß ich mich für zwei Stunden mit einer oder mehreren Figuren der Handlung identifiziere, daß ich ihre Freude am Sieg oder ihr Trauern über die Niederlage teile; dies gilt für die Tragödie.

Bei der Komödie ist erste Bedingung menschliche Glaubwürdigkeit der Figuren, damit ich Spaß daran haben kann, mich ihnen überlegen zu fühlen.
Im Licht dieser Gedanken ist es vielleicht möglich, die kommerziellen Mißerfolge des Becqueschen Theaters zu begreifen.
Henry Becque war unser Abgott: Heute weiß ich, daß er unser Luzifer war; ungeheuer intelligent, künstlerisch, geistreich, mächtig, verlockend wie alle bösen Geister...
Wir haben versucht, ihn nachzuahmen; wie üblich in solchen Fällen war es uns nur gelungen, seine Fehler zu wiederholen, was uns das Lob der Kritik eingebracht hat, aber die Gleichgültigkeit des breiten Publikums.

*

Vor drei oder vier Jahren ging ich einmal mit Nivoix spazieren und teilte ihm diese Überlegungen mit. Daraufhin beschlossen wir, die *Händler des Ruhms* zu überarbeiten, um die Intrige zu verdichten, die Bitterkeit ein wenig zu tarnen und unsere Figuren menschlicher zu gestalten.
Aber das Pariser Leben und andere Aufgaben brachten die Verwirklichung dieses Projekts in Verzug. Wir dachten, wir hätten noch viel Zeit vor uns. Aber Paul Nivoix starb an einem Herzschlag, der ihn auf einem Bahnhof überraschte; dabei schien er ein kerngesunder Mensch zu sein...

2
Jazz
1926

Dies ist ein etwas zu literarisches Stück. Ich würde fast sagen, ein zu schulmäßig gebautes. Obwohl mir der Ausgangspunkt dieser Geschichte, zweimal sogar, vom Leben selbst geliefert wurde.

Wir hatten im Gymnasium einen sehr sympathischen Studienaufseher namens Leprat. Mit wahrer Leidenschaft arbeitete er an einer voluminösen Dissertation in alter Geschichte, und er war selbstverständlich Mitglied der Archäologischen Gesellschaft.

Dieser Verein bestand aus mehreren Gymnasiallehrern und einer ganzen Reihe von Amateurforschern, von denen einige großzügige Mäzene waren. All diese Leute waren großartige Idealisten und widmeten ihre Zeit, ihr Geld und ihre Mühe der Rekonstruktion der ruhmreichen Vergangenheit des antiken Phokäa. Sie brachen zu Kellergewölben durch, gruben Amphoren aus, schrieben lange Aufsätze über die griechischen Gemäuer des Lacydon und rochen von weitem ehemalige Friedhöfe.

Von Zeit zu Zeit hielten sie Vorträge über ihre Entdeckungen und schickten an die diversen Akademien interessante Beiträge. Aber es geschah auch zuweilen, daß sie sich irrten, denn ihre Begeisterung hielt sich nicht immer an die strenge Sorgfalt der historischen Forschungsmethoden: Leprat, in seinen Beziehungen zu uns geduldig und nachsichtig, war von wildentschlossener Unbeugsamkeit, sobald es darum ging, den Ring von Gyptis oder den Schädel des Teutobochus zu identifizieren, und dabei wurde er sehr schnell sarkastisch. Nach einigen etwas lebhaften Auseinandersetzungen kündigte er seine Mitgliedschaft und trat aus dem Verein aus.

Ein paar Monate später verkündete die Gesellschaft die wichtigste Entdeckung, die sie je gemacht hatte: einen römischen, seit Jahrhunderten unter dem Altstadtviertel verschütteten Turm.

Gutachten, Aufsätze, Vorträge, Mitteilungen an die Gelehrten von Paris. Die Amateurforscher frohlockten, der Vorsitzende warf sich in die Brust, die Presse veröffentlichte Lobeshymnen. Um ihrem Triumph die Krone aufzusetzen, luden diese Herren – nicht in böser, doch in boshafter Absicht – Leprat zu der offiziellen Besichtigung des Turmes ein.

Er kam, sein Kneifer saß schief, und er hörte aufmerksam den ausführlichen Erläuterungen zu, die der Vorsitzende wichtigen, vom Rathaus und von der Präfektur abgeordneten Herren gab. Danach untersuchte er den Boden, tastete das Gemäuer ab und kratzte mit der Spitze seines Taschenmessers am Mörtel der Fugen. In weniger als zehn Minuten war sein Gutachten erstellt: Er erklärte schlicht und ergreifend, dieser Turm sei keineswegs römischen Ursprungs, er stamme seiner Meinung nach aus dem 16. oder 17. Jahrhundert und es handle sich höchstwahrscheinlich um eine Windmühle.

Es gab Geschrei und Gezeter, die Offiziellen betrachteten mit strengen Blicken den frechen Renegaten, der sich anmaßte, der Krone von Marseille eine Zacke ausbrechen zu wollen. Der Vorsitzende bat um Ruhe, dann verabfolgte er Leprat sechs entscheidende Beweise: auf die ersten drei reagierte der mit einem Schulterzucken, auf die letzten drei, indem er zum Himmel aufblickte, sodann verabschiedete er sich mit höflichem Gruß von der Gesellschaft.

Der Zwischenfall wurde zum kleinen Skandal: in den Zeitungen startete zur größten Freude der Leser eine Polemik. Leprat wurde »galliger Hilfspauker« und »rachsüchtiger Flegel« genannt, was ihn völlig kalt ließ, aber als der Vorsitzende zu einem Journalisten sagte, daß »ein zukünftiger Leprat eines Tages vielleicht behaupten würde, die Ruinen des Eiffelturms seien die einer Windmühle«, da war Leprat tödlich getroffen. Er antwortete, daß er zwar den hochherzigen Eifer dieser Herrschaften respektiere, daß er aber von ihrer Wissenschaft nichts halte und daß die gelehrtesten unter ihnen wohl dazu fähig wären, einen Pißpott aus Aubagne für den Helm des Perikles zu halten. Die Gesellschaft hielt es nicht für angebracht, im gleichen Ton zu antworten, das Komitee beschloß jedoch, zum großen Schlag auszuholen: es beauftragte einen berühmten Spezialisten und Mitglied der Pariser Akademie, einen Mann, dessen Sachkunde ebenso unbestreitbar wie unbestritten war. Dieser Wissenschaftler leistete der Einladung Folge und kam persönlich, um den Turm in Augenschein zu nehmen. Sein Urteil war eindeutig: Der Turm war unzweifelhaft römischen Ursprungs.

Die gesamte Gesellschaft war außer sich vor Freude. Aber das Komitee hielt es für besser, die Meinung des großen Mannes geheimzuhalten; anläßlich eines feierlichen archäologischen Festbanketts sollte er selbst die Romanität des Turmes verkünden.

Selbstverständlich wurde Leprat dazu eingeladen. Er antwortete nicht auf die aufwendig gedruckte Einladungskarte, was ebenso selbstverständlich erschien; sein Schweigen wurde von allen als das Eingeständnis der Kapitulation aufgefaßt.

Das Bankett fand im Turm selbst statt, der zu diesem Anlaß wunderschön ausgeschmückt worden war. Der Boden war mit Teppichen zugedeckt worden, und das Licht kam von Wandfackeln, die vom Requisiteur der Oper höchstpersönlich montiert worden waren. Um zwei lange Tafeln saßen dicht gedrängt die Laien-Archäologen, elegante Frauen (im vollreifen Alter) und drei oder vier Journalisten.

Im Augenblick, als der Vorsitzende lächelnd des armen Leprat Nichterscheinen feststellte, trat dieser ein. Er trug einen dunklen Anzug und eine schwarze Krawatte, wie es sich für einen besiegten Archäologen gehört. Er war bestimmt auch beim Friseur gewesen, und mit einer grau behandschuhten Hand nahm er seine Melone ab. Er schien weder traurig noch fröhlich, aber auf bescheidene Weise undurchdringlich.
Der Sekretär der Gesellschaft, der bis zum letzten Augenblick bösartig auf sein Erscheinen gehofft hatte, eilte ihm entgegen und führte ihn an den reservierten Platz am untersten Ende der Ehrentafel, und dies mit Respektbekundungen, die große Lacherfolge zeitigten. Bevor er sich jedoch setzte, machte Leprat dem großen Meister aus Paris – dessen Werke er alle kannte – sein Kompliment, und danach bat er den Vorsitzenden, als letzter zum Schluß des Essens das Wort ergreifen zu dürfen, um, wie er sagte, sein *mea culpa* zum Ausdruck zu bringen.
Die Bitte wurde ihm gewährt, wobei die einen applaudierten und die anderen ziemlich unchristlich grinsten.
Das Festessen war köstlich, und alle waren Zeuge, wie Leprat trotz seiner Niederlage mit bestem Appetit aß... Die allgemeine Unterhaltung war in vollem Gange und wurde erst unterbrochen, als der Sekretär sich erhob, eine edle Flasche aus der Hand des Weinkellners entgegennahm und sagte: »Meine Damen und Herren, ich hoffe, Sie werden mir erlauben, Monsieur Leprat, der ein Kenner ist, das erste Glas dieses noblen Burgunders einzuschenken, wohl bekannt unter dem Namen ›Moulin-à-Vent – Windmühle‹!«
Dieser geistreiche satirische Einfall wurde fröhlich beklatscht, und Leprat selbst brach so plötzlich und heftig in Lachen aus, daß der Sekretär ihm auf den Rücken klopfen mußte, damit er wieder zu Atem kam.
Nach dem Steinbutt, der Poularde, dem Käse und dem Eis erhob sich der Vorsitzende und bedankte sich aufs innigste bei

dem illustren Gelehrten, der der Einladung der unbedeutenden Archäologischen Gesellschaft auf so großzügige Weise nachgekommen war.
Daraufhin ergriff der Meister das Wort. Er erklärte zunächst, daß er eine natürliche, im übrigen unerklärliche Gabe besitze, nämlich einen besonderen, archäologischen Spürsinn, der ihn noch nie betrogen habe, und nannte einige der Erfolge, die seinen Ruf gefestigt hatten. Diesem Spürsinn wurde ausgiebig Beifall gespendet.
Danach fügte er bescheiden hinzu, daß die historische Methode sich natürlich nicht mit den aus einer Naturbegabung erwachsenen Einsichten begnügen könne und daß erforderlich sei, sie durch unwiderlegbare Begründungen zu bestätigen, und daß es ihm sehr leichtfalle zu beweisen, warum dieser ehrfurchtgebietende Turm zweifelsohne römischen Ursprungs sei.
Römisch zunächst einmal die Strategie, welche die Wahl des Standorts bestimmt hatte. Römisch die Ausmaße, römisch die Scharten; römisch die Steine; römisch der Mörtel; römisch dieser leicht abgerundete Türsturz über einer eichenen Tür, welche erst dadurch aufgehört haben konnte, römisch zu sein, daß sie im Laufe der Jahrhunderte zu Staub zerfallen war. Und jedesmal, wenn er das magische Wort aussprach, richtete er den spitzen Zeigefinger auf den unglückseligen Leprat, der demütig die Augen niedergeschlagen hielt. Er beschloß seine Rede mit folgenden Worten:
»Nur ein Blinder könnte sich irren, denn dieser Turm ist so vollkommen, so bis ins kleinste Detail römisch, daß mir in meiner ganzen langen Laufbahn nie etwas derart Römisches vor Augen gekommen ist.«
Der Beifall und vermutlich auch der »Moulin-à-Vent« waren ihm etwas in den Kopf gestiegen, und so fuhr er fort, indem er auf die tragische und ruhmreiche Vergangenheit des Bauwerks hinwies; es entstand eine große Stille, als er eröffnete, daß der

Turm vermutlich als Gefängnis für die letzten Überlebenden der Kimbern und der Teutonen gedient hatte, nachdem Marius die Barbarenhorden in der Ebene von Campourières hingeschlachtet hatte; und er brachte die Hoffnung zum Ausdruck, weitere Grabungen möchten zu der Entdeckung führen, daß sich hier, unter diesem Tisch, genau unter den Füßen der Damen, die Schädel, die Schlüsselbeine und die Schienbeine dieser erdrosselten Gefangenen befänden... Danach schilderte er die Belagerung von Marseille durch Cäsars Legionen. Da erschütterten die Steine der römischen Wurfmaschinen die starken Mauern: man hörte die Pfeile sirren, die verwundeten Helden stöhnen; die Männer machten sich auf ihren baldigen Tod hinter den Zinnen gefaßt, die Damen erwarteten das Schlimmste...

Die heldische Schilderung mündete in ein warmherziges Lob der Gesellschaft für Archäologie, die vor Stolz und Freude auf allen dreißig Gesichtern ihrer Mitglieder errötete; er fügte hinzu:

»Vor allem, meine Herren, glauben Sie nicht, daß Ihre Aufgabe beendet ist: Untersuchen Sie ganz genau jeden Stein, jede Ritze dieses antiken Gemäuers und graben Sie im Boden bis zum Fundament: Glauben Sie meiner Erfahrung, ich versichere Ihnen: Noch manche Überraschung steht Ihnen bevor!«

Nach lang anhaltendem Beifall hob jeder sein Glas und trank den Champagner des Triumphes auf den Ruhm des alten Wissenschaftlers und auf das Angedenken des Julius Cäsar.

Dann erhob sich Leprat. Die Augen auf die Tischdecke gerichtet, begann er zu reden, langsam, fast leise.

»Meine Damen und Herren«, sagte er, »diesen wunderschönen Abend möchte ich krönen mit einem sehr ehrlichen *mea culpa*. Zunächst einmal klage ich mich deshalb an, weil ich mich manchmal durch meine Überzeugungen habe hinreißen lassen; während der kleinen Polemik, die mich Ihrer Gesellschaft entgegenstellte, habe ich mich manchmal im Ton ver-

griffen und Ausdrücke verwendet, die fast Verbalinjurien waren und in einer Diskussion zwischen Archäologen fehl am Platz. Ich bitte Sie, diese verbalen Fehlgriffe zu vergessen und mein aufrichtiges Bedauern entgegenzunehmen.«
Die Bescheidenheit seiner Haltung und die Demut dieser Äußerungen schienen das Herz der Sieger zu rühren, und der große Mann aus Paris sagte lächelnd, in großzügiger Nachsicht: »Mein lieber Leprat, jeder kann sich irren.«
»Stimmt, ja«, murmelte Leprat, »jeder... Und nun komme ich auf meinen IRRTUM zu sprechen. Ja, ich war so töricht, eines Tages zu behaupten, dieser Turm sei nichts anderes als eine Windmühle. Ein absurder, ein grober Irrtum, denn es handelt sich in der Tat um ein militärisches Bauwerk, das gewiß unsere Stadt gegen so manchen Sturmangriff verteidigt hat. Noch einmal: *Mea culpa.*«
Der Vorsitzende, sichtlich gerührt, neigte sich zu seinem Tischnachbarn und flüsterte: »Wir müssen ihm seinen Platz unter uns wiedergeben!«
Er wollte gerade aufstehen, als Leprat fortfuhr: »Und nun, meine Damen und Herren, damit Sie mir meine Ausbrüche und meinen Irrtum verzeihen mögen, habe ich Ihnen zur Feier des heutigen Abends ein bemerkenswertes Dokument mitgebracht, das mir würdig erscheint, im Archiv der Gesellschaft seinen Platz zu bekommen.«
Aus seiner Tasche zog er vier Blätter aus ziemlich festem Papier, die der Länge nach gefaltet waren.
»Es handelt sich«, sagte er, »um Photoreproduktionen (die vom Oberarchivar des Departements beglaubigt wurden) einer vier Seiten langen, höchst speziellen Abhandlung des Herrn Costamagna, der, wie der Name bezeugt, wohl römischer Abstammung ist. Er übte in Marseille den Beruf des Bauunternehmers aus. Diese, wie gesagt, höchst spezielle Abhandlung, die sorgfältig und präzise jedes Detail über just diesen Turm aufschlüsselt, besagt, daß jener Herr Costamagna auf

Befehl von Monsieur le Lieutenant Général du Roy, zum Preis von 11000 Livres, 13 Sols und 6 Deniers, diesen Turm im Jahre 1692 gebaut hat.«

Ein unerträgliches Schweigen drückte die Gesellschaft nieder, und alle Blicke wandten sich zu dem berühmten Wissenschaftler, der buchstäblich in sich zusammenschrumpfte. Leprat ging auf ihn zu und verneigte sich vor ihm.

»Meister«, sagte er, »ich erlaube mir festzustellen, daß Sie vorhin sehr weise gesprochen haben, als Sie sagten: ›Es kann sich jeder irren‹ und: ›Sie sind noch nicht am Ende Ihrer Überraschungen.‹ Das waren zwei große Wahrheiten, ich überlasse Ihnen hiermit eine dritte.«

Er legte den grausamen »Denkzettel« auf den Tisch und verließ den totenstillen Saal auf Zehenspitzen.

Nun möchte ich noch von einer anderen Geschichte berichten, die mir in der Schule erzählt wurde. Sie war schon Generationen alt, und ich nehme an, daß sie von Mund zu Mund immer mehr ausgeschmückt worden war, aber der Kern stimmte.

Etwa um 1905 gab es in einer Geisteswissenschaftlichen Fakultät einen Geschichtsprofessor von großen Verdiensten, der aber in den Prüfungskommissionen äußerst streng war. Aus diesem Grund beschlossen mehrere Studenten, die er (ungerechterweise, so meinten sie zumindest) gezwungen hatte, zwei Semester zu wiederholen, sich zu rächen.

Der Historiker hatte eine Marotte. Er behauptete, die Phönizier hätten sich lange vor den Phokäern vor Marseille niedergelassen, auf den kleinen Inseln an der Einfahrt zur Reede.

Seine These wurde von anderen, ebenso anerkannten Wissenschaftlern bekämpft, und das war sein großes Thema.

Die Verschwörer klauten zunächst im Museum am Borely-Park ein paar Töpferei-Scherben, die wirklich phönizischen Ursprungs waren. Danach kauften sie bei einem Trödler einen

riesengroßen Nachttopf aus vergangenen Zeiten, kratzten mit einer Feile die Glasur ab und gravierten auf die Außenseite (ein Student der Zahnmedizin beschaffte den geeigneten Bohrer) ein Motiv, das zwar sehr schlicht, aber von einer wundervoll orientalischen Obszönität war. Um dieses Motiv rankte sich eine mysteriöse Inschrift, deren Geheimnis jedoch von jedem Menschen hätte gelüftet werden können, vorausgesetzt, er kannte die provenzalische Sprache und war in der Lage, Stenographie zu entschlüsseln. Danach modellierten sie eigenhändig Dachziegel des Baaltempels und eine Art Tonkrug, der etwa einen Fuß hoch war und den der Zahnklempnerlehrling mit einer kleinen, halbverwischten nackten Tänzerin versah. Zwei Anthrazitbröckchen in der Tonmasse verliehen ihr große, schwarze Augen... Ein hilfreicher Ziegelmacher aus Aubagne stellte seinen Ofen zur Verfügung und brannte diese Kunstwerke, über deren Massivität er sich wunderte. Auf ihre Bitte hin schenkte er ihnen zudem ein Dutzend Marmeladetöpfe, die wegen zu großer Hitze, Rissen oder Verformungen mißglückt waren.
Diese Arbeiten, bei denen sie die Wissenschaft, die sie ihrem Lehrer zu verdanken hatten, auf so grausame Weise anwendeten, machten ihnen großen Spaß; sie tüftelten lange an Gegenständen herum, die genauso aussahen wie die, deren Entdekkung der Professor vorhergesagt und herbeigewünscht hatte... Diese Stücke wurden gehörig zerkratzt und nachgedunkelt und eines schönen Sonntagmorgens am Ufer der Insel Maïre eingebuddelt, und zwar in einer kleinen Schlucht, die in einer Bucht des Phönizischen Meeres mündete.

Einige Tage später brachte einer der Fälscher eine ziemlich bescheidene Tonscherbe ins Institut, die allerdings geradewegs aus den Sammlungen des Museums stammte. Er erklärte, er hätte sie im Sand der Bucht gefunden, als er am Ufersaum herumhackte, um sogenannte »mourredus« auszugraben – das sind fette Meerwürmer, die besten Köder, um Goldbrassen zu fangen.

Der gelehrte Archäologe interessierte sich mächtig für die Tonscherbe, aber da die historische Methode strenges Nachprüfen erfordert, legte er das Fundstück zunächst einmal dem Herrn Konservator des Museums vor.

Letzterer war der treue Bewacher mehrerer Mumien, die von kaputten Krügen, Topfhenkeln, angeschlagenen Tellern und 3000 Scherben verschiedenster Provenienz umgeben waren, die aber allesamt einen echten historischen Wert hatten. Er überblickte die genaue Zahl natürlich nicht und erkannte sein Eigentum nicht wieder; was er aber auf den ersten Blick erkannte, war die Echtheit der Scherbe.

Er wog sie mit der Hand ab, schnüffelte daran, streichelte sie und erklärte, diese Reliquie sei würdig, in seine Sammlungen aufgenommen zu werden, worin er nicht irrte.

Der Professor frohlockte und nahm sogleich einen Aufsatz in Angriff über eine Entdeckung, die seine Theorien bestätigte. Aber seine Schüler gaben ihm zu verstehen, daß ihnen dieser Beweis sehr wackelig erschiene und daß eine so wichtige These nicht dauerhaft auf eine einzige Scherbe aufgebaut werden könne. Den Beweis gelte es zu bestätigen und zu untermauern durch Ausgrabungen, man könne sich nicht mit dem unerwarteten Fund eines Wurmsuchers begnügen.

Der also überzeugte Wissenschaftler ließ sich denn auch zur Insel Maïre bringen, in einem mit Schaufeln, Hacken und Rucksäcken vollbeladenen Boot, und auf diese Weise kam er höchstpersönlich in den Genuß, den Pißpott des Trödlers zu entdecken, dessen geheimnisvolle Inschriften ihm viel Freude verhießen: er erklärte, daß es sich um ein geweihtes Gefäß handle, es habe das reinigende Wasser enthalten, womit die Priester bei den phönizischen Hochzeiten die jungen Eheleute zu benetzen pflegten. Bei dem Krug mit der Tänzerin war er sich absolut sicher, daß es sich um die Graburne einer phönizischen Jungfrau handle; was jedoch die Marmeladetöpfe betraf, so war er unschlüssig; er meinte, diese kleinen Behälter mit den so unregelmäßigen Formen hätten vermutlich irgendwelche Salben enthalten, deren Anwendung die einfallsreichen Seefahrer aus dem Orient den koketten Marseiller Mädchen beibrachten – aber über ein Problem dieser Tragweite könne er sich nicht so schnell äußern.

Er arbeitete mehrere Monate lang streng abgeschlossen und veröffentlichte eines schönen Morgens eine lange Abhandlung, die in der Welt der Wissenschaft viel Aufsehen erregte. Die Fundstücke wurden photographiert, abgezeichnet, in internationalen Fachzeitschriften abgebildet, und obwohl neuerliche Grabungen am Ufer der Insel nichts anderes erbracht hatten als eine reiche Wurm-Ader, nahm der Ruhm des Professors solche Ausmaße an, daß die Witzbolde über ihren durchschlagenden Erfolg Scham ergriff und daß sie schworen, ihren Schwindel niemals aufzudecken.

Unglücklicherweise hatte der Erfolg die Strenge des Professors keineswegs gemildert. Im Gegenteil. Er war unerbittlicher geworden als je zuvor, und der Urheber der ganzen Geschichte fiel ein weiteres Mal durch. Es packte ihn eine ungeheure Wut, und er beschloß, die Sache einem Freund zu erzählen, der gerade als junger Journalist debütierte: er lieferte ihm unwiderlegbare Beweise für den entsprechenden Artikel.

Diesem ambitionierten jungen Mann war bestens gedient mit einem solchen Knüller; sehr geschickt begann er mit bloßen Behauptungen und erzählte die ganze Geschichte in einem eher scherzhaften Ton. Auf die empörten Protestreaktionen einiger Wissenschaftler brauchte er nicht lange zu warten: sie nannten ihn Verleumder, Miesling, Hampelmann, Erpresser, was für einen Journalisten einen brillanten Karrierebeginn bedeutet.

Daraufhin packte er aus mit seinen Trümpfen. Er verriet, daß man ein hübsches Dutzend Telefonmünzen ans Tageslicht befördern könnte, wenn man sich nur dazu durchringen würde, ein paar Dachziegel des Baaltempels und deren jahrtausendealten Ton zu zerbrechen, und daß andererseits die Urne der jungen Phönizierin in ihrer Tonmasse ein paar vergoldete, kupferne Münzen enthalte, auf denen durchaus unphönizische Inschriften die Existenz des High Life Tailor kundgaben.

Daraufhin bat der arme Professor, dem seine eigene Wissenschaft diesen bösen Streich gespielt hatte, um seine Pensionierung und zog sich aufs Land zurück, um dort verbittert zu sterben.

Dieser Fall gab mir die Idee, einen Gelehrten auf die Bühne zu bringen, der die beste Zeit seines Lebens einem Werk gewidmet hat, welches er für bedeutend hielt; zu spät entdeckt er die Sinnlosigkeit seiner opfervollen Arbeit, und nun versucht er umsonst, die versäumte Jugend nachzuholen, wo es doch längst zu spät ist.

Dieses Stück wurde 1926 von Rodolphe Darzens uraufgeführt, der damals das Théâtre des Batignolles leitete, das später Théâtre des Arts und schließlich Théâtre Hébertot hieß.

Als ich Rodolphe Anfang 1926 kennenlernte, war er Ende Fünfzig, und sein dichtes, weißes Haar traf sich über den Ohren mit einem ein für allemal spitz gestutzten Bart.

Er war sehr groß, breitschultrig mit mächtigem Brustkasten: sicher übertrieb er nicht, wenn er behauptete, er sei in seiner Jugend ein gefürchteter Ringkämpfer gewesen.

Alles, was ich hier von diesem erstaunlichen Mann berichten werde, hat er mir persönlich erzählt; da er aber eine ausufernde Phantasie hatte und oft in aller Ehrlichkeit log, kann ich mich für die absolute Wahrheit dieser Geschichten nicht verbürgen.

Er war in Moskau geboren und hatte einen französischen Vater, der bei einem russischen Fürsten eine wichtige Position bekleidete.

Von einem französischen Hauslehrer war er erzogen worden und hatte unsere Sprache schon in der Kindheit erlernt; bereits in frühen Jahren schrieb er Verse. Eben weil er ein Dichter war, verliebte er sich mit achtzehn Jahren maßlos in eine hinreißende Zigeunerin, die zum rasselnden Tamburin tanzte und außerdem wahrsagte. Er verließ seine wohlhabende Familie, sie verließ ihre Sippe. Rodolphe machte alles, was er besaß, flüssig, er verkaufte sein Chronometer, seinen Siegelring und seine Krawattennadel, um alsbald der Witwe eines Dompteurs ein riesengroßes Bärenweib abzukaufen. So zogen sie zu dritt in einem Wohnwagen von dannen.

Die Bärin, obwohl unglaublich stark, war von umgänglichem, gemütlichem Charakter. Sie hatte gelernt, mit ihrem Dompteur zu ringen, den sie zunächst ganz zart umklammerte, dabei jedoch furchterregendes Brummen von sich gebend. Nach und nach erregte sie das Spiel, es war sichtbar, gleich würde sie ihren Partner packen und durch die Gegend schleudern; aber diese Riesin war kitzlig! Der Dompteur kratzte sie unterm Arm, und das Monster legte sich sofort hin und lachte auf Bärenart, d.h. es stöhnte leise vor sich hin.

Auf dem Dorfplatz ließ die Zigeunerin die Trommel wirbeln, danach tanzte sie und schüttelte ihre Armglöckchen. Inzwischen liefen die Zuschauer herbei, und Darzens, in engen Lederhosen, kämpfte mit der Bärin und knurrte so laut wie das Tier. Wenn er es zu Boden gestreckt hatte, gab er dem Publikum bekannt, daß es ihm nicht erlaubt sei, Geld anzunehmen, da er ein edler Herr vom Hof des Zaren war (Gott möge ihn schützen), daß ihm aber erlaubt sei, Wetten anzunehmen, da man schließlich das Spiel für die Hauptbeschäftigung des echten Adels ansehe. Er wettete also zehn Rubel, daß kein Mensch der Erde fähig sei, diese Bärin zu besiegen, wie er es gerade getan hatte. Daraufhin warf er die Geldstükke in einen Hut, den er der ältesten Großmutter der ehrenwerten Gesellschaft anvertraute, während die Zigeunerin die Trommel rührte – es klang wie eine grollende Herausforderung.

In jedem Dorf und in jedem Marktflecken, und vor allem in Rußland, gibt es immer einen »starken Mann«, den Stolz und den Schrecken der ganzen Umgebung. Wenn er nicht anwesend war im Kreis der Zuschauer, holte man ihn herbei. Es war ein ungeschlachter Dorfpolizist, ein dicht behaarter Schmied, aber meistens ein abscheulicher Muschik. Das Publikum legte zusammen, um den Einsatz in dem Hut zu deponieren. Danach packte die Bärin den starken Mann, und nachdem sie geduldig mehrere Angriffe in Kauf genommen hatte, warf sie ihn mit der Tatze unter die Gaffer, die wie die Kegel umfielen und nur wieder aufstanden, um sich aus dem Staub zu machen.

Dieses Abenteuer dauerte mehrere Monate, und Rodolphe, der jeden Abend ein Gedicht schrieb, bevor er seine Zigeunerin streichelte, hatte keine anderen Wünsche, als auch den nächsten Tag so zu erleben.

Unglücklicherweise kamen sie eines Tages zu dicht an einer Zigeunersippe vorbei; sie wurden zum Essen eingeladen; Rodolphe wachte erst zwei Tage später wieder auf. Die Bärin war noch immer da und äußerst hungrig, aber seine Zigeunerin war verschwunden.

Auf die Trommel hatte sie geschrieben: »Deine Zukunft wird glorreich sein. Suche mich nicht!«

Das brach ihm das Herz, und er beschloß, nach Paris zu gehen. Auf einen hilfeheischenden Brief an seinen Vater kamen als Antwort nur fünf Zeilen ewiger Verwünschungen.

Er bestätigte den Empfang mit einem Gedicht und zog von hinnen, in Richtung Lichterstadt.

Die Zärtlichkeit der Bärin, die durch das Fehlen der Zigeunerin angefeuert wurde, war für ihn ein großer Trost und zugleich Grund zur Besorgnis, denn diese riesenhafte, zottelige Jungfrau verfolgte ihn mit ihren überschwenglichen Gefühlen, sie umarmte ihn ständig und vor allem abends. Er gestand mir, daß er nicht gewußt hätte, wie das noch hätte enden sol-

len, wenn es dieses befreiende Kitzeln nicht gegeben hätte. Ich glaube jedoch, daß er Lokis gelesen hatte und daß diese aufregende Lektüre in seine Erinnerungen hineinwucherte.
Auf diese Weise durchquerte er halb Weißrußland und ganz Deutschland und verdiente dabei recht gut seinen Lebensunterhalt mit seinen täglichen Wetten, und schließlich erreichte er die Hauptstadt der Literatur und der Künste.
Nach ein paar mühsamen Versuchen in den Vorstädten – wenig ertragreichen Versuchen, weil die Leute der Ile-de-France nicht besonders dazu neigen, Sohlengänger einer anderen Gattung zu umarmen – versuchte er sein Glück in der Stadt und führte seinen ersten Kampf auf der Place de l'Ambigu vor. Eine ehrfürchtige Menge spendete ihm Beifall; wie üblich war auch der Einfaltspinsel aus der Provinz da, der auf Jahrmärkten gerungen hatte und der die Herausforderung annahm. Seine Rippen waren so massiv, daß die Leute sie krachen hörten, während zwischen seinen blauen Lippen die Zunge gleich der eines Erhängten hervorstieß. Durch den Kreis von Schaulustigen (der sich spontan geweitet hatte) stürzten zwei Polizisten genau in dem Augenblick, als Darzens die Bärin unterm Arm kitzelte – sozusagen auf den letzten Drücker.
Der Dummkopf wurde ins Krankenhaus transportiert und der Wohnwagen zum zoologischen Garten gefahren, wo die zutiefst betrübte Bärin abgeliefert wurde – während Rodolphe vor einem höchlich entzückten Polizeiinspektor Erklärungen abgab und Gedichte aufsagte.
Dieser ungemein freundliche Mann des Gesetzes mußte ihn jedoch warnen, daß er seinen bewundernswerten Beruf als Tierbändiger leider nicht weiter ausüben könne. Rodolphe verkaufte die Bärin an den zoologischen Garten und den Wohnwagen an einen Schausteller.
Als er die Reparatur der Rippen seines letzten Opfers bezahlt hatte, stellte er fest, daß er noch genügend Geld besaß, um zwei oder drei Monate zu leben, und er begann, in den Litera-

tencafés zu verkehren. Auf Grund seines hohen Wuchses, seiner schönen Stimme und seines slawischen Charmes schuf er sich dort sehr bald Freunde, und der große Verlaine schenkte ihm die Ehre seines Umgangs. Eines Nachts hatte er den Mut, vor dem Meister sein selbstverfaßtes Lieblingsgedicht zu rezitieren. Der große Dichter bezeugte ihm seine Freundschaft, indem er auf der Stelle (will sagen, auf dem Marmortisch) ein sehr schönes Sonett verfaßte, das in seinem Werk seinen Platz gefunden hat und auf das ich später noch einmal zurückkommen werde.

Rodolphe war lanciert. Der Direktor einer Zeitung stellte ihn sofort ein; da aber Tageszeitungen sich so gut wie gar nicht um Lyrik kümmern, vertraute er dem jungen Dichter die einzige Rubrik an, die sich einigermaßen für einen gewissen lyrischen Ton eignet, nämlich die Box-Reportagen: Darzens sollte sie bis zu seinem Tode betreuen. Also schrieb er Hymnen auf Sam Langford, Joe Jeannette, auf den Wunderboxer Georges Carpentier, und so wurde er beiläufig der Manager von Michel Simon: dieser große Schauspieler machte tatsächlich, bevor er ein Stern am französischen Theaterhimmel wurde, eine kurze Karriere als wuchtiger, aber zerstreuter Boxer...

Irgendwann im Laufe der Zeit wurde Darzens, ich weiß nicht wie, zum Mitarbeiter und Freund von André Antoine, dem das Theater der ganzen Welt zu ewigem Dank verpflichtet ist: das Théâtre-Libre spielte nämlich 1889 die *Geliebte Christi*, ein Stück in Versen von Rodolphe Darzens. Dieses Stück kam ziemlich gut an, und es hatte ein paar reizende Verse aufzuweisen, aber es entsprach voll der damaligen Mode: es hätte genauso aus der Feder von Catulle Mendès stammen können, und deshalb hat es nicht viel Aufsehen erregt in der Welt.

Einige Jahre später wurde er von einem großen Glücksfall überrascht, und dies auf so kompliziertem Wege, daß man darin nur ein Wirken der Vorsehung erkennen kann.

Rodolphe hatte einen jüngeren Bruder, der nach Paris gekommen war, um dort zu studieren. Dieses Studium verlief besonders glanzvoll, da es ihm den Lehrstuhl für Chemie an der Ecole Polytechnique einbrachte, daneben leitete er das Labor des bekannten Parfumherstellers Pivert.

Dieser Parfumfabrikant hatte einen Schwiegersohn namens Rouché, und der hatte eine Neigung zur Musik; sein Traum war, Intendant der Oper zu werden; und da es ihm nicht an Geld mangelte, bot er sogar an, das jährliche Defizit aus seiner Tasche zu decken. Der Minister war gerührt von soviel leidenschaftsgetragener Großzügigkeit, aber er war trotzdem gezwungen zu antworten, er könne die Geschicke des Nationaltheaters nicht in die Hand eines Parfumherstellers geben, der noch nie eine Bühne geleitet hatte.

»Das soll das geringste Hindernis sein!« sagte Rouché. »In zwei Jahren werde ich Sie wieder aufsuchen.«

Er kaufte unverzüglich das Théâtre des Arts, schaffte drei Reihen im Parterre ab, um die Bühne zu vergrößern, und veranstaltete Opern- und Ballettaufführungen, die schönsten von Paris.

Zwei Jahre später wurde er zum Intendanten der Oper ernannt, wo man sich an ihn als einen gerechten, verständnisvollen, großzügigen Menschen und sehr großen Prinzipal erinnert.

Während er sich um das Théâtre des Arts kümmerte, hatte sein Chemiker, der andere Darzens, eine Erfindung ausgearbeitet, die er für bescheiden hielt, deren kommerzielle Tragweite sich jedoch als beträchtlich erwies. Es war ein neues Parfum, das den hübschen Namen »Trèfle Incarnat« trug.

Es wurde zu einem Riesenerfolg, und der Parfumfabrikant bot seinem Chemiker an, die Belohnung selbst auszuwählen.

Der Forscher fragte ihn: »Was haben Sie vor bezüglich des Théâtre des Arts?«

»Wahrscheinlich werde ich es verkaufen.«

»Dann möchte ich Sie bitten, es meinem Bruder zu verkaufen, ihm aber bei den Zahlungsbedingungen entgegenzukommen.«
»Einverstanden«, sagte Rouché. »Aber mit langfristigen Zahlungsbedingungen gibt es immer Schwierigkeiten. Da gibt es Ratenzahlungen, Fälligkeitstermine, Anrechnungsbeträge, Verzugszinsen usw. Um mir diese kleinen Ärgernisse zu ersparen, möchte ich Sie bitten, ihm das Theater schenken zu dürfen.«
Auf diesem Weg also wurde Rodolphe, der Dichter, Sportredakteur und Boxmanager, zum Theaterdirektor.
Sein Ruf war sehr bald ein jämmerlicher. Man sagte ihm nach, er sei geizig, und demzufolge Millionär, man warf ihm seinen schäbigen Mantel vor, seinen Clochard-Schal und seinen Filzhut, den eine Reinigung innerhalb von zehn Minuten um zwanzig Jahre verjüngt hätte. Man behauptete – und das stimmte –, daß er die jungen Schauspieler »Schauspielschüler« taufte, um sie nur zum halben Tarif zu bezahlen.
In Wirklichkeit besaß er kaum etwas, außer einem Bauernhof in Rennemoulins und seinem Theater.
Auf diesem Hof züchtete er Bordeaux-Doggen, Hunde, die so groß waren wie Dänische Doggen, und er liebte sie wie eigene Kinder, vermutlich in Erinnerung an seine Bärin.
Sein Theater, sagte er, sei »der Diamant an seinem Finger«. In Wirklichkeit war es sein Halseisen, das er tapfer sein ganzes Leben lang getragen hat: wenn er bis zum Schluß Sportredakteur blieb, so war das, um die Plakatsäulen und die Beleuchtung der Fassade gegenüber von dem tristen Collège Chaptal zu bezahlen.

Sein einziger Kummer war die Existenz dieser Schule auf der gegenüberliegenden Seite des Boulevards.
Abendlichen Besuchern zeigte er diese lange schwarze Fassade, neben der das Loch der Rue de Rome gähnte, und dann die

große Brücke, die über die Schienenstränge der Gare Saint-Lazare führt.
»Schaut nur her! Auf fünfhundert Meter kein einziger Laden, kein erleuchtetes Fenster... Hier könnte man vierzig Wohnhäuser mit je sechs Etagen aneinanderbauen, auf jeder Etage vier Wohnungen, mit je drei bis vier Leuten pro Wohnung: 3000 potentielle Zuschauer! Sie bräuchten nur den Boulevard zu überqueren. Und beleuchtete Läden, das bedeutet Leben, Bewegung! Meine Kasse geht auf eine Wüste hinaus! Ab sechs Uhr abends die ideale Gegend für einen Raubüberfall! Und diese armen, blassen, mageren Schüler, die im Dampf der tausend Lokomotiven, die da jeden Tag vorbeifahren, ersticken... Eine schöne Generation von Schwindsüchtigen wächst uns da heran! Und was hat dieser Chaptal schließlich Besonderes geleistet? Dieser Kerl ist es, der mich jeden Tag mindestens hundert Plätze kostet und mich zwingt, mich zu prostituieren!«
Tatsächlich entdeckte Darzens, wenn es schwierige Zeiten für ihn gab, junge Schauspielerinnen, deren Anfänge mit wohlwollender Aufmerksamkeit von der Hochfinanz oder der Großindustrie verfolgt wurden; er führte auch junge Bühnenautoren auf – bei weithin fehlender Resonanz –, deren Talent festgegründet auf dicken Familienvermögen ruhte. Er nahm sie aus, gnadenlos, aber sobald die Kasse voll war, führte er Stücke auf, die ihm gefielen, und verlor dann in der Liebe zur Theaterkunst das Geld, das er durch Prostitution eingenommen hatte.
Ich bewahre eine sehr tiefe, sehr aufrichtige Dankbarkeit für ihn; ich erinnere mich gern daran, daß ich ihm vieles schulde. Die Erzählung seines Lebens ist sicherlich etwas romanhaft, aber er hatte sie selbst so gewollt, diese Figur wollte er sein. Ich glaube auch von ganzem Herzen, daß er diese Figur war, und um sein Andenken zu würdigen, möchte ich hier das Sonett zitieren, womit der große Verlaine eines Abends in einem Pariser Café seine Jugend verewigte:

A Rodolphe Darzens	Für Rodolphe Darzens
Jeune homme élancé Comme un peuplier Qui donc a pensé Qu' on pût t'oublier	Junger Mann, der Pappel gleich, die hochschießt Welchem Schädel entsproß der Unsinn, man könnt' dich vergessen
Dans ce livre si Vraiment amical ? Quel sot réussi, Quel crétin fécal?	In diesem Buche wahrer Freundschaft? Welchem Schädel nur, sag, Welchem unraterfüllten?
Jeune homme élancé Vers la vie, et vers L'art et les beaux vers,	Junger Mann, hochschießt du dem Leben entgegen, der Kunst, dem Dichten
Enfant annoncé Par ta chanson, viens, Entre, et sois des miens.	Verkündet hat dich Dein Lied, messianisches Kind. Komm, sei unser.
Août 1889	August 1889

Er las mein Stück, es gefiel ihm. Er beschloß, die Sache groß aufzuziehen und engagierte sofort Harry Baur und Pierre Blanchar, die schon seit langem prominent waren, und dazu Orane Demazis, einen Star des Avantgarde-Theaters; sie hatte gerade in *L'Occasion* von Prosper Mérimée und unter der Regie von Charles Dullin einen Riesenerfolg gehabt. Außerdem Jean d'Yd, einen wunderbaren Kleindarsteller, und einen ganz jungen Mann, Marc Valbel.
Als alle Verträge unterschrieben waren, stellte er fest, daß seine Liquiditäten in keiner Weise den Verpflichtungen entsprachen, die er gerade eingegangen war: daraufhin rief er den Direktor des Grand-Théâtre von Monte-Carlo zu Hilfe.

Das Fürstentum Monaco war immer ein künstlerisches Zentrum von Weltbedeutung gewesen.

Damals beliefen sich die Einnahmen des berühmten Casinos auf Hunderte von Millionen, das heißt Milliarden bei heutiger Rechnung. Um ihre durchreisenden Gäste zu zerstreuen und ihnen eine Art Ausgleich für ihre Verluste auf dem grünen Tisch zu bieten, organisierte die Société des Bains de Mer (die weit mehr Croupiers als Bademeister beschäftigte) Theateraufführungen und Konzerte, die niemals aus den Einnahmen hätten gedeckt werden können.
Dort konnte man z.B. nebeneinander, in einer Besetzung, Caruso, Tita Ruffo und Schaljapin erleben.
1926 jedoch hatten der Krieg und die Revolutionen die großzügige Schar der russischen Großfürsten und der deutschen Kleinfürsten, der Sultane, Khediven und Paschas ziemlich dezimiert. Das Budget für solche Aufführungen war jedoch noch immer beträchtlich, und der Direktor konnte vergessene Werke wieder ausgraben oder neue Stücke uraufführen, ohne auch nur eine Minute an deren »Rentabilität« zu denken, da er sie nur zweimal spielte und da dieses Wort sowieso noch nicht existierte.
Dieser Direktor war René Blum – der leibliche Bruder des großen Sozialistenführers.
Er machte keine Politik: er war ein hochgebildeter Künstler und ein generöser, materiell vollkommen desinteressierter Mann. Sein Mut zeigte sich während der deutschen Besetzung. Da er eines Tages nach Paris fahren wollte, warnte ihn ein Freund: »Fahr nicht hin, René. Sie werden dir den gelben Stern anheften.«
»Darauf werde ich weder stolz sein, noch werde ich mich schämen: ich habe noch nie verheimlicht, daß ich Blum heiße.«
»Und wenn sie dich umbringen?«
»Das wäre absurd, denn Goethe und Wagner würden einen ehrlichen Diener verlieren.«
Er fuhr trotzdem, und das Absurde geschah: er starb im Lager. Mit ihm haben wir eine Quelle des Lichts verloren. Alle, die

ihn gekannt haben, verdanken ihm etwas; sie behalten ihn in besonders liebevoller Erinnerung, und mir passiert es heute noch, daß ich zum Telefonhörer greifen will, um ihn um Rat zu bitten.

Ihm war zu verdanken, daß *Jazz* am 6. Dezember 1926 auf der Bühne des Grand-Théâtre in Monte-Carlo uraufgeführt wurde.

Ich hatte beschlossen, hinter der Bühne zu bleiben, aber vor Beginn des Stückes nahm mich René Blum beim Arm und zog mich mit in die Spielsäle.

»Sie dürfen sich jetzt nicht aufregen«, sagte er. »Das Unabwendbare beginnt, und weder Sie noch ich können etwas machen. Morgen kommen Sie in die Vorstellung: wir werden nachprüfen, ob die Reaktionen des Publikums von heute abend sich bestätigen, und vielleicht werden Sie dann Striche machen oder manche Repliken stärker herausarbeiten müssen. Hier haben Sie fünf Chips à einhundert Francs, das Casino darf Sie dazu einladen: wenn Sie vorsichtig spielen, dann kann das für eine halbe Stunde reichen, was Ihnen bis zum Ende des ersten Aktes die Zeit überbrückt. Dann komme ich und gebe Ihnen Bescheid, wie es läuft; ich bin sicher, es werden positive Nachrichten sein.«

Er ließ mich zurück in der »Höhle Fortunas«, deren Ausmaße, Luxus und gedämpfte Atmosphäre mich erstaunten.

Die Spieler, die um die grünen Tische saßen, waren merkwürdig zusammengewürfelt: da gab es Geschäftsleute im Smoking, junge, sportliche Menschen, diamantenbesetzte Damen, an die ganz offenkundig Gesichtskünstler Hand angelegt hatten. In dieser eleganten Schar gab es aber auch ein paar schlecht gekleidete, leichenblasse Individuen mit gefurchter Stirn, die die kleine Kugel mit echten Angstblicken verfolgten, sowie eine ganze Anzahl von alten Damen mit Federboas, die sich auf länglichen Notizblöcken Zahlen notierten.

Ich bewunderte die lässige Art und die Gleichgültigkeit der Croupiers beim Roulette: keine Laune des Zufalls konnte sie mehr aus der Fassung bringen; danach entdeckte ich die Croupiers vom Baccara: Virtuosen! Auf einer Art Bäckerschaufel fegten sie ohne jede Mühe Berge von Karten zusammen, und dann schoben sie mit einem Mahagonirechen, vollkommen gelassen, in sich zusammenstürzende Türme von bunten Plaketten über den Tisch – zehn Jahre Lehrergehalt am Lycée Condorcet.

Mein Staunen hielt fast eine Viertelstunde an, anschließend versuchte ich, die Emotionen der Spieler nachzuempfinden, deren unkontrollierte Grimassen ansteckend waren. Aber es gelang mir nicht, und ich dachte voller Bangen an meine Schauspieler – ob sie wohl auf Applausstürmen davonflogen oder unter Pfeifkonzerten zusammenbrachen oder aber langsam in einer Leichenhausstille untergingen?

Ich trat an einen Roulettetisch und bemühte mich, dem Spiel zu folgen. Nachdem ich festgestellt hatte, daß viermal hintereinander Schwarz herausgekommen war, setzte ich zwei Chips à 100 Francs auf Rot: ich war überzeugt, daß die Ungerechtigkeit, der diese Farbe unter meinen Augen zum Opfer gefallen war, nun sofort wiedergutgemacht würde. Der Croupier, ein wahrer Zauberer, harkte die Einsätze der Verlierer ein. Dann warf er die Kugel mit einer so behenden Geste ein, daß man den Eindruck gewann, sie fliehe vor seinem Zeigefinger: sie kreiste lange in der Mahagonibahn, und er sagte – dabei waren seine Gedanken ganz woanders: »Rien ne va plus.« In diesem Augenblick tippte mir der Inspizient an die Schulter. Er lächelte und sagte halblaut: »Kommen Sie schnell. Der erste Akt ist zu Ende. Kommen Sie schnell, die Partie ist gewonnen!«

Wir liefen zum Ausgang. Im Innenhof öffnete er die Tür zu einem Gang, und sofort hörte ich ein wahres Beifallsgewitter.

»Das ist mindestens der vierte Vorhang!« sagte er.

Das köstliche Prasseln ebbte ab, setzte dann plötzlich noch einmal ein.

»Fünfter Vorhang«, flüsterte mein Führer. »Für eine Premiere ist das ganz selten!«

Ich war außer mir vor Freude über diese Meinung aus dem Mund eines Kenners.

Einen sechsten Vorhang gab es nicht, aber ein allgemeines Raunen: das Publikum erhob sich zur Pause.

Irgendwo auf dem Korridor tauchte ein Mann auf, ein Kleiderschrank, der die ganze Breite des Durchgangs ausfüllte. Er hatte dichtes, schwarzes Haar, seine Augen glänzten unter buschigen Brauen, und er lächelte über das ganze Gesicht.

Ich wich zurück in den Innenhof, um ihn vorbeizulassen, aber er kam auf mich zu, legte mir seine großen Hände auf die Schultern und schaute mich ein paar Sekunden lang an, während er noch immer lächelte. Schließlich sagte er: »Sie sind ein echter Theaterautor. Das kann man weder lernen noch verlernen.«

Ich wußte nicht, was ich antworten sollte. Ich lächelte verlegen und blickte auf den Boden. Er ließ mich los und entfernte sich voller Würde.

»Mein Gott«, sagte der Inspizient ernst, »das war vielleicht ein Kompliment!«

Dazu schüttelte er mehrmals den Kopf.

Ich fragte ihn: »Wer war das?«

»Was? Sie kennen ihn nicht? Haben Sie denn nie Photos von ihm gesehen?«

»Ich glaube nicht. Wer ist das?«

Er breitete die Arme aus und sagte voller Respekt: »Blasco Ibañez!«

Ich war zutiefst gerührt, daß der berühmte spanische Schriftsteller mich zum Dramatiker geweiht hatte... Meine Verlegenheit wuchs, als ich eine Flut von elegant gekleideten, Zigaretten anzündenden Zuschauern auf mich zukommen sah.

Viele schauten zu mir her und erkannten mich, weil sie das Photo im Programmheft gesehen hatten. Sie machten fast alle freundliche Gesichter. Ich hatte große Lust, die Flucht zu ergreifen. In diesem Augenblick erschien im Laufschritt ein livrierter Boy.

»Monsieur, der Croupier vom Tisch Nr. 8 läßt ausrichten, daß Rot schon fünfmal hintereinander herausgekommen ist, und das kann nicht so weitergehen.«

Ich stürzte los, er folgte mir.

Als wir an den Tisch kamen, wo ich meinen Einsatz vergessen hatte, sagte der Croupier gerade: »Rien ne va plus!«

»Ojemine!«, murmelte mein Führer. »Wenn jetzt Schwarz rauskommt, haben Sie alles verloren!«

Ich schaute verblüfft auf die Pyramide von Chips, die ich nicht wegnehmen durfte... Die Kugel kreiste fast lautlos, der Croupier blickte mich lächelnd an.

Die Kugel kreiste lange.

Der mit einem überdimensionalen Kinn gesegnete Boy biß aufgeregt die Zähne zusammen, ein kleiner Muskelknoten bebte unter seinem Ohr, und er hatte den Hals eingezogen, um das Urteil des Schicksals abzuwarten. Für mich gab es nicht den geringsten Zweifel: nach dem was mir Blasco Ibañez gerade gesagt hatte, konnte mich das Glück nicht mehr verraten, ich hatte sechs Vorhänge bekommen, also würde Rot sechsmal herauskommen. Diese absurde Logik fand jedoch die Zustimmung der Götter. Die Kugel hüpfte einen Augenblick über die kleinen Trennwände zwischen den Zahlen, und plötzlich verkündete der Croupier: »16, rouge, pair et manque!«

Zuerst warf er mehrere Marken zu meinem Haufen hin, dann griff er zu seiner räuberischen Harke, aber anstatt wegzuholen, schob er her.

Der Boy, inzwischen wieder entspannt, half mir, meine Beute einzusammeln, und führte mich zu einer entzückenden jungen Dame, die hinter einer Kasse thronte. Lächelnd übersetzte sie die Casinowährung in Francs und zog die Nadel aus einem Bündel 1000-Francs-Scheine. Sie zählte sechs ab und ergänzte mit zwei 100-Francs-Scheinen... Ein halbes Jahr Condorcet! Es gibt eben fette Tage, wo alles unverschämt gut gelingt.

In Paris hielt das Stück über hundert Aufführungen durch, was damals ziemlich selten vorkam, insbesondere im Théâtre des Arts. Ich glaube, es hätte auch noch lange auf dem Spielplan bleiben können, aber Harry Baur, dem Darzens nicht genügend Garantien bieten konnte, mußte uns verlassen, um einen Vertrag im Théâtre des Maturins zu erfüllen. Die Einnahmen fielen sofort ab, wie das meist geschieht in solchen Fällen, und das Stück wurde nach der 110. Vorstellung abgesetzt.
Diesem Werk hatte ich zunächst den Titel *Phaéton* gegeben. Darzens behauptete, das sei ein schlechter Titel, man müsse statt dessen ein kurzes, modernes Wort wählen. Im übrigen, meinte er, sei es nicht nötig, daß der Titel eines Stückes den geringsten Zusammenhang mit der Handlung habe: sein einziger Zweck sei, das Publikum anzulocken und eine angenehme Assoziation zu wecken. Zuerst weigerte ich mich, den Titel zu ändern. Jugend ist stur. Meiner Meinung nach war die Wahl eines anreißerischen Titels eine unwürdige kommerzielle Machenschaft. Aber während der Proben machten mich die Ratschläge der Freunde unsicher, und schließlich ließ ich mich doch überzeugen.
Damals hatte das Stück einen fünften Akt: Der enttäuschte Professor entsagte der Wissenschaft, stürzte sich in ein ausschweifendes Liebesleben und starb schließlich, nach einem Anfall von Wahnsinn, in einem Nachtlokal, zu den Klängen einer Jazzband; es war damals die große Zeit des Charleston, der gerade den Foxtrott abgelöst hatte, und diese fieberhafte Negermusik war ein Symbol für Modernität, Jugend, Chaos. Zu Darzens größter Freude hieß das Stück nun *Jazz*.

Drei Jahre später, während *Topaze* im Théâtre des Variétés und *Marius* im Théâtre de Paris liefen, beschloß der nach mehreren durchgefallenen Stücken etwas ratlose und vor allem mittellose Rodolphe, *Jazz* wieder aufzunehmen. Er verließ sich auf den alten Spruch »Was zweimal gelingt, gelingt auch dreimal« und dachte, daß die Zuschauer, die den Erfolg meiner beiden anderen Stücke gemacht hatten, nun ins Théâtre des Arts stürzen würden. Diese Gewißheit stützte er auf unwiderlegbare Berechnungen.
»Ich habe mich bei Max Maurey und bei Volterra erkundigt«, sagte er. »Bis heute haben deine beiden Stücke 632000 Zuschauer angezogen. Rechnen wir nur mit der Hälfte, weil es vielleicht dieselben sind, die sich die beiden Stücke angeschaut haben, sagen wir also 316000. Aber machen wir uns lieber keine Illusionen. Seit zwei Jahren ist ein Teil davon gestorben, andere sind aus Paris weggezogen, wieder andere sind krank und – bitte sei mir nicht böse – einige haben deine Stücke vielleicht auch nicht gemocht. Ich gehe aus von 10000 Gestorbenen, 10000 Weggezogenen, 5000 Kranken und 5000 Widerspenstigen. Insgesamt 30000, die nicht kommen werden. Bleiben also übrig 286000 Zuschauer. Wir brauchen 500 pro Tag, was bedeutet, daß wir mit Gewißheit 572 Vorstellungen durchziehen können. Aber lassen wir uns nicht hinreißen. Wir müssen auch Kälte, Glatteis, Schnee, einen brütend heißen Sommer, schwere politische Krisen, einen Generalstreik mit einkalkulieren. Es ist alles möglich, und ich sage dir ganz ehrlich, daß ich nur mit 300 Vorstellungen rechne. Vielleicht gibt es eine glückliche Überraschung, und es ist nicht verboten, sich Hoffnungen zu machen; aber versprechen kann ich dir ehrlich nur 300.«
Er mußte nicht lange insistieren, um mich zu überzeugen.
»Also gut«, sagte ich. »Aber nachdem der Erfolg garantiert ist, will ich meinem Stück seinen richtigen Titel wiedergeben. Du wirst *Phaéton* auf die Plakate setzen!«

»Wenn du unbedingt willst, aber das ist gefährlich...«
»Ich bestehe darauf.«
Also wurde *Phaéton* angekündigt. Baur war nicht frei. Balpêtré übernahm seine Rolle mit einer Überzeugungskraft und einer Sensibilität, die ich ihm nicht zugetraut hätte.
Aber jene 286000 Zuschauer ließen auf sich warten, und *Phaéton* verschwand nach zehn Aufführungen sang- und klanglos vom Spielplan. Bis zu seinem letzten Atemzug behauptete Darzens, es habe am neuen Titel gelegen.

Ein Exemplar von *Jazz* hatte ich einem Berliner Theateragenten anvertraut. Er hatte mir gesagt, die Rolle könnte den großen Emil Jannings interessieren, vor allem wegen des fünften Akts, den ich in der für Frankreich geltenden Fassung gestrichen hatte. Sechs Monate später schrieb mir dieser Agent, Jannings könne *Jazz* nicht spielen, da er gerade einen Film drehe über ein sehr ähnliches Thema. Es war *Der blaue Engel,* mit diesem Film wurde die wunderbare Marlene Dietrich entdeckt. Als ich ihn auf der Leinwand sah, schrie ich Zeter und Mordio über dieses reine Plagiat, und alle meine Freunde empörten sich mit mir. Ich bereitete unverzüglich eine detaillierte Dokumentation für meinen Anwalt vor. Aber während ich die verschiedenen Punkte aufzählte, in denen sich die beiden Werke glichen, fiel mir plötzlich etwas auf: Ich hatte diese Geschichte schon einmal gesehen, ich kannte diese Handlung schon lange. Da erinnerte ich mich, daß eines Abends einer meiner Onkel, Mitglied des Marseiller Stadtrats – ich war damals sechs oder sieben Jahre alt – die Familie in die Oper, in die Loge des Bürgermeisters, eingeladen hatte. Es war das erstemal in meinem Leben, daß ich ein Theater betrat, und das Stück, das ich gesehen hatte, war *Faust.* Dieser Mephisto und dieser plötzlich junggewordene Greis hatten meine kindliche Phantasie mächtig angeregt: Mein Stück war nichts anderes als eine Reminiszenz und eine moderne Bearbeitung des Goetheschen *Faust.* Selbstverständlich fühlte ich mich nicht des Plagiats schuldig. Goethe selbst hatte den Stoff mit dem *Faust* von Marlowe entdeckt, der ihn wiederum einer alten Volkssage entlehnt hatte; jedenfalls war ich nicht berechtigt, diesen Deutschen vorzuwerfen, sie hätten sich »meines« Themas bemächtigt, eines Themas, bei dem die Rechte seit mindestens drei Jahrhunderten frei waren... Also verzichtete ich auf eine hochfahrende Klage und begann am gleichen Tag, gegen Ende Juni 1927, zwei neue Stücke zu schreiben, die später *Topaze* und *Marius* heißen sollten.

3
Topaze
1928

1927 spielte das Théâtre des Arts, das eines Tages Théâtre Hêbertot heißen sollte, noch immer mein zweites Stück, *Jazz*, und die Theatre Guild in New York hatte gerade die Rechte der *Händler des Ruhms* erworben. Ich besaß ein kleines Kapital, das fünf Jahren Unterricht im Lycée Condorcet entsprach. Also beantragte ich eine Beurlaubung, die mir auch gewährt wurde; ich beschloß, als Eremit zu leben und zehn Stunden am Tag für das Theater zu arbeiten: jetzt oder nie!

Ich zog in ein sehr großes Mietshaus am Boulevard Murat, das der Stadt Paris gehörte; davor lag ein großer Vorgarten. Meine Wohnung lag im Erdgeschoß und war wirklich sehr klein: eine Diele von zwei mal drei Metern und ein Zimmer von dreimal vier. Es gab auch eine Küche, die man mit einem einzigen Schritt durchqueren konnte, um in der winzigen Dusche zu landen, wo vier Personen aufrecht hätten stehen können, ohne sich gegenseitig zu stören. Vier, keine fünf. Kein Mensch hätte ahnen können, daß es in diesem Riesengebäude eine so kleine Wohnung gab. Aber das war mein Reich, und ich lebte da glücklich, ging zum Fenster rein und raus zu jeder Tages- und Nachtzeit.

Die sehr zahlreichen Bewohner des Hauses bestanden zur Hälfte aus emigrierten Russen: Grafen, Prinzessinnen, Gardeoffiziere, Fregattenkapitäne.

Es waren sehr angenehme Nachbarn, anspruchslose, höfliche, reizende Menschen, die das Unglück mit lächelnder Würde akzeptierten und der Vorsehung dankten, daß sie nicht umgekommen oder nach Sibirien verschleppt worden waren.

Da mein Arbeitstisch vor dem Fenster im Erdgeschoß stand, nahm ich, wenn auch zerstreut, am Leben des Hauses teil. Ich sah, ohne eigentlich hinzuschauen, jeden Tag die gleichen Leute vorbeigehen.
Ein dunkelhaariger junger Mann weckte meine Neugierde. Er hatte keinen festgelegten Tagesrhythmus, aber ich sah ihn oft ein- und ausgehen und erkannte ihn sowohl von vorne als auch von hinten.
Er ging sehr schnell, hatte es immer eilig, und dabei sah er immer grüblerisch aus und nahm niemanden wahr.
Eines Tages fragte ich den Concierge, wer dieser junge Mann sei.
»Er wohnt im ersten Stock, genau über Ihnen. Ich weiß nicht, was er im Leben so tut.«
Er überlegte einen Augenblick und fügte weder bewundernd noch verächtlich hinzu: »Ich glaube, er ist ein Philosoph. Man hat mir übrigens mal gesagt, daß er in den Zeitungen schreibt.«
Zwei Jahre lang sah ich ihn an meinem Fenster vorbeigehen, ich wußte nicht, an was er schrieb – es waren die *Eroberer,* ein Roman, der seinen Namen bald berühmt machen sollte –, ich wußte nicht, daß er für *So lebt der Mensch** eines Tages den Prix Goncourt bekommen würde, und daß dieser dunkelhaarige Mann, der André Malraux hieß, uns eines Tages den Louvre in seinem Glanz wiederherstellen und die schönsten alten Steinfassaden von Paris zu neuem Leben erwecken würde.
Heute, dreiundvierzig Jahre später, frage ich mich, ob es nicht privilegierte Orte gibt, die mit Glück verbunden sind: 1927

* La Condition humaine, 1933

gab es auf zwanzig Quadratmetern zwei junge Männer, die keine vier Meter voneinander entfernt waren und sich doch nicht kannten, und die an zwei literarischen Werken arbeiteten, die ihnen Ruhm und Vermögen eingebracht haben. Ich weiß nicht, ob einer von beiden anderswo dasselbe Buch geschrieben hätte. Das ist für mich ein Geheimnis; das Geheimnis gehört zum Leben: Leben ohne Geheimnis ist uninteressant.

Eines Morgens klopfte ein anderer junger Mann an mein Fenster. Er war groß, sehr gut gekleidet, dunkeläugig; er hatte strahlend weiße Zähne, eine hohe Stirn und trug keinen Hut. Er deutete mir an, daß er eintreten wolle. Ich öffnete das Fenster; in zwei Sprüngen war er drin, und noch bevor er landete, sagte er: »Ich heiße Jacques Théry.«

Seinen Namen kannte ich, denn er hatte im Théâtre des Variétés gerade eine sehr hübsche Komödie unter dem Titel *Le Fruit vert** herausgebracht, und der Erfolg war recht ansehnlich.

Er streckte mir die Hand hin und sagte: »Ich möchte dich gerne kennenlernen, denn ich bin gerade im Nachbarhaus im siebten Stock eingezogen, und ich habe dir vieles zu sagen.«

»Setz dich.«

»Nein, ich rede lieber im Stehen mit dir.«

Er zupfte einen Grünstengel von einem kleinen Strauß, der meinen Tisch schmückte, plazierte ihn im Mundwinkel, rieb sich grundlos die Hände und fing an, auf und ab zu gehen, wobei er jeweils nicht weit kam, denn überall war Wand, und er begann mit beneidenswerter Gewandtheit zu reden.

Zuerst lobte er mein Stück, *Jazz,* dessen Laufzeit im Théâtre des Arts bald enden sollte, dann stellte er mir sein Programm vor: Mieten eines Theaters, Gründung eines Ensembles mit Pierre Blanchar und Blanche Montel als Stars; Gründung einer

* *Die unreife Frucht*

großaufgemachten illustrierten Theaterzeitschrift, letzteres mit dem Ziel, eine Gruppe von jungen Autoren zu unterstützen: Marcel Achard, Jacques Natanson, Léopold Marchand, André Lang, Steve Passeur, Paul Vialar, die damals alle schon meine Freunde waren.
Ich hörte wortlos zu, wie er diese Pläne entwarf, die durchaus kein Hirngespinst waren, denn sie wurden verwirklicht. Plötzlich hielt er mitten im Satz inne und rollte mit der Geste des Schnurrbartzwirbelns den grünen Stengel, den er im Mund hatte: »Wo ißt du?«
»Im Restaurant.«
»Jeden Tag?«
»Ja, mittags und abends.«
»Das ist hirnverbrannt!« sagte er mit Nachdruck. »Willst du eines nicht allzu fernen Tages unter schrecklichen Magen- und Darmkrämpfen umkommen? Du ernährst dich von Katzenpfeffer, Hunderagout und Mäusefricassée? Und was glaubst du, was man mit den an Maul- und Klauenseuche eingegangenen Kühen macht? Dein abendliches Beefsteak!«
Ich widersprach heftig, denn die Küche in meinem kleinen Restaurant war wirklich ausgezeichnet, und ich hielt den Patron für einen absolut ehrlichen Mann.
»Gut«, sagte er, »gut. Aber ich kann dir viel Besseres anbieten; ich habe nämlich folgendes beschlossen: Ich lebe in meiner Wohnung im siebten Stock allein. Und ich habe eine Köchin, die jeden Tag für mich kocht. Da ich aber oft abwesend bin, kocht sie oft umsonst. Aus Selbstachtung verschlingt sie dann, nachdem sie ihre Mahlzeit schon eingenommen hat, das, was sie für mich vorbereitet hat. Sie ist maßlos fett geworden. Wenn das noch drei Monate lang so weitergeht, ist es aus mit ihr, zur gleichen Zeit wie mit dir, übrigens. Also wirst du bei mir essen, mittags und abends. Wenn ich da bin, werden wir rasend interessante Unterhaltungen führen. Wenn ich nicht da bin, beaufsichtigst du mir Célestine. Sie ist ein guter Kerl. Sie

versteht alles, hat aber wenig Gespür. Komm, schau dir mal meine Wohnung an.«

Das war eine wirkliche Wohnung. Ich sage, eine wirkliche Wohnung, weil sie viel größer war als meine. Aber eigentlich war sie in jeder Hinsicht unvergleichbar, denn bei der Einrichtung hatte sich ein Bühnenbildner entfalten dürfen.
Im Schlafzimmer gab es eine ziemlich hohe Empore, die einigermaßen normal rechteckig war. Auf dieser Empore stand das Bett, jedoch diagonal plaziert. Da der Bühnenbildner gefürchtet hatte, eine unsensible Putzfrau könnte diese Ordnung umfunktionieren, hatte er das Bett festgenagelt.
Die Kopfrolle dieses Lagers war kein weicher, gemütlicher Zylinder: sie war schmäler an einem Ende, so daß sie im Profil genau wie die Flüstertüten bei der Marine aussah, und damit sie diese Form auch behielt, war unter dem feinen alten Stoff eine harte Pappform verborgen.
Man sah auch zwei seltsam hilflose Nachttische. Sie waren dreieckig, das heißt, sie sahen aus wie zwei übertrieben hohe Camembertecken.
Der von mir befragte Bühnenbildner erklärte mir ziemlich geheimnisvoll, indem er auf den Vordersteven eines Nachttischs deutete: »Ich wollte den Eindruck von Sich-Entfernen vermitteln.«
Aber es entfernte sich überhaupt nichts. Die Dinge blieben da, wo sie waren, unter einem mit Goldblättern besäten Plafond. Beim ersten Hinsehen wurde einem richtig schlecht. Danach gewöhnte man sich daran, weil man sich an alles gewöhnt.
Das Eßzimmer war im gleichen Stil eingerichtet wie das Schlafzimmer. Die Möbel stammten aus den Art-deco-Werkstätten. Sie bestanden aus lauter Ecken, die eckiger waren als normale Ecken und untereinander verbunden (als ob es ihnen leid täte) mit ganz kleinen Kugeln. Das Todschicke an diesem Ameublement und sein außerordentlicher Vorzug bestanden

darin, daß man alles ineinander verschachteln konnte, so daß ein riesiger Block entstand, der aber vollständig ausgefüllt war und so ebenmäßig, so klotzig und so traurig wie das Grabmal eines großen Architekten.
Beim Benutzen dieser Möbel wurde uns bewußt, daß ihr Schöpfer vor allem besorgt gewesen war um die perfekte Verschachtelung, dafür aber keine Sekunde an den Zweck gedacht hatte, den sie nach einem Auseinandernehmen eigentlich hätten erfüllen sollen; denn als Ganzes waren sie so konzipiert, daß der Luftdruck genügte, sie zusammenzuhalten. Um einen Sessel herauszureißen, benötigte man einen Meißel und einen Hammer, und hatte man den Sessel dann gesehen, so setzte man sich lieber auf den Boden. Es war eindeutig, der Erfinder dieser Sitzgelegenheiten mußte sich in der Lage Robinson Crusoes befunden haben, der seit zwanzig Jahren keinen fremden Hintern gesehen hatte.
Die Beleuchtung war einem Studioelektriker überlassen worden, einem Freund und Angehörigen des Bühnenbildners. Überall gab es Lichtschalter, aber Lampen sah man nirgendwo. Es genügte, auf einen Knopf zu drücken, und schon schoß Licht aus einem Tischbein, aus einer Sessellehne, aus einer Obstschale auf dem Buffet, aus dem Grammophon oder dem Telephon. Diese elektrischen Zauberbasteleien waren nicht leicht gewesen, und deshalb gab es hin und wieder Fehlzündungen: Wenn man nach dem Dienstmädchen klingelte, kam keiner, dafür ging das Licht im Klo an.
Von diesem Tag an ging ich also nach meinem Morgenpensum zu Jacques hinauf, der gerade aufgestanden war, und wir aßen zu Mittag und besprachen die Nachrichten aus den Theaterzeitschriften *Comoedia* und *Aux Ecoutes* oder aus den Theaterkolumnen der Tageszeitungen, denn die Politik interessierte uns in keiner Weise. Ein Intendantenwechsel erschien uns viel wichtiger als eine Kabinettsneubildung, die übrigens viel öfter vorkam. Ich hätte den Sturz der Regierung Herriot ganz be-

stimmt nicht bemerkt, wenn diese politische Katastrophe den Ministerpräsidenten und zwei Minister nicht daran gehindert hätte, zur Vorpremiere der *Händler des Ruhms* zu kommen.
Beim Dessert griff Jacques zum Telephon und rief verschiedene Leute an, meist zu längeren, manchmal geheimnisvollen Unterhaltungen, und danach ging er los, sich um seine Geschäfte zu kümmern, und ich ging wieder hinunter zu meinem Arbeitstisch.
Abends, wenn gerade keine Vorpremiere anstand, lud Jacques einige Autoren ein: Léopold Marchand, Jacques Natanson, Paul Nivoix, Marcel Achard, Roger Ferdinand, Steve Passeur, Alfred Savoir... Manchmal sprachen wir über unsere zukünftigen Werke bis ins Morgengrauen, und derjenige, der einen Akt zu Ende geschrieben hatte, las ihn den Freunden vor, die meist neben einem Glas Whisky auf dem Fußboden saßen. Wir waren das absolute Gegenteil einer literarischen Clique, das heißt eines Bewunderungsvereins auf Gegenseitigkeit. Das Vorlesen wurde manchmal von konzentriertem Gähnen, von simuliertem Schnarchen oder ironischen Ermunterungen unterbrochen.
In einem solchen Fall sträubte sich dem Vorleser sofort der Kamm, er versuchte, Erklärungen abzugeben, deren Wert von den Zuhörern in aller Ehrlichkeit bestritten wurde. Jeder brachte seine Kritik vor, bot einen guten Rat oder eine Lösung an. Von diesem Palaver und diesen brüderlichen Auseinandersetzungen haben etliche Theaterstücke sehr profitiert, und ich weiß sehr wohl, wieviel ich selbst meinen Freunden zu verdanken habe.
An dem Abend, wo wir die hundertste Aufführung von *Jazz* feierten, war ich in einem euphorischen Zustand, der sicher mit dem Champagner zu tun hatte (ein brisantes Schaumgetränk, das Darzens hatte spenden müssen) und verschlimmert wurde durch die Lobeshymnen, mit denen mich meine Freunde überschüttet hatten, wovon ich aber sogar noch mehr ver-

tragen hätte. Es lag auf der Hand, daß Jacques mich im Morgengrauen nach Hause und ins Bett brachte, wobei er mir eine grandiose Zukunft voraussagte.
Ich wachte sehr spät auf, mir gegenüber standen vier Regale aus hellem Holz voller Bücher, und ich versuchte, meine Lage zu peilen.
Robert Kemp, ein strenger Kritiker, hatte mir die Hand geschüttelt; Franc-Nohain, der großartige Dichter der *Chansons des trains et des gares**, der später die Karrieren von Charles Trenet, Gilbert Bécaud und Georges Brassens entscheidend beeinflussen sollte, Franc-Nohain in Person hatte lange mit mir, wie mit einem echten Theaterautor, geredet... Auf der anderen Seite war ich per du mit Jean Sarment, Natanson, Achard, Jeanson, Signoret, Blanchar, Boyer, Darzens, Théry, Savoir, Léopold Marchand, mit lauter berühmten Leuten, die für mich nur noch Vornamen hatten. Daraus schloß ich, daß ich über ein ansehnliches moralisches Kapital verfügte, aber daß ich, um dieses Kapital auch zu halten, unbedingt ein Meisterwerk schreiben mußte.
Die große Lehre hatte ich noch nicht vernommen, die mir der liebenswerte Vincent Scotto zehn Jahre später erteilen sollte: Vincent Scotto, der, ohne je bewußt vorzugehen, dem volksliednahen Chanson zu neuer Blüte verhalf. Um zwei Uhr morgens, auf einem Trottoir der Rue Blanche, sagte er mir folgendes – dabei hielt er mich mit beiden Händen am Revers: »Vor allem, mein Lieber, und das ist das höchste Gebot, vor allem versuche nie, ein Meisterwerk zu schaffen, das ist das sicherste Mittel, danebenzuhauen. Hör mir gut zu!«
Er nahm mich am Arm, und wir gingen Richtung Boulevard des Batignolles hinaus.
»Ich, der ich hier mit dir rede, ich habe viertausend Chansons komponiert. Davon sind mindestens dreitausend so gut wie

* Chansons der Züge und Bahnhöfe

nichts wert. Das waren banale Schlager. Profis haben sie gesungen. Das Beste, was ich dir darüber sagen kann, ist, daß sie nicht ausgepfiffen wurden – manchmal ernteten sie sogar etwas Beifall, am Samstagabend, in den Vororten. Dann hat es mindestens fünfhundert gegeben, die ihren kleinen Erfolg hatten, aber ein Jahr später waren sie vergessen. Dann gibt es mindestens vierhundertfünfzig, die großen Erfolg hatten, die sogar auf der Straße, zu zwei Gitarren und einem Akkordeon, gesungen wurden. Schließlich bleiben etwa fünfzig übrig, die rund um die Welt gegangen sind und die in alle Sprachen übersetzt wurden.«

Als ich etwas sagen wollte, legte er mir die Hand beinahe auf den Mund und sagte leise: »Warte nur ab! Unter jenen fünfzig sind sechs, vielleicht sieben, die alle Welt kennt: die Maler singen sie auf ihrer Leiter, die Maurer auf dem Gerüst und die Verliebten am Sonntag am Marne-Ufer. Und all diese Leute, hörst du, all diese Leute wissen nicht mehr, daß *ich* sie gemacht habe, daß ich sie mir mit der Fingerspitze auf meiner alten Gitarre erzupft habe... Sie sind mir abhanden gekommen, wie Töchter, wenn sie heiraten. In hundert Jahren wird man vielleicht noch drei oder vier davon singen. Und dann wird es Leute geben, die fragen werden: ›Aus welcher Zeit stammt denn dieses Lied?‹ – ›Ach, wissen Sie, das ist schon alt, das ist wohl ein Volkslied.‹ Von mir werden nur noch ein paar Knochen in einer Holzkiste übrig bleiben, aber meine kleinen Chansontöchter werden noch immer um den Bart eines alten Bettlers oder den Mund einer Verliebten herumspielen, und vielleicht, vielleicht sogar um eine Drehorgel herum.«

Er schwieg einen Augenblick, als hätte er sich geschämt, einen so weitreichenden Ehrgeiz auszuplaudern, und plötzlich fuhr er nachdrücklich fort: »Hätte ich nicht viertausend komponiert, dann hätte ich auch diese nicht geschrieben. Komm, gehen wir zu Lamberty was trinken.«

Als er mir dann gegenüber saß, beide Ellbogen auf den Tisch gestützt, sprach er weiter: »Weißt du, wenn ich Schuberts *Serenade* oder Mozarts *Schlafe, mein Prinzchen* gekannt hätte, dann hätte ich nie angefangen, Notenpapier zu beschriften. Zum Glück war ich Tischler. Ich kannte nichts, als ich *La Petite Tonkinoise* schrieb, die ich für einen Louisdor verkaufte. Bei dir ist das nicht so einfach. Dein Pech ist, daß du zu gebildet bist. Wenn du vier Zeilen geschrieben hast, denkst du an Molière, Racine oder Beaumarchais, und da sagst du dir: ›Was ich schreibe, ist im Vergleich zu diesen Leuten nichts wert.‹ Aber was weißt du denn? Fang nicht an, dich selbst zu beurteilen. Dazu bist du am allerungeeignetsten, in jeder Hinsicht. Wenn du Lust hast zu schreiben, dann schreibe: Das Publikum wird dir schon sagen, was du taugst.«
Er hatte recht, der kleine Vincent: Jawohl, es stimmt, daß Voltaires große Tragödien verschwunden sind, sein Meisterwerk ist und bleibt *Candide*, und das ist sicher nicht seine Absicht gewesen, so ist anzunehmen. Das wußte ich noch nicht.
Ich dachte zunächst lange über die Wahl eines Stoffes nach. Wenn ein Autor dreißig ist, mangelt es ihm nicht an Themen. Ich schloß mehrere aus, die mir zu sehr nach Vaudeville oder nach Tragödie rochen, oder nach Lesedrama, was für mich der Höhepunkt alles Trostlosen ist. Ich erinnerte mich plötzlich an ein sehr vages Exposé, das ich einmal nachts in der Eisenbahn in groben Zügen aufgeschrieben hatte, als ich von Marseille kam, wo ich meine Ferien bei der Familie verbracht hatte. Es wird manchmal behauptet, daß die Figur des Topaze von meinem Vater inspiriert worden sei. Das stimmt nicht ganz. In Wirklichkeit habe ich Topaze erfunden, aber in Erinnerung an die Unterhaltungen zwischen meinem Vater und seinen Freunden, die ich in meiner Kindheit gehört habe.
Während der Pausen in der Volksschule am Chemin des Chartreux unterhielten sich die Lehrer miteinander und beaufsichtigten zugleich das Gequirle von etwa hundert Knaben.

Manchmal schlich ich mich heran und hörte ihren Unterhaltungen zu, die ich nicht immer verstand, aber von denen einige fest in meiner Erinnerung verankert blieben.
Eines Tages sprachen sie von einem Immobilienhändler, der ein Haus für 10000 Francs gekauft und es für 25000 Francs wieder verkauft hatte. Sie hielten diesen Handel für kriminell, und mein Vater sagte: »Entweder hat er es zu billig gekauft und er hat den Verkäufer bestohlen, oder er hat es zu teuer verkauft und er hat den Käufer bestohlen. So oder so ist er ein Gauner.«
Eine Zeitlang sprachen sie von Panama. Es war die Rede von Schecks – die Bedeutung dieses Wortes war mir fremd –, von betrügerischen Abgeordneten, von armen Teufeln, die sich umbrachten, weil sie ruiniert waren, und mein Vater sagte oft: »Das ist genau der Mustertyp von Finanzgeschäften.«
Ich habe erst später verstanden, daß »Typ« nicht einen bestimmten Menschen bedeutete, sondern »Musterbeispiel«, und daß mein Vater jedes beliebige Börsengeschäft mit dem riesenhaften Panamaschwindel in einen Topf warf.
Ein anderes Mal, viel später, wir waren auf der Jagd, aßen wir zu Mittag unter einer Pinie, und mein Vater sprach mit dem Onkel Jules von Geld. Ich habe diese Geschichte behalten, weil etwas von Zauberei drin war.
»Nehmen wir an«, sagte mein Vater, »daß ich ein Clochard bin. Eines Morgens wache ich unter einer Brücke auf. Ich räkle mich, kratze mich, wühle in meinen Taschen, die ich für leer gehalten hatte: zu meiner höchsten Freude entdecke ich zehn Sous. Das ist eine wichtige Entdeckung: heute werde ich nicht verhungern. Ich kann mir ein Brot und ein paar Scheiben Wurst kaufen. Ich suche weiter und finde noch einmal zehn Sous. Das gibt ein schönes Stück Käse. Ich suche zum dritten Mal und siehe da: ein drittes Zehn-Sous-Stück. Das macht einen hübschen Schluck Wein und mehrere Zigaretten.«

Ich unterbrach ihn, um ihn darauf aufmerksam zu machen, daß er keinen Wein trank und nicht rauchte.
»Das ist richtig«, sagte er. »Aber wenn ich Clochard bin, rauche und trinke ich. Ich nehme an, daß ich hundertmal hintereinander meine Taschen so durchwühle und daß ich plötzlich im Besitz von fünfzig Francs bin, mit der Gewißheit, daß die Zaubertaschen jeden Tag funktionieren werden. Also werde ich ab jetzt wie ein Pascha leben... Aber habt ihr bemerkt, daß jeder Franc, der hinzukam, weniger Wert als der vorhergehende hatte? Welchen Wert hätte der einundfünfzigste? So gut wie gar keinen. Deshalb wäre es unehrlich, ihn zu nehmen, oder selbst, ihn zu verdienen, denn wenn ich ihn verdiene, muß jemand anderer darauf verzichten: und für diesen anderen Menschen wäre es vielleicht der erste Franc gewesen, der Franc des Überlebens.«
Ich dachte über den Sinn dieser Rede nach, die ich sehr edel und sehr schön fand. Aber Onkel Jules rief: »Mein lieber Joseph! Wenn Sie eines Tages das Glück haben, diese Zaubertaschen zu besitzen, dann hören Sie ja beim einundfünfzigsten Franc nicht auf! Man weiß nie, was kommen kann. Machen Sie ruhig weiter bis zum 200000. und kaufen Sie sofort ein gutes Paket Aktien, das Ihnen 6000 Francs im Jahr einbringen wird!«
»Zinsen von angelegtem Geld sind unmoralisch«, erwiderte mein Vater. »So niedrig der Zinssatz auch sein mag, es ist immer Wucher!«
Onkel Jules hob die Arme zum Himmel, und ich weiß nicht, was er gesagt hätte, wenn uns der Wind nicht den Ruf eines Rebhuhns zugetragen hätte.
Sie erhoben sich beide auf der Stelle und gingen geduckt durch das niedrige Buschgestrüpp los.
Die jungen Leute von heute würden denken, daß mein Vater unheilbar naiv gewesen ist, daß ihn auch das Leben nicht erziehen konnte, daß seine Intelligenz demzufolge keine besonders wache war.

Ich würde ihnen antworten, daß ich ganz im Gegenteil gesehen habe, wie er ganze Schätze von Intelligenz und Scharfsinn aufwendete, um den Kindern der anderen Leute etwas beizubringen, als wären sie seine eigenen gewesen; seine Domäne waren die kleinen »Zurückgebliebenen«. Er behielt sie nach dem Unterricht da, und wenn es ihm gelang, einen von ihnen zum Volksschulabschluß zu bringen, sah ich ihn vollkommen verklärt: das war, was er unter Erfolg verstand.
Er war im übrigen nicht der einzige Volksschullehrer seiner Zeit, der seinen Beruf mit Hingabe, mit eines Apostels würdiger Selbstverleugnung ausübte, und ich bin sicher, daß es sogar heute noch in den ärmeren Vororten oder in den Dörfern eine ganz Reihe solcher Lehrer gibt; auf sie kann die Universität stolz sein.
Während meines Aufenthaltes in Paris hatte ich mal da mal dort, in den Straßencafés ebenso wie bei Vorpremieren Geschäftsleute kennengelernt, Börsenmakler, Politiker, Immobilienhändler, deren Methoden, wie man mir berichtete, nicht hundertprozentig ehrlich waren. Sie hatten Autos und Chauffeure, wohnten in den besten Vierteln, fuhren am Wochenende nach Deauville und verbrachten im Sommer zwei Monate in Cannes oder in La Baule.
Eines Nachts also im Zug, auf dem Rückweg von Marseille, dachte ich mir, daß ich in Paris Leuten wiederbegegnen würde, die bei weitem meinen Volksschullehrern das Wasser nicht reichen können; und daß mein Vater, hätten ihn nicht sein Ideal, seine Prinzipien, sein Respekt anderen gegenüber gelähmt, genausogut wie sie im Leben hätte reüssieren können: es ist leichter, Geschäfte zu machen, als Menschen zu erziehen.
Da kam mir die Idee, eines Tages ein Theaterstück zu schreiben, in dem ein reiner Tor in krumme Dinge hineingezogen wird – ohne zu kapieren, was mit ihm geschieht.
Es mußte jedoch eine Erklärung für seine Naivität geben, damit sie nicht überzeichnet schien. Ich dachte natürlich sofort

an die Liebe, die oft sehr intelligente Leute mit Dummheit schlägt... Wenn dieser Mensch schließlich zu seiner größten Erbitterung die Allmacht des Geldes entdeckt, lehnt er sich auf; danach, selbst schon infiziert, akzeptiert er die neuen Spielregeln.
Die Figur, die ich geschaffen habe, ist also kein Portrait des Volksschullehrers: echt ist allerdings die skrupelhafte Ehrlichkeit, der Glaube an moralische Spruchweisheiten, echt sind die unentgeltlichen Unterrichtsstunden, der Traum von den »Palmes académiques«. Alles andere ist stark übertrieben, den Forderungen des Theaters entsprechend. Wenn übrigens meinem Vater ein solches Abenteuer passiert wäre, ich bin überzeugt, er hätte sich beim Bekanntwerden der Sache selbst der Justiz ausgeliefert oder er hätte sich umgebracht.

Als ich eines Nachts von einer Vorpremiere zurückkam, legte ich innerhalb von ein paar Stunden mein Szenarium fest. Bei Tagesanbruch las ich es noch einmal durch. Ich war hingerissen und überzeugt, daß die Geschichte als das perfekt konstruierte Gerüst eines brillanten, modernen Theaterstücks betrachtet werden konnte, das unter dem Titel *Die Schöne und das Tier* zum Reißer des Jahres werden würde.

Von allen Illusionen ist als einzige die des Schriftstellers fruchtbar: sie ist unentbehrlich für den Autor, der ein neues Werk beginnt. Manche unter uns sind glücklicherweise bis zum Schluß ihrer Arbeit davon besessen. Andere (Glückselige) sogar bis zum Ende ihres Lebens, sogar dann, wenn sie besonders abkühlende »Durchfälle« erlebt haben. Unglücklicherweise habe ich diese Seelenstärke nicht; dieses eitle Vertrauen läßt mich am dritten Tag im Stich, und zurück bleibt nur als traurige Reaktion eine sterile Bescheidenheit.
Ohne mit irgend jemandem darüber zu sprechen, schrieb ich einen sorgfältig gearbeiteten ersten Akt.

Am fatalen dritten Abend ordnete ich etwa sechzig, aus Heften herausgerissene Blätter, las meine bisherige Arbeit wieder und war bestürzt. Das war kein erster Akt, das war ein verhältnismäßig gut geschriebenes Stück in einem Akt, mit seiner Exposition, seinen dramatischen Umschwüngen und seinem Ausgang. Die Fortsetzung, die ich mir vorgestellt hatte, war nicht unbedingt nötig; außerdem hatte ich wie in *Jazz* Lehrer in Szene gesetzt, und im übrigen war dieses Internat Muche eine Reminiszenz aus Dickens: sie hatte viel zu viel Ähnlichkeit mit der Schule von Mr. Squeers. Kurz, ich war weit entfernt von dem geplanten Meisterwerk und ich steckte diese Fehlgeburt in eine Schublade.

Nach zwei Tagen der Niedergeschlagenheit fiel mir plötzlich eine Anregung von Pierre Blanchar wieder ein. Er war in Philippeville, in Algerien, geboren, hatte aber sein Studium an der Hochschule für Seefahrt in Marseille beendet; mit dem Kapitänspatent für alle Meere verließ er diese Schule, und überdies mit einem authentischen, sehr angenehmen Marseiller Akzent. Er hatte mir einmal gesagt: »Du solltest ein Stück schreiben, das in Marseille, im alten Hafen spielt.«

Daraufhin konzipierte ich sofort die Handlung von *Marius* und machte mich mit neu aufflammendem Enthusiasmus ans Werk.

Von meinen Hoffnungen und Entmutigungen erzählte ich Jacques nichts.

Manchmal fragte er mich: »Woran arbeitest du?«

»An einem Theaterstück natürlich.«

»Was für eine Art?«

»Ich möchte dir nichts erzählen, solange ich nicht zufrieden bin mit dem, was ich mache. Ich möchte, daß du eines Tages staunst, aber soweit bin ich noch nicht.«

Indessen schrieb ich *Marius* und lachte selbst über meine Einfälle, die mir beim zweitenmal Nachlesen schon nicht mehr so komisch vorkamen, und am anderen Tag absolut geschmack-

los. Hinzu kam ein Gespräch mit meinem Freund J.-P. Liausu, das mich auf unangenehme Weise nachdenklich machte.
Er kam gerade aus Marseille zurück, wo er eine Revue im *Alcazar* gesehen hatte.
»Das ist sehr merkwürdig«, sagte er. »Diesen Leuten mangelt es nicht an Talent, aber ich verstehe kaum die Hälfte von dem, was sie sagen. Man erkennt, daß dieses Genre auf eine sehr alte Tradition zurückblickt, aber man muß eingeweiht sein und ihre Sprache verstehen.«
Ich war wieder einmal entmutigt. Ich legte *Marius* beiseite und las den ersten Akt von *Die Schöne und das Tier* wieder. Die Zeit hatte es spürbar verbessert... Ich war also im Begriff, die Arbeit wiederaufzunehmen, als Jacques mir beim Frühstück sagte: »Die Spinelly macht gerade Urlaub in ihrer Villa in Bidart, in der Nähe von Bayonne; sie lädt uns ein, ein paar Tage bei ihr zu verbringen. Was hältst du davon?«
»Ich bin entzückt.«
Die Spinelly war damals ein berühmter Star in Boulevardkomödien und Revuen.
Sie war eine echte Pariserin, und wenn sie wollte, sogar eine echte vorlaute Pariser Pflanze, und ihr Auftritt genügte, um den Erfolg eines Stücks zu sichern, nicht nur aufgrund ihres Könnens, sondern auch ihres Aussehens: Kenner behaupteten, sie hätte die schönsten Beine von Paris, aber dagegen gab es leidenschaftliche Opposition aus dem Lager der Mistinguett.
Heute würde man sagen, sie sei »wahnsinnig sexy« gewesen, und eine kleine Schar von libidinösen Greisen kam regelmäßig, sie mehrmals im selben Stück zu bewundern. Sie hätte sich jedoch immer, im Gegensatz zu den heutigen jungen Naiven, geweigert, eine Rolle im Hemdchen zu spielen. Mir scheint, daß unsere jetzigen Sternchen den Striptease ein wenig zu weit treiben, weil sie nicht verstanden haben, daß die Neugierde der stärkste Motor der Libido ist. Nach ihren exhi-

bitionistischen Auftritten haben sie das Geheimnisvolle ihrer Aura preisgegeben; wer ihren Namen kennt, kennt auch schon ihr größtes Geheimnis.
Ich war sehr angetan von dem Gedanken, ein paar Tage bei dieser schönen Gastgeberin zu verweilen, deren Unterhaltung so prickelnd war wie ihre Schönheit.
»Wir fahren morgen mit dem Wagen los«, sagte Jacques. »Da der Weg lang ist, wirst du mir das Stück erzählen, mit dem du schon seit zwei Monaten ganz heimlich schwanger gehst.«
Er tunkte ein Croissant in seinen Kaffee und sagte: »Das wird eine recht angenehme Reise, wenn Faust sich benimmt.«
»Faust? Welcher Faust?«
»Der Hund.«
»Welcher Hund?«
»Sie möchte, daß wir ihren Hund mitbringen; der heißt Faust.«
»Ich liebe Hunde. Ist er bissig?«
»Ich glaube nicht. Wenn er es wäre, hätte er schon einige Leute umgebracht, denn er wiegt mindestens sechzig Kilo; im Speisezimmer wird er nicht akzeptiert, weil er mit dem Schwanz den Tisch leerfegt. Andererseits ist er ein sehr guter Wachhund. Blanche Montel ist einmal unangemeldet in den Garten gekommen: Er hat ihr die Vorderpfoten auf die Schultern gelegt, und es hat sie einfach ins Gras gesetzt. Daraufhin hat er sich ihr gegenüber niedergelassen und ganz schrecklich geknurrt, jedesmal, wenn sie sich bewegt hat, so lange, bis die Spinelly kam. Das hat er auch schon mit dem Milchmann und mit dem Briefträger gemacht. Aber wohlgemerkt: das ist keine Bosheit, das ist Technik, das ist nur das Ergebnis der Dressur... Im Grunde ist er sehr liebevoll, glaube ich.«
Um sieben Uhr morgens holten wir Faust in Rueil ab. Er war kastanien- und dunkelbraun gemischt, fast so groß wie ein Esel, mit einem Kalbskopf. Als er Jacques sah, bekundete er ihm seine gefährliche Freundschaft, denn er warf sich mehr-

mals hintereinander auf ihn, aber glücklicherweise gelang es Jacques, ihm so geschickt wie ein Stierkämpfer auszuweichen. Er beschnupperte mich, während Jacques ihm laut von meinem netten Wesen und meinem Talent erzählte. Er ging soweit, ihm zu sagen, daß ich eines Tages in die Académie Française aufgenommen würde. Faust bekundete mir seine Freundschaft durch zwei wuchtige Schnauzenstüber in die Magengrube.

Wir setzten ihn ohne größere Mühe auf einen flachen Reisekoffer, der zwischen dem Hintersitz und den Lehnen unserer Sitze eingeklemmt war, und dann ging es ab auf die Überlandstraße, die wie ein aufgespannter Regenschirm gewölbt war, aber breit genug, um zwei Autos aneinander vorbeifahren zu lassen.

Ich genoß mein Glück in vollen Zügen. Ich dachte an meine Freunde und Kollegen vom Lycée Condorcet, die jetzt, in diesem Augenblick, in ihren Klassenzimmern weilten, und wahrscheinlich, die Kreide in der Hand, vor der Tafel standen. Ich hatte mich an keinen Stundenplan mehr zu halten (ich hatte nicht einmal daran gedacht, eine Uhr mitzunehmen), und ich war auf dem Weg, ein paar Tage bei einer der schönsten Frauen von Paris zu verbringen, in Begleitung eines bekannten Autors, der auch Theaterdirektor war und meine nächsten Stücke in einem der großen Boulevardtheater herausbringen würde.

Als wir die Vororte hinter uns hatten, sagte Jacques plötzlich: »Na jetzt also! Dein Stück? Wie heißt der Titel?«

»Die Schöne und das Tier.«

»Fabelhaft, aber ich fürchte, der Titel ist schon vergeben!«

»Ich glaube«, erwiderte ich, »er ist schon seit dem Märchen von Mme. Leprince de Beaumont nicht mehr geschützt. Wenn's sein muß, werde ich ihn ändern.«

»Das wäre schade. Aber ich hoffe, daß es kein Zauberstück ist.«

»Nein, nein, keine Angst.«

Ich begann sofort, ihm meinen Bühnenentwurf zu referieren, und Jacques, die Augen auf den Horizont gerichtet, hörte zu und lächelte von Zeit zu Zeit.
Während die Platanen an uns vorbeizogen und ich gerade am Ende des ersten Aktes anlangte, kratzte rauhes Fell an meinem Ohr, und ein erhebliches Gewicht fiel mir auf die Schulter. Faust hatte gerade seine Schnauze darauf gelegt.
Ich versuchte, ihn wegzuschieben: das Monster knurrte furchterregend.
»He, Vorsicht!« sagte Jacques, »provozier ihn nicht!«
»Ich habe ihm absolut nichts getan, ich hatte seine Existenz vollkommen vergessen.«
»Das wirft er dir gerade vor. Er macht dir eine Liebeserklärung, und ich staune, denn das macht er wirklich nicht bei jedem. Und du, was machst du? Weist ihn zurück! Wenn er sauer wird, dann wäre er in der Lage, uns beide zu erwürgen... Ich flehe dich an, rühr dich nicht. Vergiß nicht, daß sein rechter Eckzahn direkt an deiner Hauptschlagader liegt. Also, und der zweite Akt?«
Trotz des Gewichts dieser Schnauze auf meiner Schulter fuhr ich fort mit meinem Exposé und schmückte es mit ein paar Dialogen aus, die ich beim Reden erfand.
Plötzlich lachte Jacques laut auf und rief: »Bravo! Bravo!« Auch ich lachte, mit mir selbst zufrieden.
In diesem Augenblick schloß mir eine geifernde Zunge den Mund und krempelte mir die Nasenflügel himmelwärts.
Ich keuchte: »Nein, nein, also das geht nicht! Halt sofort an, wir lassen dieses Untier frei!«
»Du siehst das falsch«, sagte Jacques. »Glaub nicht, daß er dich beleidigen will. Im Gegenteil. Er hat gesehen, daß wir uns freuen, da wollte er an der allgemeinen Heiterkeit teilhaben und dich auf seine Art beglückwünschen.«
Da ich mir aber mit dem Taschentuch das Gesicht abwischte, entblößte das Untier plötzlich seine Lefzen und knurrte

scharf, wobei es Fangzähne sehen ließ, so groß wie ich sie früher in meiner Kindheit bei Afrikaforschern gesehen hatte, die sie an ihren Uhrketten hängen hatten.
»Platz, Faust, Platz!« rief Jacques.
Faust war gekränkt und gab ein ultratiefes, gewissermaßen unterirdisches Knurren von sich; Jacques hielt an, und wir sprangen hinaus. Das Monster folgte uns und lief den Stamm einer Platane überschwemmen.
»Ich habe eine Idee«, sagte Jacques.
Er ging zum Wagen zurück und klemmte den großen Koffer senkrecht hinter meinen Sitz. In dieser Stellung war er noch höher als meine Rückenlehne und damit ein wirkungsvoller Schutz.
»So«, sagte er, »jetzt kann dir nichts mehr passieren.«
»Und dir?«
»Mich kennt er schon lange. Ich interessiere ihn nicht mehr.« Melancholisch fügte er hinzu: »Dich liebt er.«
Wir fuhren weiter. Faust war entrüstet über die magische Erektion dieses Koffers, tröstete sich aber, indem er beide Vorderpfoten auf Jacques' Schultern legte und das Kinn auf seinen Kopf; das heißt, er nahm jetzt die Pose des Nemeischen Löwen auf Herkules' Schultern und Stirn ein.
Jacques fuhr stoisch lächelnd weiter, und ich begann, den dritten Akt zu schildern. Faust hatte die Augen auf den Horizont geheftet, bellte aber heftig, wenn eine Karre, ein Landstreicher oder ein Hund des Wegs kamen…
Ich redete weiter, wir legten Kilometer um Kilometer zurück, hinter uns fielen lautlos die Platanen. Faust hatte sich nach und nach beruhigt, und alles schien bestens zu verlaufen. Aber im Augenblick, als ich mit der zentralen Szene im vierten Akt begann, hörte ich ein schleimiges Würgen hinter mir, und ein gelblich schäumender Strahl schoß nach vorn auf die Windschutzscheibe, die auf der Stelle blind war: das Untier hatte soeben einen Anfall von »Reiseübelkeit« erlitten.

Jacques bremste heftig.
»Also, das ist gefährlich!« sagte er. »Unter diesen Umständen kann ich nicht für die Sicherheit von drei Passagieren garantieren. Wir haben noch fünfhundert Kilometer bis Bidart. Sieben oder acht Stunden Fahrt – wenn dabei ein Riesenhund dauernd kotzt, das geht nicht!«
»Was sollen wir tun?«
»In der ersten größeren Stadt – wahrscheinlich Poitiers – steigen wir in den Zug nach Bayonne, und Spi wird uns am Bahnhof abholen.«
»Und was machen wir mit ihm? Die werden ihn doch nicht in den Zug lassen!«
»Irrtum! Im hinteren Teil des letzten Wagens gibt es einen Spezialkäfig. Faust hat diese Reise mindestens schon zweimal gemacht. Die einzige Schwierigkeit wird darin bestehen, ihn hineinzukriegen. Aber wir werden schon sehen. Das Auto laß ich bei einer Werkstatt stehen, und wir werden es auf dem Rückweg wieder abholen.«
Am Bahnhof vertraute er mir die Leine mit dem Monster an, während er sich der Hilfe eines Bahnbeamten versichern ging für den Moment, wo es das Tier in den Käfig zu zwingen galt.
Faust wollte ihm folgen und zog mich durch den Bahnhof wie einen Wasserskifahrer; mühelos bahnte er uns die Spur durch die klug ausweichenden Leute.
Der erste Bahnbeamte sah Faust an und erklärte, er hätte eine Frau und mehrere Kinder. Ein anderer sagte schlichtweg, er sei kein Dompteur, und in diesem Moment fuhr der Zug ein.
Jacques teilte den Bahnbeamten sarkastisch und von oben herab mit, ihr Mut würde der Eisenbahngesellschaft keine besondere Ehre machen. Er erklärte, wir würden den Hund selbst verladen, worauf sie Tränen lachten. Sie folgten uns mit noch ein paar Schaulustigen, um von den weiteren Ereignissen nichts zu verpassen.

Der Gepäckmensch sprang aus seinem Waggon, öffnete weiter hinten ein Eisengitter, das parallel zum Bahnsteig lief, und sagte: »Schauen Sie selbst, wie Sie zurechtkommen, ich bin zweimal gebissen worden. Diese Viecher rühr ich nicht mehr an.«
»Gut«, sagte Jacques, »ich werde das Vorderteil hochheben, du kümmerst dich um das Hinterteil, aber pack ihn ja nicht am Schwanz!«
Ich gestehe, daß ich nicht sehr gelassen war. Als Jacques sich jedoch gerade über den massiven Hals bücken wollte, gab Faust ein leichtes Wimmern von sich und sprang ganz von alleine in den Käfig, um das Stroh mit Leidenschaft zu beschnuppern, während der Gepäckmann das Gitter behende zuschob und sagte: »Sie haben Glück! Gestern hatte ich eine genauso große Hündin da drin...«
Als wir endlich im Zug saßen, zündete sich Jacques eine Zigarre an und sagte: »So, ich hör dir zu. Wir waren gerade bei der großen Schlußszene, da, wo Topaze seinen Freund besucht.«
»Topaze? Welcher Topaze?«
»Der alte Studienaufpasser, der, der im Internat Muche klebengeblieben ist.«
»Du meinst Tamise?«
»Ja, ja, stimmt, Tamise. Also weiter!«
Ich erzählte meine Geschichte zu Ende, und er versicherte mir, ich hätte da ein Meisterwerk entworfen. Ich protestierte in aller Bescheidenheit, aber nicht sehr laut.
Als wir nach Paris zurückkehrten, war ich noch ganz angeheizt von den Lobesworten meines Freundes, und ich holte die Vorentwürfe von *Die Schöne und das Tier* wieder aus der Schublade.
Der Name meines Helden, Martinet*, mißfiel mir; er klang nicht gut, bzw. nach einem wildgewordenen, sadistischen Steißtrommler. Ich erinnerte mich an Topaze, und mir schien,

* Martinet: Peitsche zum Züchtigen von Kindern

daß dieser merkwürdige Name ganz gut zu Tamise passen würde. Dem lieben Faust also, und vor allem einem lapsus linguae meines Freundes habe ich zu verdanken, daß aus *Die Schöne und das Tier Monsieur Topaze* wurde.

Und doch: was ich da wieder las, gefiel mir nicht sehr, ich wußte selbst nicht so richtig warum. Ich kam auf meinen Gedanken zurück, daß eigentlich mein erster Akt ein guter Einakter wäre, den ich versuchen würde, als Farce ans Grand Guignol zu verkaufen. Woraufhin ich *Marius* beendete; auf einer Schreibmaschine mit englischer Tastatur tippte ich mühsam das Manuskript.

Da ich Anfänger war in dieser Kunst, ging die Arbeit nur sehr langsam voran, und ich hatte Zeit, zwischen jedem Satz nachzudenken; auf diese Weise machte ich zahlreiche Striche und fügte auch vieles hinzu, was dem späteren Erfolg des Stückes sehr zugute kam.

Ich war mit diesen Verbesserungen sehr beschäftigt, als ich eines Nachmittags von einem Essen bei Pierre Blanchar zurückkam und Jacques und Marcel Achard in meiner Wohnung vorfand.

Da Jacques ebenso über meine Behausung verfügen konnte wie ich über seine, hatte er meine Schubladen durchwühlt; Marcel hielt ein Manuskript in der Hand und spielte den ersten Akt von *Topaze*. Ich wollte gerade etwas sagen, aber Jacques fuhr streng dazwischen: »Schweig!« Als ich meinen Text mit lautstarken Lachausbrüchen untermalt hörte, bekam ich wieder Mut. Zum Schluß fragte mich Marcel: »Und die Fortsetzung?«

Ich gestand meine Zweifel am Wert meines Entwurfs.

»Wir haben ihn gelesen, deinen Entwurf. Er hat Leben, ist amüsant, er steht auf sichern Füßen. In Wirklichkeit ist dieser Herr da«, er deutete mit dem Finger auf mich, »ein eitler Fatzke. Am liebsten würde er beim ersten Versuch Molière und Shakespeare an die Wand schreiben. Das ist sowieso illusorisch. Ich befehle dir, dieses Stück zu Ende zu schreiben. Wenn du es nicht tust, dann warne ich dich, ich rede bis zu deinem Tode, oder bis zu meinem, kein Wort mehr mit dir, ohne vorher höhnisch zu lachen.«

Diese Schmähung oder Drohung gab mir neue Kraft, und ich setzte mich wieder an die Arbeit. Wenn es mir an Inspiration mangelte, tippte ich am *Marius*-Manuskript weiter, und so führte ich diese beiden Unternehmen gleichzeitig zu Ende.

Die erste Abschrift vertraute ich Blanchar an. Am anderen Morgen rief er mich an, begeistert wie ein echter Freund es sein kann, und da er damals im Théâtre Sarah-Bernhardt spielte, versprach er mir, dieses Meisterwerk seinen Chefs – den Brüdern Isola – vorzulegen.

Jacques seinerseits erklärte, falls dieses brüderliche Tandem *Marius* ablehnen würde, dann wäre ihr Name in alle Ewigkeit von Lächerlichkeit gebrandmarkt. Er bot sich an, es ihnen sofort persönlich zu sagen. Ich bat ihn jedoch, ihnen Zeit für ein eigenes Urteil zu lassen.

Obwohl mein zeitlupenlangsames Tippen sich so günstig ausgewirkt hatte, beschloß ich, die Manuskriptblätter von *Monsieur Topaze* zu Compère zu bringen, um Zeit zu gewinnen.

Monsieur Compère leitete ein Schreibbüro, das sinnigerweise seinen Sitz in der Rue Henner Nummer 14 hatte, nämlich genau – nur durch eine Brandmauer getrennt – neben dem Schutzverband der Autoren.

Der Herr über diese Büros war ein großer, starker Mann mit einem dichten Schnurrbart. Ich hatte Respekt vor ihm und bewunderte ihn, denn er war stets der erste, und dies seit nahezu dreißig Jahren, der fast alle Theaterstücke zu lesen bekam, die in Paris gespielt wurden; ich fragte mich etwas besorgt, was er von meinem Stück halten würde.

Er machte sich die Mühe, mich zwei Tage später anzurufen, um mir zu sagen, daß meine Abschriften fertig wären, und er

fügte folgende himmlische Worte hinzu: »Junger Mann, dieses Stück wird auf der Stelle von jedem Theater angenommen, und man wird es dreihundertmal spielen.«
Er verbesserte sich um zu sagen: »MINDESTENS dreihundertmal.«
Er hatte wirklich eine schöne Stimme, und ich eilte zu ihm, um diese Stimme aus der Nähe zu hören.
Während ich jedoch an der Station Porte de St.-Cloud auf die Metro wartete, kam mir ein schrecklicher Gedanke: »Wahrscheinlich hat er für alle seine Kunden denselben Spruch!« Aber ich wies ihn empört zurück und machte mir den Vorwurf, einen ehrlichen Mann zu verunglimpfen, an dessen Aufrichtigkeit ich nicht zweifeln wollte.
Er empfing mich mit offenen Armen und wiederholte sein Lob. Danach gab er mir wertvolle Ratschläge: »Sie haben sechs Exemplare«, sagte er. »Was werden Sie damit machen?«
»Zunächst werde ich Pierre Blanchar eins geben. Er spielt zur Zeit im Théâtre Sarah-Bernhardt und ist mit den Brüdern Isola befreundet. (Ich wagte nicht zu sagen, daß Blanchar diesen Theaterunternehmern schon meine Abschrift von *Marius* gegeben hatte und daß wir auf ihre Antwort warteten.)
»Ja, das mag richtig sein«, sagte Compère, »es ist ein gutes Theater, aber ich weiß nicht, ob die Isola-Brüder die Art des Stückes goutieren werden. Aber unmöglich ist es nicht. Und dann?«
»Eine Kopie werde ich Darzens geben, der in seinem Theater mein Stück *Jazz* aufgeführt hat.«
»Wenn Sie wollen«, sagte er, »wenn Sie wollen. Aber auf jeden Fall werden Sie das dritte Exemplar zu Antoine, Place Dauphine Nummer 2, bringen.«
»Ich kenne ihn noch nicht. Er hat über meine ersten beiden Stücke schöne Kritiken geschrieben, aber ich habe nie gewagt, mich bei ihm zu bedanken.«
»Geben Sie doch ein Manuskript bei seiner Concierge ab. Ich kenne ihn schon seit langem, ich kann mir erlauben, ihn anzu-

rufen. Er hat selbst kein Theater, aber mehrere Intendanten holen sich bei ihm Rat. Gehen sie danach zur Comédie des Champs-Elysées und geben Sie dort das vierte Exemplar für Jouvet ab. Die Rolle könnte ihn interessieren. Kennen Sie ihn?«

»Ich bewundere ihn sehr, und ich habe einen sehr langen Artikel über ihn geschrieben, nach der Vorpremiere von *Knock**. Er war sehr gerührt. Ich besuche ihn oft in seiner Garderobe, aber ich habe ihm noch nie von meinen Stücken erzählt, er hat übrigens auch noch nie darüber gesprochen.«

»Ich verspreche Ihnen, daß er von diesem Stück da reden wird. Das fünfte Exemplar bringen Sie ins Odéon für Gémier. Die Rolle wird ihm vielleicht Angst machen, weil sie sehr lang ist, und er hat ein sehr kurzes Gedächtnis... Aber man kann nie wissen, und er ist ein sehr großer Schauspieler. Das sechste Exemplar bringen Sie schließlich Victor Boucher ins Théâtre de la Michodière. Und danach warten Sie ab.«

»Aber«, sagte ich (hier sieht man, was wir Schriftsteller für Leute sind!), »wenn Sie mir sagen, daß das Stück überall gespielt wird, warum raten Sie mir dann, es gleich fünf Theaterdirektoren zu bringen?«

Compère, der gute Compère, lachte schallend und antwortete: »Nur so zum Spaß! Sie werden vieren absagen können! Ist das nicht fabelhaft?«

Es war in der Tat so fabelhaft, daß ich dachte, er sei verrückt, aber ein angenehmer Verrückter. Er drückte auf einen Knopf; eine Tippmamsell brachte lächelnd ein sorgfältig gebündeltes Paket, das sechs Kopien von *Topaze* enthielt.

»Hier ist Ihr Vermögen«, sagte Compère. »Verlieren Sie keine Zeit mehr mit meinem Gerede. Schreiben Sie Ihre Adresse und Ihre Telefonnummer auf die Umschläge und tun Sie sofort, was ich Ihnen gesagt habe. Damit ist Ihr Tag ausgefüllt.

---

* *Dr. Knock oder Der Triumph der Medizin*, Lustspiel von Jules Romains 1923 (dt. 1947)

Und heute abend gehen Sie mit Ihren Freunden irgendwo essen: Sie können sie zum Champagner einladen, auch auf Pump.«
Wie berauscht zog ich von dannen, mein Paket unterm Arm. Ich machte meine Briefträgerrunde und richtete bescheiden das Wort an Concierges, die beim bloßen Anblick eines Manuskripts schon grinsten.
Der eine, der sich gerade vor einem gesprungenen Spiegel rasierte, deutete mit seinem offenen Rasiermesser auf den Tisch und sagte: »Legen Sie das hier ab. Ich weiß nicht, was heute los ist, es ist schon das dritte.«
Ich legte also *Topaze* auf zwei andere Manuskripte, die ebenfalls den Stempel von Compère trugen, und zog mich zurück mit einem kleinen ironischen Lächeln, das keinerlei Wirkung hatte, denn dieser sture Hund schaute nur sein eigenes Bild an. Ich dachte: Wenn mein Stück ein Erfolg wird, mein Lieber, dann sehen wir uns wieder, dann werde ich dich vor Zeugen an deine Verachtung erinnern, an dein ungezogenes Verhalten, du Ignorant, du!
Haben wir nicht alle solche Rachepläne geschmiedet, die wir dann vergessen haben, als wir in der Lage gewesen wären, sie zu verwirklichen?
Mittags hatte ich noch drei Kopien unterm Arm. Nach einem einsamen, aber frohgemuten Mittagessen brachte ich eins zur Place Dauphine Nummer 2, zum großen Antoine, dann eins zum Th. de la Michodière, und am Abend ging ich Max Dearly besuchen, der ein großer Schauspieler war und einer der Lehrmeister seiner Generation. Er war in Avignon geboren und hieß Max Rolland, aber zu Beginn seiner Karriere hatte er in England Komödien gespielt: aus dieser Phase hatte er eine ganz besondere Art von Komik mitgebracht, nicht die typisch englische Komik, sondern eine harmonische Verbindung von Humor und Esprit. Ich wußte, daß der Erfolg gesichert war, wenn er diese Rolle spielen würde.

Er empfing mich sehr nett, sprach über die *Händler des Ruhms*, legte mein Manuskript in seine Schublade, auf Bärte und Schminke, und lief auf die Bühne, als ein Inspizient ihn rief.

Ich hatte beschlossen, Jacques kein Wort über meinen Besuch bei Compère und meine verschiedenen Demarchen zu sagen. Diese Unterlassungssünde erwies sich als unnötig, denn er hatte einen Zettel auf meinem Tisch hinterlassen, der mir eine Abwesenheit »aus geschäftlichen Gründen« von drei oder vier Tagen ankündigte.
Ich schlief so gut wie gar nicht in dieser Nacht, und am anderen Morgen bereits beschloß ich – obwohl ich mir laut vorsagte, wie lächerlich ich sei –, mich in Jacques' leere Wohnung ans Telefon zu setzen. Ab und zu fuhr ich vom siebten Stock hinunter zu meinem Briefkasten, in der Hoffnung, ich würde einen siegbedeutenden Rohrpostbrief vorfinden.
Statt dessen fand ich einen Prospekt, der mir eine Kreuzfahrt nach Griechenland anpries, und eine Mahnung vom Finanzamt... Danach hastete ich wieder hinauf, weil ich befürchtete, ich hätte den eiligen Anruf eines überwältigten Intendanten verpaßt. Gegen elf Uhr läutete es endlich. Ich griff zitternd zum Hörer, und eine Stimme aus Toulouse fragte mich mit rollendem »r«, ob ich der Bahnhof Saint-Lazare sei. Ich antwortete nur mit einem einzigen Wort.
Schließlich rief ich Compère an, um ihm mitzuteilen, daß ich seinen Rat befolgt hätte, aber in Wirklichkeit hoffte ich, aufmunterndes Lob, ja vielleicht sogar Nachricht von Antoine zu hören. An Lob mangelte es nicht, und er sagte, Antoine hätte das Stück bekommen und ihm versprochen, es zu lesen.
»Aber werden Sie nicht ungeduldig! Wenn Sie vor drei oder vier Tagen eine Nachricht haben, wäre das ein Wunder.«

Ich beschloß also, nicht mehr daran zu denken, doch die Wirkung dieses Entschlusses war gleich null. Ich verbrachte noch zwei Tage zwischen dem Briefkasten und dem Telefon, letzteres vermittelte mir zahlreiche Botschaften: Unser Metzger schlug mir ein Zwischenrippenstück und ein Rumpsteak zur Auswahl vor; eine unbekannte Schauspielerin informierte mich darüber, daß ich mir nicht einbilden sollte, ein Lump wie ich sei der Mann ihres Lebens (worauf ich antwortete, ich erlaubte mir einige Zweifel an der Reinheit ihrer Sitten), und ein Herr bat mich um eine Kommanditeinlage in Höhe von 100000 Francs, und da ich ihm erklärte, ich sei nicht Jacques, erwiderte er, ich könne ruhig meine Stimme verstellen, er würde sie ganz genau wiedererkennen, daß er auf jegliche Beziehung mit einem Witzbold und Lügner verzichte, der eine so kleinkarierte Methode anwende, um einem Freund einen Gefallen auszuschlagen, wo dieser Freund ihm doch das größte Geschäft seines Lebens anbiete.

Am Sonntag, als ich schon jegliche Hoffnung aufgegeben hatte, rief mich Pierre Blanchar an.

»Der Sekretär der Brüder Isola erwartet dich heute noch. Er hat deine beiden Stücke gelesen und möchte mit dir darüber sprechen…«

»Hat er Interesse bekundet?«

»Natürlich, ich habe ihm *Topaze* gestern gegeben, und er hat es heute nacht gelesen. Er hat mich soeben angerufen. Geh so gegen vier Uhr hin, während der Vorstellung.«

Also wartete ich auf diese schicksalsschwere Stunde und konstruierte Theorien von unanfechtbarer Logik.

»Erstens: dieser Mann hat *Monsieur Topaze* heute nacht gelesen. Also muß er *Marius* für gut gehalten haben, sonst hätte er nicht auf eine Portion Schlaf verzichtet, um ein anderes Stück desselben Autors zu lesen. Er will mit mir darüber reden: also hat er es ganz gelesen, auf einmal. Das ist außerordentlich wichtig. Aber warum hat er Pierre gesagt, er wolle mit ›mir darüber sprechen‹, anstatt zu sagen, daß die Brüder Isola *Monsieur Topaze* im Théâtre Sarah-Bernhardt uraufführen wollen?

Die Antwort ist ganz klar zu deuten. Sie können nicht – oder sie wollen nicht – zwei Werke eines Autors zugleich annehmen. Das hat es noch nie gegeben. Die Wahrheit ist folgende: sie zögern, sie trauen sich nicht zu wählen, und darum geht es. Über diese Wahl will dieser Mann mit mir reden. Wie werde ich entscheiden? Ich würde Jacques' Meinung dazu ganz gerne hören, aber wer weiß, wo er gerade steckt? Wenn nicht Sonntag wäre, würde ich Compère anrufen... Nun gut, ich werde diesen freundlichen Sekretär um vierundzwanzig Stunden Bedenkzeit bitten und morgen früh zu Compère gehen.«

Ich aß mit großem Appetit zu Mittag, und gegen drei Uhr zog ich los, zum Stelldichein des Ruhms.

Ich betrat das Theater durch den Bühneneingang und wurde zum Büro des fachkundigen Mannes geführt.

Er war ein durchaus zugänglicher Mensch, allerdings nahm er die Allüren eines Mannes an, der sein Geschäft ganz genau kennt. Er empfing mich freundlich, bat mich, Platz zu nehmen, und setzte sich hinter seinen Schreibtisch, wo ich meine beiden Stücke aufeinandergestapelt sah.

»Monsieur«, sprach er, »Ihre beiden Stücke, die mir Ihr Freund Monsieur Pierre Blanchar vorgelegt hat, habe ich mit großer Sympathie gelesen. Sie stecken voller Qualitäten, aber es geht deutlich daraus hervor, daß Sie sehr jung sind, und daß Sie die Gesetze des Theaters noch nicht kennen.«

Er bewies mir, anhand von Argumenten, die mir absurd erschienen, daß weder *Marius* noch *Topaze* die geringste Chance hätten, beim breiten Publikum anzukommen. Da sein Fachvortrag sich hinzuziehen drohte, stand ich auf, nahm die beiden Manuskripte, grüßte und ging.

Ich war bestürzt und dachte voller Bitterkeit an Compères falsche Prognosen. Ich versuchte, mich zu beruhigen, indem ich entschied, der Fachmann der Isolas sei nichts als ein eitler Schwätzer, und als ich zu Hause ankam, rief ich Pierre Blanchar an. Er versicherte mir, daß der Herr, den ich gesprochen

hatte, in keiner Weise qualifiziert sei, mir eine Antwort zu geben, und daß er mit seinen Direktoren persönlich sprechen wolle.
Ich bat ihn würdevoll, nichts dergleichen zu tun, und da er insistierte, fügte ich hinzu: »Wenn du darauf bestehst, ihnen etwas zu sagen, kannst du ihnen versichern, daß ich künftig um nichts auf der Welt akzeptieren werde, daß meine Stücke im Sarah-Bernhardt gespielt werden...«
Ich habe nicht Wort gehalten, denn fünfundzwanzig Jahre später inszenierte dort Julien, ohne daß ich im geringsten protestiert hätte, eine Wiederaufnahme von *Marius*, die zweihundertmal gespielt wurde. Damals war ich weit von solcher Hoffnung entfernt, und bis zum Morgengrauen hielt mich eine zornige Unruhe wach.
Am nächsten Morgen nahm ich meine Telefonwache wieder auf. Es gab noch mehrere irritierende Anrufe; endlich war Darzens in der Leitung.
»Dein Stück gefällt mir sehr. Jean d'Yd wird grandios sein in der Rolle. Heute nachmittag rede ich mit Blum darüber. Komm morgen abend mit mir essen, wir werden den Vorvertrag unterschreiben.«
Ein wenig knapp, aber von schöner Klarheit!
Mit der zweiten Antwort begann die Meinung des lieben Compère sich zu bestätigen. Ich wollte gerade Marcel Achard anrufen, um ihm den Erfolg zu melden, als das Telefon klingelte: Gémiers Sekretär informierte mich, daß der »Chef« bereit sei, *Topaze* aufzuführen, er wolle mich am nächsten Tag im Theater treffen, pünktlich um sechs.«
Dieser Tag wurde glorios. Gegen drei Uhr nachmittags kam ein Telegramm von Max Dearly: »Ihr Stück interessiert mich. Besuchen Sie mich heute abend im Theater.«
Max Dearlys Interesse zu wecken, das war ein Traum eines jeden jungen Autors. Meine aufkeimende Eitelkeit fand den Stil des Telegramms etwas kühl.

Jacques war noch immer abwesend, und es gelang mir weder, Marcel Achard noch Steve Passeur zu erreichen. Es fiel mir schwer, mich alleine zu freuen und zu schweigen, wo ich doch ein so schönes Gesprächsthema hatte... Ich war im Begriff, Blanchar anzurufen, als sich Léopold Marchand bei mir meldete. Léopold war unser gutmütiger Riese. Der Neid war ihm vollkommen fremd, er war immer glücklich und ganz besonders über das Glück der anderen. Zinnsoldaten waren seine Leidenschaft. Er besaß mehrere Armeen davon, und in großzügigen Vitrinen stellte er Austerlitz oder Waterloo nach, mit einer Sorgfalt und einer Genauigkeit, über die Geschichtskenner staunten. Er schrieb auch Komödien, und mehrere erzielten großen Erfolg, wie z.B. *Durand bijoutier, Nous ne sommes plus des enfants, La Belle Amour, Trois Valses**, und außerdem empfand Colette eine große Freundschaft für ihn. Er war es, der *La Seconde, Chéri* und *La Vagabonde* inszeniert hat, mit viel praktischem Sinn fürs Theater und einem fast weiblichen Einfühlungsvermögen.
Selbstverständlich rief er mich an, um mir eine gute Nachricht zu verkünden.
»Ich habe gerade Jouvet getroffen«, sagte er, und seine Stimme klang fröhlich. »Du hast ihm eine Komödie geschickt, die er großartig findet. Er will sie kommende Saison spielen. Im übrigen hat er dir heute morgen geschrieben!«
Ich war natürlich entzückt und erzählte ihm danach meine aufregenden Erlebnisse. Er antwortete knapp: »Ich komme.«
Wir hatten eine genußvolle Diskussion über ein prachtvolles Thema: welches Theater wählen? Der gute Léo war ebenso glücklich wie ich. Zwischen zwei Argumenten lachte er schallend, stand auf, machte ein paar Schritte, die Hände in den Taschen, setzte sich dann wieder, und die Diskussion ging weiter...

* *Der Juwelier Durand, Wir sind keine Kinder mehr, Die schöne Liebe, Drei Walzer*

Danach mußte ich ihm das Stück erzählen und ein paar Auszüge vorlesen. Ich hatte nur noch meine Entwürfe.

Nach einem ausgelassenen Dîner in einem Restaurant der Rue Blanche besuchten wir gemeinsam Max Dearly in seiner Garderobe.

Während er sich schminkte, erzählte uns der berühmte Schauspieler (der Léopold seit langem kannte), daß er demnächst die Leitung eines ganz neuen Theaters übernehmen werde: das Casino de la Méditerranée in Nizza; klar, daß er dieses Theater mit einem Bombenstück eröffnen würde, nämlich *Monsieur Topaze,* und danach käme er nach Paris zurück, um das Stück einen Monat lang im Théâtre de Paris zu spielen. Danach würde man sicher problemlos Ersatz für ihn finden, wenn er wieder nach Nizza ginge, denn seine neuen Aufgaben dort erlaubten ihm natürlich keine allzu lange Abwesenheit.

Ein solcher Vorschlag hätte mich drei Tage früher geblendet; aber Léopold machte mir versteckte kleine Grimassen, die meine Meinung bestätigten.

Ich suchte nach einer eleganten Formulierung, um dem illustren Schauspieler zu erklären, daß mir eine Uraufführung in der Provinz nicht sonderlich zusagte, ebensowenig übrigens wie eine Wiederaufnahme für dreißig Tage in Paris, auf die ein Wiederaufguß mit einer Zweitbesetzung folgen würde; ich wollte ihm gerade sagen, um meine Rede einzuleiten, daß ein genialer Schauspieler wie er zweifelsohne unersetzbar sei. Dieses Argument war gut, denn es war ebenso schmeichelhaft wie wahr. Aber ich brauchte es gar nicht anzubringen, denn ein aufgeregter Inspizient erschien an der Tür und keuchte: »Alerme ist abgegangen. Monsieur Max, Sie versäumen Ihren Auftritt!«

Der Schauspieler stand auf, sagte: »Rufen Sie mich morgen früh an« und enteilte Richtung Bühne.

Als wir das Theater verließen, sagte Léopold: »Das Angebot ist uninteressant. Jouvet ist viel besser als alles andere.«

»Aber was würdest du von Victor Boucher halten, wenn ihm das Stück gefallen sollte?«
»Das ist ein wunderbarer Schauspieler«, sagte Léopold... »Mal sehen... Komm, gehen wir Champagner trinken bei Maxim's.«

Dort trafen wir Yves Mirande, der gerade sein Dîner beendete. Léo begrüßte ihn und stellte mich vor.
»Setzen Sie sich doch«, sagte Mirande, »und trinken Sie ein Glas mit mir. Hübscher Zufall, heute morgen hat mir Quinson von Ihnen erzählt.«
»Ich kenne ihn nicht.«
»Ich weiß, aber Sie haben Victor Boucher vier Akte geschickt, und Victor Boucher ist ein Teilhaber im Th. de la Michodière. Victor will die Rolle spielen, sie gefällt ihm sehr. Quinson sagt, das Stück sei sehr schön, aber es sei ein Avantgarde-Stück, das auf dem Boulevard keinen lausigen Heller einspielen würde. Er will Ihnen vorschlagen, daß er das Stück selbst bearbeitet. Er hat schon tausend Ideen...
Ich zuckte zusammen vor Schreck.
»Wie bitte?«
Léo legte mir die Hand auf die Schulter und sagte freundlich: »Er ist ein Kind!«
»Mein junger Freund«, sagte Mirande, »es ist ganz selten, daß Monsieur Quinson in einem seiner Theater ein Stück aufführt, ohne ein bißchen von seinem Senf dazuzugeben. Das bedeutet automatisch, daß er auf der Anmeldung beim Schutzverband der Autoren seine Unterschrift hinzusetzt. Ungefähr sechzig Stücke hat er auf diese Weise schon mitunterzeichnet. Schlimm ist allerdings die Tatsache, daß er es nicht nur aus Liebe zum Geld tut; er hält sich für einen Dramatiker und er arbeitet ganz ernsthaft daran, in das Stück ein paar Repliken nach seiner Art, die er für komisch hält, einzubauen... Aber wenn Sie kein anderes Theater haben, rate ich Ihnen, sein An-

gebot anzunehmen. Er ist sofort bereit, den Vorvertrag zu unterschreiben.

Am nächsten Morgen warf ich mir vor, nicht schon beim Aufwachen Compère angerufen zu haben, um ihm mitzuteilen, daß seine Vorhersagen eingetroffen waren. Ich ging also zu Jacques hinauf – der noch immer abwesend war –, und da es noch zu früh war, hatte ich ein Theaterjahrbuch mitgenommen, ein schon älteres, das jedoch auf den ersten Seiten die Pläne aller Pariser Theater enthielt, mit der Geschichte ihrer Erfolge, mit der Zahl der Plätze und den Preisen.

Ich war, zu meiner Schande, gerade damit beschäftigt, ihre Einnahmemöglichkeiten auszukalkulieren, als das Telefon klingelte. Es war Compère, der ohne Einleitung sagte: »Ihr Stück gefällt Antoine. Er erwartet Sie bei sich zu Hause um halb zwölf.«

Schon wieder eine großartige Nachricht. Ich erzählte sofort ins Telefon hinein den erstaunlichen gestrigen Tag, und ich zählte selbstgefällig meine Erfolge auf, als eine ironische Stimme sagte:

»Wen versuchst du denn da zu bluffen?«

Jacques stand splitternackt, mit wirrem Haar, an der Tür des kleinen Salons. Er war in der Nacht nach Hause gekommen, und das Klingeln des Telefons hatte ihn geweckt.

Ich gab ihm ein Zeichen, er solle herkommen, und ich reichte ihm den zweiten Hörer, während ich die ruhmvolle Litanei fortsetzte.

»Und dann Darzens, der mich zum Abendessen erwartet, um den Vorvertrag zu unterschreiben, und schließlich bin ich für morgen nachmittag zu Gémier vorgeladen.«

Ich hörte, wie Compère am anderen Ende lachte und sagte: »Gehen Sie doch sofort zu Antoine und schildern ihm die ganze Situation. Von ihm können Sie den besten Rat erwarten.«

Nach ein paar dankbaren Worten hängte ich ein, und Jacques blickte mich hocherfreut, aber etwas zweifelnd an und fragte:

»Ist das wahr?«
»Absolut wahr. *Monsieur Topaze* wurde von den Brüdern Isola abgelehnt, aber fünf Theater wollen es haben.«
Célestine brachte uns den Kaffee, und er machte einen Schritt zur Seite hinter einen Sessel, damit präsentierte er ihr den züchtigen Anblick seines Oberkörpers. Kaum hatte sie das Zimmer verlassen, setzte er sich an den Tisch, und ich erzählte ihm alle Einzelheiten der fünf vergangenen Tage.
»Es ist widerlich, daß ich nicht da war. Ich glaube, du mußt Jouvet einen Besuch abstatten. Er ist ein großer Regisseur und ein fabelhafter Schauspieler.«
»Ich bin ganz deiner Meinung«, sagte ich, »ich gehe heute nachmittag zu ihm. Aber jetzt erwartet mich Antoine.«
Ich ließ ihn, nackt wie er war, auf seinem Stuhl zurück. Er hatte eine Zigarre angezündet und lachte vor Freude.
André Antoines Arbeitszimmer war vollgestopft mit Büchern und Manuskripten. Ganze Berge davon lagen auf dem Boden oder türmten sich an der Wand.
Auf den Regalen standen lange Reihen von schön gebundenen Büchern und mehrere Dutzend dicke Ordner mit Presseausschnitten.
Er saß friedlich lächelnd in einem Sessel wie ein Papst – der er auch war. Er streckte mir die Hand hin und sagte: »Sie haben ein gutes Stück geschrieben. Ja, das ist Theater. Da gibt es richtige Personen und eine richtige Handlung. Was haben Sie damit vor?«
Ich erzählte ihm meine wunderbaren Abenteuer.
Er schien erstaunt.
»Fünf Theater?« sagte er. »Also sind sie doch nicht so dumm, wie ich dachte. Haben Sie schon etwas unterschrieben?«
»Nein, noch nicht. Deshalb möchte ich auch gerne Ihren Rat hören.«
»Also, wenn Sie meinen Rat hören wollen, dann ist das ein Stück für das Théâtre des Variétés.«

Ich war ganz erstaunt, einen sechsten Namen auftauchen zu sehen.
»Ich habe beim Théâtre des Variétés kein Manuskript abgegeben.«
»Ich weiß. Aber ich habe mein Exemplar bei Max Maurey abgeben lassen – meinem ältesten Freund. Ich erwarte seine Antwort. Weil Sie sowieso da sind, rufe ich ihn an.«
Ich hörte ein bemerkenswertes Telefongespräch zur Hälfte mit.
»Hier Antoine. Guten Tag, lieber Freund. Haben Sie das Stück gelesen?«
Er lauschte lange einer Antwort, deren Inhalt ich erfolglos auf seinem Gesicht abzulesen versuchte.
Schließlich sagte er: »Ich glaube hundertprozentig daran.«
Er hörte wieder zu und sagte in Abständen:
»Ja.«
»...«
»Ja.«
»...«
»Nun, da bin ich nicht ganz einverstanden.«
»Aber das müssen wir sehen.«
»...«
»Anfang der Saison natürlich.«
»...«
»Ja, er ist gerade hier. Ja, ich schicke ihn zu Ihnen. Gehen Sie zur Vorpremiere im Théâtre de la Porte Saint-Martin?«
»...«
»Ja, das fürchte ich auch... Nun ja, bis heute abend.«
Er hängte ein.
»Max Maurey erwartet Sie in einer Stunde im Variétés. Er mag das Stück, er bringt es zur neuen Saison. Proben im September. Lefaur wird Topaze spielen.«
Ich war etwas erstaunt. Ich bewunderte Lefaur, aber ich hatte ihn immer in gediegenen Altherrenrollen gesehen. Antoine ahnte meinen Gedanken.

»Haben Sie etwas gegen Lefaur?«

»Tja, ich dachte nur, er ist vielleicht nicht jung genug... Damit die Geschichte glaubwürdig ist, müßte Topaze ein sehr junger Mann sein... Dreißig höchstens. Wenn er seit zwanzig Jahren bei Monsieur Muche unterrichtet und noch immer nicht kapiert hat, daß der Herr Direktor ein Roßtäuscher dritter Wahl ist, dann ist er ein Naivling, der nie aus der Tinte herausfinden wird. Im übrigen muß er ein praktisch unberührter Jüngling sein, um sich so leicht von einer professionellen Lebedame düpieren zu lassen, und schließlich wird ihn diese Liebe nicht in einen gefürchteten Geschäftsmann umwandeln, und zwar, weil er nicht mehr die Naivität, nicht mehr die Frische und nicht mehr die Aggressivität der Jugend hat.«

»Sie haben recht«, sagte der Altmeister. »Wenn wir einen fünfundzwanzigjährigen Lefaur hätten, würde ich ihn vielleicht vorziehen. Aber ich bin nicht ganz sicher. Lefaur selbst, mit fünfundzwanzig, wußte nicht, was er heute weiß, und wäre danach vielleicht nicht fähig gewesen, diese Rolle zu spielen, die maßlos schwer ist. Er geht nur dreimal ab während der ganzen Vorstellung, für insgesamt vielleicht fünfzehn oder zwanzig Minuten. Glauben Sie mir, für diese Rolle brauchen Sie ein altes Theaterpferd. Abgesehen davon ist Lefaur auf der Bühne keine fünfzig, allerhöchstens vierzig. Und das Publikum gibt dem Schauspieler sowieso das Alter der Gefühle, die er ausdrückt, wenn er sie gut ausdrückt. Im Leben sagt man manchmal: ›Er ist alt, aber er hat ein junges Herz, das Herz eines Zwanzigjährigen.‹ Niemand glaubt daran, man lächelt darüber. Aber auf der Bühne glaubt jeder daran, weil das Publikum gekommen ist, um daran zu glauben. Im übrigen ist Lefaur der intelligenteste, der geistreichste Schauspieler, den ich je gesehen habe. Seit zwanzig Jahren hat die Kritik, jedesmal wenn er in einem Stück eine Rolle gespielt hat (nie die Hauptrolle) einstimmig geschrieben: ›Wann werden wir Lefaur, den Ersten Schauspieler von Paris, endlich in einer Hauptrolle sehen?‹ Diese Rolle haben Sie geschrieben. Als ich Ihren Text gelesen habe, habe ich seine Stimme gehört. Glauben Sie mir: Das ist eine große Chance für ihn, und eine große Chance für Sie.«

Ich hörte ihm zu, voll gerührter Dankbarkeit, voll Bewunderung, Ehrfurcht und herzlicher Zuneigung.

Er fuhr fort: »Maurey wird Ihnen Pauley aufschwatzen wollen, weil er zum Ensemble gehört: Er ist ein sehr guter Komiker für das Vaudeville. Aber die Autoren, der Intendant und vermutlich auch er selbst haben seine Korpulenz allzuoft ins Spiel gebracht... Wenn er einen Auftritt hat, werden gleich beide Teile der Flügeltüren aufgemacht. Wenn er sich setzt, bietet man ihm zwei Stühle an. Wenn er nur einen angeboten bekommt, lacht das Publikum schon, weil jeder weiß, daß dieser Stuhl zusammenbrechen wird. Wenn Maurey ihm die Rolle des Stadtrats gibt, wird es eine einzige Klamotte. Seien Sie vorsichtig, was das betrifft, ich werde Sie unterstützen. Jetzt gehen Sie zu Maurey, und rufen Sie mich an.«

Ich war außer mir vor Freude und doch etwas beunruhigt.

»Was soll ich den Theaterdirektoren sagen, die nichts von mir verlangt haben, denen ich mein Stück angeboten habe und die es jetzt spielen wollen?«

Antoine zuckte die Schultern. »Es ist viel leichter, ein Manuskript wieder abzuholen, als ihnen ein Stück einzureden. Sagen Sie ihnen, Max Maurey hat es als erster angenommen.«

»Sie haben meinen Freund Antoine im Sturm erobert«, sagte Max Maurey. »Das ist für Ihr Stück ein wichtiger Trumpf, denn er hat sehr großen Einfluß, nicht nur auf das Publikum, sondern selbst auf die Kritik. Außerdem ist sein Urteil sehr sicher, wenn es um den Wert eines Theaterstücks geht. Was den Erfolg betrifft, hat er sich manchmal geirrt. Aber das ist ein anderes Kapitel, darüber entscheidet das Publikum. Jedenfalls gefällt ihm Ihr Stück, und ich bin gerne bereit, das Abenteuer zu wagen.«

Ich hatte das Gefühl, daß in seinen Augen Antoines Meinung drei Viertel meiner Lorbeeren ausmachten.
»Ich habe also beschlossen, *Monsieur Topaze* im Oktober, zum Saisonbeginn aufzuführen. Wir werden im September proben, selbstverständlich mit dem Ensemble des Hauses. Kennen Sie Lefaur?«
Er wiederholte fast Wort für Wort, was mir Antoine gesagt hatte. Danach sprachen wir über Pauley.
»Ich weiß«, sagte mein gewiefter Direktor, »Antoine mag ihn nicht, sicher hat er es Ihnen gesagt. Meiner Meinung nach täuscht er sich. Sie werden es bei den Proben feststellen. Wenn Sie der gleichen Meinung sind wie Antoine, werden wir einen Ersatz finden. Nun sprechen wir aber doch mal von Monsieur Muche, dem Direktor des Internats. Bringt Marcel Vallée Sie zum Lachen?«
»O ja«, sagte ich, »das ist ein Schauspieler, den ich sehr mag.«
»Ich auch. Manche Kritiker sind nicht unserer Meinung, sie finden, daß er zu dick aufträgt. Vielleicht stimmt es auch ein wenig... Aber auf jeden Fall lache ich Tränen, wenn er wütend wird, auf der Bühne und im Leben, denn er ist ein Hitzkopf. Er ist nicht fest engagiert, aber wenn ich ihn gleich heute herbitte, wird er im September sicher frei sein.«
Er blätterte in ein paar Akten.
»Er hat vor zwei Jahren bei uns gespielt... er bekam damals einhundertfünfundsiebzig Francs pro Tag. Ich nehme an, daß er nicht wie üblich hochgeht, wenn ich ihm zweihundertfünfzig anbiete.«
Danach sprach er von Jane Renouardt, die für die weibliche Rolle ideal sei; sie würde ihre zarte Schönheit, ihre Pariser Eleganz mitbringen, und außerdem die Routine der gewandten Geschäftsfrau, denn sie leitete ein Theater, und zwar mit absolut sicherer Hand, und die Verträge, die sie aufsetzte, waren so durchdacht, daß ihre Freunde sie den »kleinen Notar« nannten.

Dieses Gespräch dauerte bis zum Abend, und ich ging vollkommen verklärt nach Hause: mein Stück war im Théâtre des Variétés angenommen worden, die Vorbereitungen hatten schon begonnen. Über die Besetzung hatte ich mit Max Maurey selbst gesprochen, ich hatte ihm gegenüber gesessen wie einst Maurice Donnay oder Robert de Flers: Ich war der glücklichste Mensch auf der Welt.

Ich mußte meine Entscheidung den Theaterdirektoren erklären, die das Stück hatten annehmen wollen. Gémier, den ich nicht kannte, empfing mich auf Vermittlung von Paul Abram sehr freundlich, und sagte mir viele Dinge, die sehr angenehm zu hören waren. Darzens protestierte zunächst sehr laut und empört, aber schließlich lenkte er ein: »Das Schwein in dieser Geschichte, das bist nicht du. Das ist Antoine, der mich verraten hat. Ein Freund seit dreißig Jahren!«
Er tauchte mit dem Arm unter seinen Schreibtisch und zog einen ölglänzenden Hering hervor, den er verzehrte, während er weitersprach.
»Schließlich hast du nicht unrecht«, sagte er. »Das Maximum in meinem Theater, das ist 6000. Im Variétés kann man bis zu 30000 einnehmen.«
Diese schäbige Überlegung mißfiel mir nicht.

Jouvet verrieb die Schminke auf seinem Gesicht und machte Grimassen vor seinem Spiegel, während er in sarkastischem Tonfall sagte: »Bravo! Sehr gut! Du überraschst mich nicht. Ich hatte immer gedacht, daß du am Ende beim Boulevardtheater landest, und nun stelle ich fest, daß du auch gleich dort anfängst. Mein Programm ist übrigens voll ausgelastet, ich hätte dich vor Ablauf eines Jahres sowieso nicht spielen können...«
Quinson war vermutlich von Mirande informiert worden und verzichtete darauf, mich zu sprechen; und Max Dearly ant-

wortete nicht auf meinen Entschuldigungsbrief; hingegen konnte ich mir nicht verkneifen, den Brüdern Isola zu schreiben, um ihnen mitzuteilen, daß mir ihre Absage furchtbar leid täte, daß jedoch *Monsieur Topaze* durch einen Glücksfall im Théâtre des Variétés zum Saisonbeginn aufgeführt würde.

Ein paar Wochen lang führte ich durch die Theaterwelt eine sichtbar falsche Bescheidenheit spazieren: die Figur des jungen Autors, dessen Stück vom Théâtre des Variétés angenommen wurde. Die Journalisten kamen zu mir nach Hause, um mir Fragen zu stellen, ausländische Theateragenturen boten mir Verträge an, prominente Schauspieler duzten mich beim ersten Anblick, die Jugendlichen Naiven fanden mich schön...

Eines Tages aber vernahm ich ein paar unangenehme Worte, die das ironische Lachen von Jouvet nicht nur bestätigten, sondern verschlimmerten.

Gegen elf Uhr abends kam ich aus einem kleinen Restaurant in der Rue de Grenelle, als ich Gaston Baty erkannte, der einsam des Wegs kam; er trug einen großen schwarzen Schlapphut. René Simon hatte mich ihm vorgestellt, das war hinter den Kulissen der Studiobühne des Théâtre des Champs-Elysées gewesen, das Baty sehr erfolgreich leitete, und manchmal hatte er echte Sympathie gezeigt, wenn er mit mir sprach.

Er war ein hochgebildeter, weltgewandter Mann, absolut unbestechlich. Er legte mir die Hand auf die Schulter, blickte mir in die Augen und sagte mit einem sehr liebevollen Lächeln:

»Wie schade! Es ist wirklich schade.«

»Was denn?«

»Eines Ihrer Stücke ist im Théâtre des Variétés angenommen worden, hat man mir erzählt?«

»Ja, es wird zum Saisonbeginn aufgeführt.«

»Es wird Erfolg haben, leider!... Fürs Theater sind Sie verloren, ich sage es Ihnen ehrlich. Sie lassen sich in die Gosse treiben, es tut mir sehr leid... wie schade!...«

Er sprach wie immer vollkommen aufrichtig.

Ich antwortete mit der gleichen Aufrichtigkeit, daß ich nicht verstünde, warum es der Ehre abträglich sein könnte, wenn man auf einer der ersten Bühnen von Paris Erfolg hat.
Ohne ein Wort zu sagen, blickte er zum Himmel, nickte dreimal, schüttelte schließlich dreimal den Kopf, wendete sich ab und verschwand in der Nacht.
Batys Verachtung tat mir zwar etwas weh, machte mir aber keine Sorge. Ich wußte von der Unerbittlichkeit seiner Theorien, die ihn so weit führten, daß er Höhepunkte im Dialog durch beredtes Schweigen ersetzte und die Schauspieler durch Marionetten.
Ich näherte mich also wohlgemut »der Gosse«, indem ich jeden Abend ins Théâtre des Variétés ging, wo damals eine leichte Boulevardkomödie gespielt wurde.
Die Saison näherte sich ihrem Ende, die Zuschauer kamen nicht sehr zahlreich, und das Stück war nicht gerade ein Meisterwerk der dramatischen Kunst; in die Vorstellungen ging ich vor allem, um meine zukünftigen Interpreten zu sehen und sie näher kennenzulernen.
Nach der Aufführung ging ich mit Lefaur essen, manchmal auch mit Pauley. Wir sprachen über *Topaze* und wurden sehr bald Freunde.

Es war damals noch nicht das Zeitalter der genialen Regisseure, die für Operette, Varieté oder Ausstattungsrevuen so wichtig sind, aber so gefährlich für eine Komödie, die ihnen zum Vorwand wird, all ihre Virtuosität zu entfalten.
Max Maurey sagte einmal: »Wenn das Publikum bei der Vorpremiere das Bühnenbild einer Komödie beklatscht, dann muß ein weiser Theaterdirektor gleich am anderen Tag mit den Proben für das nächste Stück beginnen.«
Er hatte nicht unrecht, denn wenn der Maler, der Bühnenbildner, der Komponist, der die Bühnenmusik macht, der Regisseur sich in den Dienst der Komödie stellen, dann müssen sie

zuallererst den Ton des Werkes respektieren und nicht die Grenzen ihrer Rolle überschreiten, und die ist nun mal nicht die erste.
Die Regie von *Topaze* wurde von Max Maurey, Saint-Paul und mir selbst geführt, in Zusammenarbeit mit den Schauspielern und unter Assistenz eines Technikers oder Beleuchters, der mal rechts, mal links im ersten Rang saß. Er hatte den Auftrag, von Zeit zu Zeit dazwischenzurufen: »Ich höre nichts!«
Auch Saint-Pauls Beitrag war rein technischer Natur.
»Monsieur Maurey, seit vier Minuten spielen Sie auf der Gartenseite, wo die Ränge links Sie nicht sehen... Kann man Sie nicht einmal weiter zur Rampe schieben oder Richtung Souffleurkasten?«
»Ich würde ganz gern nach ›Nichts ist schwieriger als die Wahl eines Strohmannes‹ den Standort wechseln«, sagte Pauley. »Und während ich so nachdenke, könnte ich mich auf den Divan setzen; ich mache eine Denkpause, und dann geht's weiter mit: ›Wenn man einen Mann von krankhafter Ehrlichkeit wählt.‹«
»Müßte man sehen«, sagte Maurey. »Versuchen wir's mal.«
Ein anderes Mal äußerte Lefaur seine Meinung: »Monsieur Maurey, ich glaube, es ist nicht gut, wenn ich vom Lehrerpult heruntertrete nach dieser Replik. Mir scheint, wir können da einen großen Lacher herausholen und Bewegung könnte ihn abwürgen. Ich würde es vorziehen, bei ›Wenn dieser Ehrenmann ein Kassierer ist‹ runterzugehen.«
»Jaja«, sagte Maurey, »da können Sie Ihren Lacher beim Souffleurkasten holen, den Sie sowieso seit einer Viertelstunde mit wahrer Gier anschauen.«
Meine Rolle beschränkte sich auf Texterläuterungen (einmal Lehrer, ewig Lehrer) und ich bat die Schauspieler, gewisse Worte oder Dialogstellen hervorzuheben, deren Funktion sich erst später herausstellen sollte, und vor allem den Ton des Stückes durchzuziehen.

Ich habe ziemlich oft sagen hören, ich hätte eine Tragödie schreiben wollen, aber Max Maurey habe den Einfall gehabt, sie als Komödie spielen zu lassen. Das ist absolut falsch. Wenn ich mir ein ernstes Drama vorgestellt hätte, wäre mir nie eingefallen, mich an Jouvet, an Victor Bouchet oder an Max Dearly zu wenden.

Allerdings ist das Thema des Stückes im Grunde ziemlich traurig, und der Schluß, der scheinbar sehr unmoralisch ist, läßt eine tiefe Bitterkeit durchscheinen. Aber das ist die Bitterkeit der Menschlichen Komödie, und der Text eignet sich an keiner Stelle für eine tragische Interpretation.

Gaston Baty, der oft originelle Ideen hatte, nahm sich eines Tages vor, den *Eingebildeten Kranken* auf Tragödie hin zu spielen. Sein Argan hatte tatsächlich Darmkrebs oder vielleicht Bauchspeicheldrüsenkrebs. Dieses Theaterexperiment war sehr interessant, denn es bewies durch seine Absurdität, daß es unmöglich ist, den Ton einer wirklichen Komödie zu verändern.

Die ersten Proben waren ein Genuß. Die physische Präsenz, die Bewegung und die Stimmen der Schauspieler gaben dem eindimensionalen Text plötzlich Relief, und manchmal schütteten wir uns alle zusammen aus vor Lachen, weil der Einfall eines Schauspielers uns entzückte. Aber mit der Zeit wurde unser Lachen seltener; die schon festgespielten Effekte entlockten niemand mehr ein Lächeln, und selbst die Handlung war nicht mehr so interessant. Drei Tage vor der Vorpremiere erschien mir alles abgedroschen und hohl. Mir war, als befürchte Max Maurey, er hätte nicht die Zeit, um das nächste Stück zu proben, als plane er bereits mehr oder weniger, *Pile ou Face** wiederaufzunehmen.

Lefaur war besorgt und sagte: »Ich bin genauso ein Schmierenkomödiant wie alle anderen, aber trotzdem habe ich das Ge-

---

* *Kopf oder Zahl*

fühl, meine Auftritte sind zu lang. Ich fürchte, ich werde das Publikum irgendwann langweilen.«

Maurey sprach von möglichen Strichen, und ich sah sehr wohl, daß er noch immer an die Lackschuhe dachte. Selbst Pauley arbeitete mit sorgenvollem Ernst an seiner Rolle. Nur Jeanne Provost, schön und lächelnd, schien Spaß am Komödienspielen zu haben.

Ich hatte eine Unterhaltung zwischen den Bühnentechnikern mitgehört; der eine sagte im Brustton der Überzeugung: »Ich wette einen Wochenlohn, daß das Stück die hundertste Aufführung erlebt.«

»Wenn die Weihnachtsfeiertage nicht dazwischenkämen, von mir aus. Aber wenn es Ende November langsam bergab geht, dann ist ganz klar, daß der Chef auf die schnelle was anderes macht, um die Einnahmen der Feiertage zu retten!«

Die letzte Probe war verheerend, Lefaur, der seinen Text in- und auswendig konnte, hatte Riesenhänger, die ihn entsetzten. Pauley erinnerte sich nicht mehr an seine Stellungen, die Dekoration des zweiten Aktes war noch nicht vollständig, der Vorverkauf, der seit zwei Tagen begonnen hatte, ging sehr schleppend.

Sehr schlechte Omen waren dies alles. Aber das Schlimmste wurde uns von unserem Gast geboten.

Ich glaube, es war ein Freund von Saint-Paul, ein ehemaliger Inspizient. Max Maurey hatte ihn bei der Probe geduldet, weil er ein Mann vom Fach war.

»Seine Eindrücke können ganz interessant sein«, hatte Saint-Paul gesagt. »Er hat vierzig Jahre Theaterpraxis gespeichert; ich kann euch versichern, daß er sich selten geirrt hat. Und vor allem ist er für unser Stück ein unverbrauchtes Auge.«

Das »unverbrauchte Auge« war etwa sechzig Jahre alt und hatte ein gutmütiges, etwas gerötetes Gesicht. Er bedankte sich bei Max Maurey und setzte sich bescheiden weit weg von uns, in die Mitte des ersten Ranges.

Ich hatte mir vorgenommen, seine Reaktionen zu beobachten. Während die Probe lief, als alle Scheinwerfer an waren und der Zuschauerraum dunkel, konnte ich seine Züge nicht so richtig erkennen, aber ich hörte ihn mehrmals lachen, dann war großes Schweigen. Als der Vorhang nach dem ersten Akt fiel, ging plötzlich funkelnd der große Leuchter an.
Das unverbrauchte Auge schlief mit offenem Mund. Ein Bühnenarbeiter ging ihn wecken...
Er kam ins Parterre herunter, entschuldigte sich recht höflich und erklärte, er fühle sich nicht wohl, er gehe lieber nach Hause, wir waren perplex.
Die allgemeine Meinung war, daß es sich um einen Dummkopf handle, der ganz bestimmt zuviel getrunken hatte; aber diese makabre Episode bestätigte unsere Nervosität, und der Rest der Probe verlief finster.
Gegen drei Uhr früh ging jeder mit unguten Gefühlen nach Hause.
»An dieses Stück«, sagte Lefaur, »haben wir alle vom ersten Tag an geglaubt. Der erste Eindruck ist immer der richtige: wir können unser Urteil doch nicht durch einen eingepennten Saufkopf bestimmen lassen. Ich habe weiterhin Vertrauen. Die Würfel sind sowieso gefallen, wir können nichts mehr ändern.«
»Und außerdem«, sagte Pauley, »hat dieser Holzkopf den letzten Akt nicht gesehen. Und der holt alles raus!«
Schließlich drückte mir auch Max Maurey freundschaftlich beide Hände. »Verzweifeln Sie noch nicht«, sagte er. »Auf dem Theater weiß man nie etwas mit Sicherheit, nicht einmal einen Durchfall kann man voraussagen.«

Am anderen Morgen war ich trotz Jacques' Trostworten – er prophezeite uns nach wie vor dreihundert Vorstellungen – in nagender Sorge; da besuchte uns Léopold.
Aber ich wagte es nicht, vom unverbrauchten Auge zu erzählen; ich teilte ihm nur meine Ängste mit: er erzählte mir gleich

die erstaunliche Geschichte um *Cyrano*. Am Abend der Vorpremiere ging Edmond Rostand in Coquelins Garderobe, wo der große Schauspieler sich gerade noch seine Nase klebte. Er betrachtete ihn einen Augenblick schweigend und sagte ihm dann in abbittendem Ton: »Mein lieber Coquelin, verzeihen Sie mir, daß ich Sie in diese Geschichte hineingezogen habe...«

Um Mitternacht endete die Aufführung des Meisterdramas in Applausstürmen.

»Diese Geschichte ist sehr hübsch«, sagte ich, »nur daß ich nicht *Cyrano* geschrieben habe.«

Er konterte: »Die Geschichte beweist, daß selbst wenn du's geschrieben hättest, du genauso entmutigt gewesen wärst. Aber reden wir nicht mehr von deinem Opus, wovon du sowieso jetzt nichts mehr verstehst, und gehen wir alle drei zu Maxim's essen; drei hinreißend junge Damen erwarten uns dort; biete ihnen nicht das Schauspiel deiner Feigheit!«

Als ich zwei Stunden vor der Vorpremiere ins Theater kam, hatte ich einen trockenen Mund und feuchte Hände. Pauley schwitzte so sehr, daß sein weitläufiges Gesicht sich nicht schminken ließ; und Lefaur stand vor seinem Spiegel und sagte seinen Text so schnell wie ein tollwütiger Papagei auf.

Einem lächelnden Freund, der in seine Garderobe kam und fragte: »Na, wie geht's?«, antwortete er nur höflich »besch...«, in einem so wild verzweifelten Ton, daß der bestürzte Freund rückwärts entfloh.

Ich machte eine Runde auf der Bühne.

Während der Requisiteur die Bücher und die Hefte auf den Schulbänken zurechtlegte, verbesserten die Beleuchter noch einmal die Beleuchtung, wobei Max Maurey selbst letzte Anweisungen gab. Schon hörte ich das Summen aus dem Zuschauerraum. Ich ging zum Guckloch im Vorhang.

»Sie« kamen herein, lächelten einander von weitem zu oder machten kleine Zeichen mit der Hand. Viele unbekannte Gesichter, dann aber Robert Kemp, Fortunat Strowski, Lucien Dubech, Georges Pioch, Pawlowski, Pierre Brisson, die Päpste der Kritik, Männer, deren Urteil über den Erfolg oder den Mißerfolg einer Komödie bestimmen konnte. Schließlich André Antoine, der sich für *Topaze* erwärmt hatte, der aber angesichts der Aufführung seine Meinung vielleicht ändern würde. Ich war ganz beruhigt, als ich Jacques, Léopold Marchand, Bernard Zimmer und Paul Nivoix kommen sah, die sich in der ersten Reihe im ersten Rang niederließen. Die würden mich gewiß nicht auspfeifen...

Max Maurey tippte mir auf die Schulter. Lefaur war soeben mit dem Buch in der Hand auf die Bühne gekommen, hinter ihm ein kleiner Schüler.

Ich fragte ihn: »Geht's?«

»Ein bißchen besser als vorhin«, sagte er, »denn ich kann dir eine gute Nachricht mitteilen, die ich soeben erfahren habe. Das Unverbrauchte Auge ist gestorben, was die Interpretation, die wir seinem Schlaf gegeben haben, vollkommen verändert.«

»Stimmt auffallend!« fuhr Max Maurey fort. »Aber es ist besser, wenn wir niemand davon erzählen. Man könnte herumerzählen, daß wir bisher einen einzigen Zuschauer hatten, daß er nur die Hälfte des ersten Akts gesehen hat, und daß er daran gestorben ist. Und jetzt verlassen wir die Bühne. Es geht gleich los, und die Brüder Isola erwarten mich in meiner Loge...«

Ich zog mich hinter die Kulisse zurück, wo der diensthabende Feuerwehrmann vollkommen gleichgültig auf das Ende des Abends wartete, so als wäre es ein Tag wie jeder andere.

Der Tod des Unverbrauchten Auges linderte meine Ängste, aber die Anwesenheit der Brüder Isola konnte sie nur verstärken. Nachdem sie das Stück abgelehnt hatten, waren sie nun gekommen. Das war doch der Beweis, daß sie eine totale Pleite erwarteten... wenn sie an einen Erfolg geglaubt hätten, dann hätten sie sich jetzt versteckt. Aber nein, sie waren da, der ganze Saal konnte sie in der Intendantenloge sehen...

Plötzlich bebte die Bühne unter meinen Füßen. Der Inspizient klopfte das erste Mal. Vor dem zweiten Mal ergriff ich die Flucht und raste eine Treppe hinauf, die mich in den letzten Stock führte, in einen verstaubten Gang, der auf beiden Seiten mit ehemaligen Künstlergarderoben gesäumt war; die Fenster gingen auf die Dächer hinaus. Sie waren seit langem verlassen, seit die Zeit jener Stücke mit zwanzig Personen plus dreißig Statisten vorbei war.

In der kleinsten Garderobe ließ ich mich nieder – das Licht funktionierte noch – und wartete.

Ich hörte kein Geräusch, keinen Laut, außer dem Hupen der Taxis in der Rue Vivienne und auf der Place de la Bourse... Gedankenverloren öffnete ich die Schublade des Schminktisches: dort fand ich ein Notizbuch mit von der Zeit aufgewellten Seiten. Es hatte einer Garderobiere gehört; sie hatte dort fein säuberlich eingetragen, was sie für »Mademoiselle« an Schmink- und Schönheitsmitteln eingekauft hatte, desgleichen alle Trinkgelder. Zehn Francs von Herrn Baron, fünf Francs von Monsieur Guy, drei Francs von einem Journalisten (dem sie wahrscheinlich irgendeine Tratschgeschichte über Mademoiselle preisgegeben hatte), fünf Francs von Olibrius...

Dieser Olibrius beschäftigte meine Phantasie. Sicher ein komischer, schüchterner Anbeter... Ob es ihm wohl gelungen war, das Herz von Mademoiselle zu rühren?

Da stand auch »Edouard, acht Francs« und darunter in Klammern »jetzt schuldet er mir siebenunddreißig seit Weihnachten«.

Diese Personen interessierten mich um so lebhafter, als ich mir große Mühe gab, sie vor mir zum Leben zu erwecken, um die Tragödie zu vergessen, die sich unten auf der Bühne vor der versammelten Kritik abspielte. Ich versuchte eine Intrige zu konstruieren, die diese Figuren in Bewegung versetzte. Auf den weißen Seiten des Notizbüchleins – »weiß« hat hier eine besondere Bedeutung, denn sie waren mit rötlichen Stockflek-

ken gesprenkelt – skizzierte ich fiebrig mehrere Komödien-Dreiakter.
Diese Flucht dauerte vermutlich etwa eine Stunde, dann gab ich es auf, mich selbst zu bemogeln, und seufzte tief. Ich sagte halblaut: »Sicher sind sie mit dem ersten Akt fertig, und sie spielen gerade den zweiten. Wenn Nummer eins großen Erfolg gehabt hätte, hätte ich sicher etwas gehört... und außerdem hätte man mich gesucht.«
Dann dachte ich folgendes: Erstens hat man noch nie erlebt, daß der erste Akt Ovationen hervorruft, außer vielleicht der erste Akt von *Cyrano.* Außerdem hat mich niemand gerufen, weil alle glaubten, ich sei abgehauen.
Diese Gedanken beruhigten mich; aber plötzlich dachte ich daran, daß die lange Szene am Schluß des zweiten Akts mir nie ganz hundertprozentig gefallen hatte, und daß vielleicht diese Szene gerade gespielt wurde; der Schluß des zweiten Akts entscheidet über den Erfolg des Abends. Meine Szene kam mir träge und glanzlos vor. Lefaur hatte mir mit seiner üblichen Diskretion gesagt: »Vielleicht ein ganz kleines bißchen lang...«, und ich hatte gespürt, daß er bei den Proben Schwierigkeiten hatte.
Die dramatische Verknüpfung jedoch war gut, es war der Wendepunkt der Handlung. Ich hätte also noch mehr daraus machen müssen... Daher beschloß ich, sofort eine neue Version zu schreiben, und ich sagte laut vor mich hin: »Wenn sie heute ausgebuht wird, wird sie morgen beklatscht!«
Wie ein Wahnsinniger kritzelte ich das Notizbuch der Garderobiere voll. Der Dialog entwickelte sich ohne Mühe, der szenische Ablauf war lebhaft, ja es funkelte nur so, ich lachte herzlich über meine Geistesblitze, und ich war selbst überrascht, wie frisch meine Inspiration sprudelte.
Ich kam zum Ende dieser genußvollen Arbeit, als ich von ferne Schritte, ja ein wahres Getrampel zu vernehmen glaubte.

Ich horchte auf. Ein Gewirr von Stimmen und Gelächter drang bis zu mir herauf. Dann wurden eine Etage tiefer Türen geöffnet und geschlossen. Plötzlich stand Jacques strahlend in meiner Garderobe.
Mit ihm kamen Paul Nivoix, Liausu, Léopold Marchand, Roger Ferdinand, Bernard Zimmer, Marcel Achard, und die freudestrahlenden Gesichter verkündeten mir, daß *Topaze* angekommen war. Sie lachten und redeten alle durcheinander, sie schleppten mich in die Garderobe der Schauspieler.
Der Vorhang war soeben nach dem dritten Akt gefallen; im Gang standen nicht nur zahllose Freunde herum, sondern auch Kritiker, Journalisten, Kollegen. Es wurden Glückwünsche durch Lefaurs geschlossene Tür gerufen – der weigerte sich zu öffnen, weil er sich umziehen und neu schminken mußte. Pauley stand eingekreist in einer Ecke seiner Garderobe und nahm allgemeines Lob entgegen, das manchmal mit so viel Staunen zum Ausdruck gebracht wurde, daß es fast taktlos wurde.
Ein Kritiker sagte ihm ganz schlicht: »Mein lieber Pauley, warum haben Sie uns so lange Ihre große Begabung verheimlicht und uns immer mit Handwurstiaden beglückt?«
»Monsieur«, erwiderte Pauley freudestrahlend, »ich suche mir meine Rollen nicht aus, ich spiele die, die man mir gibt. Und wenn ich überzogen habe, so nur deshalb, weil die Rolle nichts anderes hergab.«
Da sich gerade zwei Autoren des Hauses in der Garderobe aufhielten, hatte diese Bemerkung zwei unterschiedliche, wenn auch simultane Wirkungen. Max Maurey, der gerade hereinkam, war froh, mich zu entdecken; so konnte er die Unterhaltung in andere Bahnen lenken.
»Endlich! Hier ist unser Autor. Alle waren sie perfekt, lieber Freund, alle, Lefaur, Pauley, Jeanne Provost, Larpuey! Ich kann Ihnen sagen: bisher ist das Spiel gewonnen!«
Ich fragte ziemlich schüchtern: »Ist die Szene am Schluß des zweiten Aktes nicht zu lang?«

»Um Gottes willen, lassen Sie ja die Finger davon«, rief Max Maurey. »Sie haben so oft gelacht, daß ein Drittel des Textes untergegangen ist. Wir müssen Lefaur sagen, daß er nicht in die Lacher hineinredet, dann wird er mindestens zehn mehr davon produzieren. Jetzt wird es aber Zeit, meine Herren, wir müssen wieder in den Saal, um den vierten Akt zu sehen, das ist ganz gewiß der beste des Stücks. Es ist mein Lieblingsakt.«
»Ich weiß», sagte ich. »Wegen der Lackschuhe!«
»Ja, Monsieur«, sagte er mit Nachdruck. »Ich verlasse mich ganz entschieden auf ihren Glanz. Diesen Lackschuhen hat Ihr Stück zu verdanken, daß es in einer eleganten, meines Theaters und seines Publikums würdigen Welt enden wird, wo es doch in einem eher schäbigen Milieu begonnen hat. Anstatt daß Sie sich wie ein dummer Junge verstecken gehen, bleiben Sie doch hinter der Bühne, um unsere Schauspieler zu hören. Aber nehmen Sie sich einen Augenblick Zeit, sich zu frisieren und Ihre Krawatte zurechtzurücken, denn Sie müssen nachher raus auf die Bühne, wenn das Publikum Sie ruft.«
Ganz gerührt stand ich hinter den Kulissen. Lefaur wartete auf seinen Auftritt im Frack, bei jedem Schritt blitzte es schwarz von seinen Schuhen; indessen zankten sich Jeanne Provost und Pauley auf der Bühne. Er war sehr ernst und angespannt. Er legte mir den Arm auf die Schulter, sagte aber kein Wort. Die Bühnenarbeiter gingen auf Zehenspitzen und zwinkerten mir siegessicher zu.
Ich hörte die Sätze, die ich geschrieben hatte: Ich erkannte sie nicht. Sie klebten nicht mehr auf dem Papier; nun kamen die Wörter leicht und schwerelos aus Menschenmund und leuchteten im Rampenlicht auf.
Schon als Lefaur die Bühne betrat, lachte das Publikum hell auf, und ebenso heftig war der Abgangsapplaus für Pauley. Er umarmte mich und flüsterte: »Danke, danke...« und versteckte sich schnell in seiner Garderobe... Larpuey tauchte auf und wartete dicht neben mir auf seinen Auftritt. Er hatte die letzte

Szene, eine sehr lange Szene, zu spielen, und er hatte das letzte Wort im Stück.
Ich flüsterte: »Hast du Angst?«
»Natürlich habe ich Angst. Das ist *die* Chance meines Lebens.«
Er hörte aufmerksam hin, um seinen Auftritt nicht zu verpassen. Plötzlich fummelte er an seiner Krawatte, rückte seinen Hut zurecht und flüsterte: »Sag nur toi, toi, toi.«
Ich sagte es leise, geradezu zärtlich. Ein Leuchten ging über sein Gesicht, Saint-Paul stand plötzlich hinter ihm und schob ihn auf die Bühne.
Gleich bei seinem Auftritt lachte alles. Seine Stimme zitterte ein wenig, aber es paßte genau zur Rolle; sein Lampenfieber stand für Schüchternheit... Ein Satz, der während der Proben niemals die geringste Wirkung hatte, entfachte Szenenapplaus...
In diesem Moment erinnerte ich mich, daß Jacques damals im Auto sehr darüber gelacht hatte.
Inzwischen erzielte Lefaur praktisch einen Lacherfolg pro Satz, und er schien so erstaunt, als wandelte er auf Knallfröschen.
Dann wurde mir plötzlich klar, daß man mich auf die Bühne schieben würde, leichenblaß, eingeklemmt zwischen zwei geschminkten Schauspielern; geblendet vom Rampenlicht wie eine Eule in der grellen Sonne, steppte ich wie ein Gleichgewichtsgestörter die Bühnenschräge hinunter, vor mir im Dunkeln eintausend Menschen. Ich tastete mich rückwärts zur Pförtnerloge hinunter, und wie ein Verbrecher flüchtete ich durch die Passage des Panoramas, an dunklen Schaufenstern entlang.

4
Marius
1929

Ich wußte nicht, daß ich Marseille liebte, Marseille, die Stadt der Händler, Makler und Transitspediteure. Der Alte Hafen schien mir schmutzig – und er war es auch; das Malerische der alten Viertel, es hatte mich bisher nicht angerührt, und der Reiz der kleinen, unraterfüllten Gassen war mir immer entgangen. Aber die Entfernung läßt uns oft entdecken, was wir lieben.

Nach vier Jahren Pariser Leben war es an mir, diese Entdekkung zu machen: Von Zeit zu Zeit sah ich in meinen Träumen das fröhliche Volk der Fischer und Fischhändlerinnen, die Zollbeamten auf den Kais, hinter den Gittern, und die vereidigten Wiegemeister, deren Leichen Sherlock Holmes mit Leichtigkeit identifiziert hätte, denn sie haben eine braune Hand, diejenige, die den Bleistift hält, und eine weiße, weil sie immer im Schatten ist unter dem offenen Notizbuch.

Dann fiel mir wieder dieser Geruch der schmalen, tiefen Geschäfte ein, wo man im Halbdunkel Seilrollen, zusammengefaltete Segel auf Regalen und große Kupferlaternen von der Decke herabhängen sieht, ich sah die kleinen schattigen Fischerkneipen an den Kais wieder und die munteren Marseiller Mädchen an den Meeresfrüchte-Ständen. Da begann ich denn mit viel Sympathie die Geschichte von *Marius* zu schreiben, noch während ich an *Topaze* arbeitete. Ich habe anderswo schon erzählt, daß beide Stücke gleichzeitig von einem großen Pariser Theater abgelehnt wurden. Daß *Topaze* zurückgewiesen wurde, hatte mich sehr entmutigt, aber bei *Marius* hatte es

mich keineswegs erstaunt. Das Stück war wirklich zu ortsbezogen: während ich es schrieb, hatte ich übrigens die Stimme der Marseiller Schauspieler vom Alcazar im Ohr.
Das war ein sehr altes Theater, wo ununterbrochen Schau-Stücke einer ganz besonderen Art gespielt wurden. Sie verlängerten eine jahrtausendealte Bühnentradition, die der römischen Hanswurstiaden, Atellanen genannt, die sprachlichen Gewagtheiten bzw. Derbheiten dieses Genres verblüfften die Zuschauer aus dem nördlichen Frankreich... Nichts wirklich Obszönes allerdings: ein gleichsam mediterran-sonniger Tonfall volkstümlicher Heiterkeit sorgte dafür, daß niemand Anstoß nahm. Montaigne war es, der gesagt hat: »Wenn das Französische sich ziert, dann muß das Gascognische her!« Im Alcazar war es das Provenzalische, das, wie das Lateinische, gut geeignet ist, die Wohlanständigkeit ab und zu vor den Kopf zu stoßen.
Man hatte auf dieser Bühne schon große Schauspieler gesehen, meist hatten sie hier angefangen: Maurice Chevalier, Raimu, Vilbert, Georgel. Andere wie z.B. Augé, Delmont, Fortuné Cadet, Alida Rouffe, Dullac waren sogar geblieben.
Der Direktor dieses Ensembles war Franck, der nebenbei auch das Marseiller Théâtre des Variétés leitete.
Als *Topaze* im Pariser Variétés angenommen wurde, benachrichtigte ich Franck und schickte ihm das Manuskript von *Marius*.
Franck stammte ebenso wie Vincent Scotto aus Italien, aber er hatte es für taktisch geschickt gehalten, den Namen Franck anzunehmen, weil der berühmte Intendant des Théâtre des Variétés in Paris, der Louveau hieß, den Namen Samuel angenommen hatte. Von mittlerer Größe, aber ziemlich rundlich, sprach er eine recht pittoreske Sprache, ein Französisch vom Alten Hafen, vermischt mit Provenzalisch und Italienisch. Er lebte nur für das Theater und beherrschte sein Metier; Theatergeschäfte wickelte er mit Begeisterung, Humor und einer

Spur Gerissenheit ab. Er war derjenige gewesen, der dem Marseiller Publikum meine erste dramatische Skizze vorgestellt hatte, ein ziemlich anstößiges Vaudeville, ich dachte, *Marius* würde ihm gefallen, und ich war erstaunt, überhaupt keine Antwort zu bekommen. Dann kam plötzlich ein sehr einsilbiges Telegramm: »Besuche mich. Franck«. Ich wußte nicht, was ich davon halten sollte, und fuhr nach Marseille »hinunter«.

Über diesen Ausdruck aus dem Süden lachen die Nordfranzosen, aber er trifft genau; denn wenn man eine Wandkarte betrachtet, und mit dem Finger von Paris nach Marseille geht, dann geht man eindeutig »hinunter«.

Als ich sein Büro im Alcazar betrat, hob er sofort entsetzt die Arme und empfing mich mit einer ganzen Reihe von Vokativen: »O du schlimmer Junge! O du armes Kind! O du elender Schelm! Du glaubst doch nicht etwa, ich werde dieses Stück im Alcazar uraufführen! Glaube nur nicht, ich würde ein VERBRECHEN begehn! Dieser *Marius* ist ein Meisterwerk. Setz dich. Hör mir gut zu. Diesen *Marius* werde ich spielen, ja – und jede Vorstellung wird eine Gala-Vorstellung sein –, aber erst, wenn die 300. Aufführung in Paris gelaufen ist. Was sage ich, die 300.? Nein, die 500. Jawohl, Monsieur, ganz genau, nach der 500.!«

»Aber mein schöner Franck, es ist doch ein viel zu regionales Stück!«

»Quatsch! Ein regionales Stück! Und was ist dann mit *Beulemans?* Und mit der *Kameliendame?* Sind die etwa nicht regional?«

»Aber ich kenne noch nicht so viele Leute in Paris... Und dann waren da die *Händler des Ruhms*... Die Theaterdirektoren haben so ihre festen Vorstellungen, und ich fürchte sehr, daß die mit Ihnen nicht übereinstimmen... Und im übrigen kann ich mir nicht denken, in welchem Theater...«

Er zuckte die Schultern.

»Hör mir gut zu. Du gehst in die Brasserie Régence – das ist genau gegenüber von der Comédie-Française. Du hast dein Manuskript unterm Arm, mit deiner Telephonnummer auf dem Umschlag. Du setzt dich in eine finstere Ecke und bestellst ein Glas Bier.«

»Warum in eine finstere Ecke?«

»Weil der Kellner nicht merken darf – wenn du dein Bier getrunken hast und weggehst –, weil er nicht merken darf, daß du dein Manuskript auf dem Tisch vergessen hast. Wenn er es merkt, bringt er es dir nach! Du verschwindest also diskret, und am nächsten Morgen, so gegen elf, klingelt dein Telephon und der Intendant der Comédie-Française erklärt dir: ›Meister, ich habe die Ehre, Ihnen mitzuteilen, daß wir um halb zwei mit den Proben anfangen.‹«

»Dann ergreife ich meinen Hut, springe in ein Taxi und...«

»Halt, Unglückseliger, laß diesen Hut weg...! Du antwortest: ›Nein, tut mir leid, weil Sie keine Marseiller im Ensemble haben!‹ und hängst ein. Wohlgemerkt: ich bin nicht ganz sicher, daß es genauso kommt, aber ich meine nur...«

»Was meinen Sie nur?«

»Ich meine, daß ein schönes oder sogar ein gutes Stück ganz von alleine den Weg auf die Bühne findet. Man behauptet, die Theaterdirektoren würden keine Manuskripte lesen. Das stimmt nicht, sie lesen sie alle und lassen sie lesen, weil das ihr Beruf ist und weil es ihr Vermögen bedeuten kann. Hör mir gut zu. Kennst du Raimu?«

»Nein. Ich habe ihn in Operetten und im Variété gesehen, aber ich kenne ihn nicht persönlich.«

»Zur Zeit gehört er dem Ensemble von Volterra an, und Volterra hat das Théâtre de Paris. Bring Raimu dein Stück. Er ist ein großer Schauspieler, und die Rolle des Panisse ist auf ihn zugeschnitten. Er wird sie seinem Prinzipal vorlesen, und ich garantiere dir, die Sache ist gelaufen! Ich werde ihm sofort schreiben, obwohl er sich einmal über mich lustig gemacht hat. Stell dir vor, ich hatte ihn als Souffleur engagiert, und er machte seine Sache sehr gut. Eines Abends kommt mein Zweiter Komiker stockbesoffen ins Theater, und die Zweitbesetzung lag im Krankenhaus. Ich komme gegen halb zehn ins Theater, gehe wie üblich durch das Foyer herein, und was sehe ich? Jules, der die Rolle spielt und bei jedem Satz Lacheffekte hat. Ich kündige den Säufer auf der Stelle und mache mit Jules Vertrag. Fünf Francs am Tag! Bedenke, daß ein Abgeordneter damals zehn bekam. Drei Monate lang läuft die Sache sehr gut und er hat immer mehr Erfolg. Natürlich fordert er eine Gagenerhöhung. Natürlich sage ich ihm: ›Ich muß erst überlegen, rechnen... Ich habe hohe Unkosten.‹

Er sagt: ›Wirklich so hoch?‹ Ich antworte: ›Enorm hoch. Am Montag verliere ich immer Geld. Du mußt also verstehen, daß wir über diese Erhöhung erst etwas später wieder sprechen werden.‹ Er sagt: ›Gut, gut‹ und geht auf die Bühne.

Aber am andern Tag läßt er mir einen Brief bringen: ›Mein lieber Direktor, die Vorstellung, daß Sie Geld verlieren, hat mir das Herz gebrochen. Das kann so nicht weitergehen, vor allem nicht am Montag. Um diese hohen Unkosten etwas zu verringern, habe ich also einen Vertrag mit dem Palais de Cristal abgeschlossen, das offensichtlich niedrige Unkosten hat, denn dort bekomme ich zehn Francs pro Tag, und da gerade Montag ist, habe ich gebeten, gleich anfangen zu dürfen. Es tut mir leid, das Alcazar zu verlassen, aber ich bin Ihnen nicht böse, ganz ehrlich, im Gegenteil. Ciao! Ihr sehr verbundener Raimu.‹

Zuerst habe ich geglaubt, das sei ein Witz. Aber am Abend ist er nicht gekommen, und ein Bühnenarbeiter ist für ihn eingesprungen. Die Leute haben ihm Münzen auf die Bühne geworfen, während Jules im Palais de Cristal bejubelt wurde. Da packt mich die große Wut. Ich mache einen Prozeß gegen ihn, mit Gerichtsvollzieher, Rechtsanwalt und all dem Brimborium und verlange Schadenersatz.

Der vorsitzende Richter fragt ihn: ›Sie haben doch diesen Vertrag unterzeichnet, nicht wahr?‹
›Jawohl, Herr Vorsitzender.‹
›Und Sie geben zu, daß Sie das Alcazar Knall auf Fall verlassen haben, um im Palais de Cristal zu spielen?‹
›Jawohl, Herr Vorsitzender.‹
›Ist Ihnen bewußt, daß das ein schwerwiegendes Vergehen ist?‹
›Ja, aber es ist nicht meine Schuld.‹
Da bin ich aufgestanden und hab geschrien: ›Was, nicht seine Schuld? Ein grüner Junge, der Souffleur war, den ich auf die Bühne gebracht habe, den ich wie einen amerikanischen Star mit zehn Zentimeter hohen Buchstaben auf das Plakat gesetzt habe? und...‹ Ich war dabei ihm die Meinung zu blasen, aber der Richter hieß mich schweigen und verkündete, ich würde rausgeschmissen, wenn ich so weitermachen würde.
Danach fragte er ihn: ›Wie können Sie behaupten, es sei nicht Ihre Schuld?!‹
Da schlägt dieser scheinheilige Mensch die Augen nieder und antwortet: ›Mama ist schuld. Sie will nicht mehr, daß ich bei Monsieur Franck spiele. Ich nicht, Mama war's. Sie will nicht.‹
Da wendet er sich einer großen, wohlanständigen Frau zu, du weißt schon, goldene Halskette und biedere Handtasche am Arm. Was soll ich dir sagen, mein Freund, ich habe verloren! Er war minderjährig. Seine Unterschrift war ungültig. Und der Vorsitzende hat mir zehn Minuten lang die Leviten gelesen: Ein Theaterdirektor habe sich zu erkundigen, bevor er seinen Vertrag abschließt, einen Minderjährigen zu engagieren ohne die Unterschrift der Eltern, das könne schwerwiegende Konsequenzen haben, kurz und gut, ich wurde fast zu Zwangsarbeit verknackt. Aber das ändert alles nichts daran, daß er begabt ist. Bring ihm dein Manuskript und halte mich auf dem laufenden.«

Raimu war damals knapp über vierzig. Er war sehr bekannt in Paris und er hatte großen Erfolg gehabt in Revuen, in Marseille, später in Toulouse, in kleinen Einaktern und auf Tournee, wo er das Publikum mit zweideutigen Chansons erfreute. Mayol, der wie er aus Toulon stammte, hatte er es zu verdanke, daß er nach Paris »hinauf« kam und dort im Variété auftrat, das der berühmte Sänger der leichtesten Muse gegründet hatte, dort verzapfte er singend Albernheiten etwa vom Kaliber:

Erst wenn die Geigen mattsüß beben
Kommt in meine Plattfüß' Leben.

Er sagte mir oft, wenn er nostalgisch gestimmt war, daß dieser Schlager sein großer Erfolg war.
Indessen waren die Kritik und die Autoren auf ihn aufmerksam geworden, und eines Tages bot man ihm eine Komödienrolle an in der *Ecole des Cocottes** von Armont und Gerbidon.

Dabei ist dieses vergessene Stück eine brillante Vaudeville-Komödie, die durchaus bühnenwirksam sein kann. Der Titel klingt verstaubt, aber ich glaube, daß wir sie eines Tages auf der Bühne wiedersehen werden.
Raimu spielte die Rolle des Labaume. Es handelt sich um einen verliebten Alten, der seine heißgeliebte Mätresse einem viel reicheren Freund abtritt, einzig und allein im Interesse des schönen Kindes. Die Rolle ist sehr klein, aber sehr menschlich.
Raimu spielte sie mit so viel Ehrlichkeit, Zurückhaltung und Gefühl, daß der illustre Lucien Guitry, der damals der Papst der Komödienschauspieler war, in seine Garderobe kam und ihm vor Zeugen sagte: »Die Kritik hat mich manchmal den Ersten Französischen Schauspieler genannt. Ich bin nicht ganz

* *Die Schule der Kokotten*

sicher, ob ich diese Auszeichnung verdiene. Aber ich kann Ihnen auf jeden Fall sagen, daß, wenn ich der Erste bin, Sie ganz bestimmt der Zweite sind.«
Raimu freute sich außerordentlich, aber er schenkte diesem Kompliment mehr Dankbarkeit als Glauben.
Im übrigen steckte er immer in mehreren Verträgen gleichzeitig, weil er an einer krankhaften Angst litt, ohne Engagement dazustehen, deshalb setzte er auch seine Karriere in den Revuen und Operetten fort.
Léon Volterra, der einst vor den Theatern Programmhefte schwarz verkauft hatte, war zu einem großen Theaterprinzipal geworden: er bot ihm einen Vierjahresvertrag an und setzte ihn im Casino de Paris und anschließend im Théâtre Marigny ein.

Dort im Marigny, hinter der Bühne, empfing er mich. Er trug Frauenkleider, denn er spielte eine reiche Bürgersfrau in einem Sketch von jenem hinreißenden Saint-Granier, der jahrelang das Pariser Publikum bei Laune hielt. Die Szene trug den Titel *Freundinnen aus dem Internat.* Die andere Dame wurde von Pauley gespielt, der hundertvierzig Kilo wog. »Sie« saß auf einer Bank im Bois de Boulogne. Raimu trat auf mit einem winzigen Hund unterm Arm, und der Dialog lautete folgendermaßen:
»Mein Gott, meine Liebe, bist du's?«
»Adelaide, was tust du denn hier? Welch ein Glück, dich wiederzusehn!«
»Ach ja, es ist recht lange her, seit wir zusammen in der Klosterschule waren...«
Die beiden Damen umarmten sich und begannen, Erinnerungen auszutauschen... Dann wurde die Unterhaltung intimer, und Raimu stubste mit dem Finger an den riesigen Busen von Pauley und fragte mit kesser Miene:
»Und was ist aus den beiden Süßen geworden?«

Pauley seufzte tief und antwortete traurig:
»Die beiden süßen Milchbrüder sind zwei verdammt schwere Jungs geworden...«
Diese Replik, die Stürme der Begeisterung entfesselte, war Ninon de Lenclos geklaut, aber Variété-Autoren waren seit eh und je zu bescheiden, um ihre umfassende Bildung zur Schau zu tragen!
Daraufhin rief Raimu mit listigem Stolz:
»Also meine Liebe, meine sind so spitz geblieben, daß ich sie jeden Morgen mit Schmirgelpapier abschrubbe, sonst durchlöchern sie mir den Büstenhalter!«
Das Publikum tobte, er ging ab und war vollkommen glücklich über diesen Erfolg.
»Ich muß mich umziehn«, sagte er. »Kommen Sie mit in die Garderobe.«

Während er seine Röcke fallen ließ, um sich alsdann zum Marineoffizier zu verwandeln, erzählte er mir von Francks Begeisterung, der ihm geschrieben hatte. Dann sagte er: »Was mich bei dieser Geschichte beunruhigt, ist die Tatsache, daß vor fünf oder sechs Jahren eine Truppe aus Marseille nach Paris heraufgekommen ist, sie haben ein Stück im Marseiller Genre gespielt. Die Kritik hat sie vollkommen fertig gemacht, und das Publikum hat sie ausgebuht. Das Stück war schlecht, und die Schauspieler waren nicht gut. Das ist trotzdem für uns ein negativer Präzedenzfall. Aber Volterra hat es vielleicht vergessen. Probieren wir's halt. Wenn Ihr Stück gut ist, gibt es durchaus eine Chance.«

Er rief mich am folgenden Tag an, um mir zu sagen, daß ihm *Marius* sehr gefiel und daß er das Manuskript der »Chefin« gegeben habe. Es handelte sich um Simonne Volterra. Einen Tag später wurde ich per Rohrpostbrief ins Théâtre Marigny gerufen, wo Proben zu einer Revue liefen.

In der sehr schönen Galerie, die das Parkett umgibt, wartete ich im Halbdunkel auf das Ende der Probe. Ich hörte wilde Jazzmusik und das rhythmische Getrappel der Girls. Eine Frauenstimme rief ununterbrochen im Takt der Musik:
»Smile, girls! Smile, girls!«
Eine Gestalt kam durch die düstere Galerie auf mich zu. Es war ein mittelgroßer Mann, der einen schwarzen Filzhut trug. Er ging lautlos.
Vor mir blieb er stehen und sagte leise: »Guten Tag. Ich bin Valentin, der Bühnenmeister von beiden Theatern. Ich komme aus Marseille.«
Diese Erklärung war überflüssig, sein Akzent unüberhörbar. Ich stand auf, um ihn zu begrüßen.
»Die Chefin kommt gleich, ich glaube, sie bringt Ihnen eine gute Nachricht, aber bitte, ich habe Ihnen nichts gesagt und ich habe Sie nicht gesehn. Sie ist ein bißchen schroff, aber sonst ist sie ganz nett, und sie hat wirklich was drauf. Stellen Sie sich vor, daß ...«
Die Musik hatte soeben aufgehört. Er horchte auf und sagte: »Vorsicht, sie kommt.«
Er verschwand wie ein Schatten, und ich sah eine große, junge Frau sicheren Schrittes auf mich zukommen. Mit einer beiläufigen Geste schaltete sie die Saalbeleuchtung ein.
Ihre Gesichtszüge waren vollkommen ebenmäßig, ihre grünen Augen leuchteten.
»Sind Sie's?«
»Ja, Madame, ich bin's.«
»Nun, gestern abend habe ich Ihr Stück meinem Mann vorgelesen. Es gefällt uns sehr. Er hat vor, es als nächstes aufzuführen, d. h. in drei oder vier Monaten.«
Diese wundersamen Worte hatte sie im natürlichsten Ton der Welt ausgesprochen. Sie fügte hinzu: »Léon ist im Théâtre de Paris... besuchen Sie ihn dort. Ich habe vierzig Leute auf der Bühne. Bis später.«

Sie schüttelte mir die Hand wie ein Mann und entfernte sich mit großen Schritten.
»Ich glaube, es ist ein gutes Stück«, sagte Volterra. »Ein bißchen ausgefallen, aber den Versuch kann man ja wagen. Und du hast Glück, denn ich habe gerade zwei große Stars an der Hand: Francen und Gaby Morlay.«
Das waren in der Tat zwei berühmte Schauspieler, die den Erfolg gar manchen Stücks entschieden hatten und um die sich erstklassige Theaterautoren rissen.
»Mein lieber Herr Direktor«, sagte ich, »wenn wir Pierre Blanchar dazunehmen, wäre das eine bombastische Besetzung und der Erfolg gesichert – wenn das Stück nicht so ortsgebunden wäre. Aber es verlangt einen authentischen Marseiller Akzent, es ist in einem ganz bestimmten Provence-Französisch geschrieben, und der Text hat seine besondere Intonation, da schwingt eine Art von Musik mit, die den Dialogen erst ihre wahre Bedeutung gibt. *Beulemans* kann man nicht spielen ohne eine belgische Truppe, *Marius* kann man ohne Schauspieler aus Marseille nicht spielen.«
Léon Volterra stand auf und machte mehrmals die Runde in seinem Büro, die Hände in den Taschen. Dann baute er sich vor mir auf:
»Du willst also Raimu?«
»Selbstverständlich. Ich rechne sogar damit, daß er die Inszenierung besorgt.«
»Kennst du seinen Charakter?«
»Er war sehr nett zu mir.«
»Ich warne dich, er ist unerträglich. Er wird dir die größten Schwierigkeiten machen.«
»Das ist nicht so sicher.«
»Das ist sicher. Und außerdem brauche ich ihn im Casino und im Théâtre Marigny. Ich bin der Meinung, du solltest ihn lassen, wo er ist. Ich halte ihn nicht für fähig, eine große Rolle in einer Komödie zu spielen. Ja, ich weiß: du denkst an La-

baume. Aber Labaume, das war ein Sketch von vierzig Zeilen. Überleg es dir gut.«
»Das ist schon gut überlegt. Ich bin mir seiner sicher.«
»Gut, du hast es so gewollt. Du sollst ihn haben. Aber wenn du später kommst und dich beklagst, lache ich dir ins Gesicht. Also geh hin und sprich alles mit ihm durch. Theoretisch proben wir im Februar oder Ende Januar, um dann im März zu spielen. Denk dir schon mal deine Besetzung aus. Such dir deine Schauspieler und bestelle sie so bald wie möglich hierher. Mit Raimu, Blanchar und Demazis bin ich einverstanden. Aber die Kosten sollen 5000 Francs pro Vorstellung nicht übersteigen. Und jetzt entschuldigst du mich. Ich muß in den Luna-Park, um eine Rangordnungsgeschichte zwischen dem Riesen und der Dame ohne Unterleib zu regeln. Bis morgen um 5 Uhr, hier im Büro, mit Raimu.«

Ich verbrachte einen ungeheuer spannenden Abend in der Garderobe des großen Jules. Er spielte in einer Operette. Der wichtigste psychologische Zug seiner Figur bestand aus einem Paar Schuhe, die länger als fünfzig Zentimeter waren. Während der Pausen und zwischen seinen Auftritten machten wir einen Besetzungsplan.
»Für Marius nehmen wir Blanchar. Das haut hin. Aber ist er auch frei?«
»Ich glaube. Ich werde ihn anrufen.«
»Und für Fanny die Demazis.«
»Sie ist frei. Das geht klar.«
»Für die andern nehmen wir Leute aus dem Alcazar in Marseille, für Honorine Alida Rouffe.«
»Wo ist sie?«
»Vermutlich bei Franck. Oder aber auf Tournee, irgendwo zwischen Vallauris und Cogolin. Schau zu, daß du sie erreichst. Franck muß wissen, wo sie ist. Für Escartefigue nehmen wir Dullac. Ich kümmere mich darum. Er singt für das

Vorstadtpublikum die Knallchargen in Uniform. Für den Mann auf dem ›Färriboot‹ den kleinen Maupi. Er spielt gerade im Concert Mayol in einer Revue. Die einzige Person im Ensemble, die nicht ihren Hintern auf der Bühne zeigt. Nicht aus Schamhaftigkeit, sondern weil er nicht hübsch genug ist. Trotzdem ist Maupi ein sehr guter Schauspieler. Dann brauchen wir noch zwei Dicke für César und Panisse. Ich spiele einen davon, den andern müssen wir noch finden. Mal sehn. Im Augenblick kümmere dich erst mal um Blanchar.«

Ich erlebte eine große Enttäuschung.
Mit absoluter Offenheit sagte mir Blanchar: »Du hast mir seit sechs Monaten nichts mehr von *Marius* erzählt. Bernstein hat mir einen Vierjahresvertrag angeboten, zusammen mit Charles Boyer. Ich habe Verantwortung meiner Familie gegenüber. Charles hat unterschrieben. Ich auch. Ich wußte nicht, daß Volterra *Marius* aufführen würde. Aber ich habe sowieso nie die Hoffnung gehabt, man könnte dein Stück vier Jahre lang spielen. Das hat es noch nie gegeben, außerdem ist Charles wie ein Bruder für mich, wir haben oft zusammen gespielt. Da ich keine Nachricht von dir hatte, habe ich eben unterzeichnet.«

»Schade, aber wir schaffen es auch so«, sagte Jules. »Ein großer Verlust, aber wir werden schon jemand finden. Im Augenblick solltest du erst mal ins Théâtre de l'Odéon gehen, um einen gewissen Charpin aufzusuchen, er spielt ein Stück von Roger Ferdinand mit dem Titel *Chotard et Compagnie.* Er ist ein Dicker, der César oder Panisse spielen könnte. Ich habe gehört, er sei sehr gut. Ich spiele jeden Abend, ich kann nicht hingehn; geh du.«
Also ging ich eines Abends mir *Chotard* ansehn.
Das Stück war ganz reizend, es hatte großen Erfolg. Charpin, der mit seinem provenzalischen Akzent einen Lebensmittelhändler spielte, war großartig, und ich dachte, er würde einen

fabelhaften César hergeben. Er strahlte Autorität aus, hatte eine schöne Stimme und verfiel keine Sekunde ins Chargieren. Schon in der ersten Pause suchte ich ihn auf, um ihn zu beglückwünschen und ihm von *Marius* zu erzählen.

Als ich in den langen Gang kam, der zu den Garderoben führt, wurde ich Zeuge eines seltsamen Schauspiels. Paul Abram, der sonst so friedfertige Theaterdirektor, hielt einen großen jungen Mann an der Gurgel gepackt und preßte ihn an die Wand. Mit der rechten Direktorenhand versetzte er ihm eine Serie von Kinnhaken. Ich war erstaunt, daß er seine Anbefohlenen mit solcher Roheit behandelte.

Das völlig eingeschüchterte Opfer antwortete nur mit unartikulierten Schreien.

Eilends näherte ich mich diesem äußerst merkwürdigen Zweikampf, als eine ganze Reihe von Schauspielern aus ihren Garderoben auftauchten und eine Gruppe von Bühnenarbeitern im Laufschritt von der anderen Seite des Ganges herkam. Ich glaubte zuerst an eine Zuchthausrevolte, wie wir sie aus amerikanischen Filmen kennen. Als ich am Ort des grausamen Geschehens ankam, stellte ich fest, daß die Schlägerei zu Ende war. Der junge Mann klappte wortlos seinen Mund auf und zu, wie ein Karpfen auf dem Trocknen, und Paul Abram neigte sich zu ihm hin und fragte liebevoll: »Geht's besser?«

»Ja«, antwortete das Opfer, »ich glaube, es ist wieder o.k. Es tut weh, aber sie ist wieder eingerenkt.«

Es war der Jugendliche Held des Ensembles, der sich bonbonknackend die Kinnlade ausgerenkt hatte, und der väterliche Direktor hatte ihn soeben vor unseren Augen behandelt.

Paul Abram ist ein Provenzale aus alter Familie, der lange Zeit Gémiers Mitarbeiter gewesen war und sein Nachfolger im Odéon wurde, wo man sich heute noch lebhaft an ihn erinnert.

Er führte mich in Charpins Garderobe und stellte mich mit folgenden Worten vor: »Hier ist der Autor von *Topaze* und

von *Die Händler des Ruhms*, der Sie sehr bewundert und der Ihnen etwas zu sagen hat.«
Er fügte an meine Adresse hinzu: »Nach der Vorstellung erwarte ich dich in meinem Büro.«

Charpin war beim Nachschminken und hörte meinen Komplimenten mit einem etwas verlegenen Lächeln zu.
»Lieber Herr Pagnol, ich muß Ihnen sagen, daß ich die Rolle des Chotard angenommen habe, um der Theaterleitung einen Dienst zu erweisen. Die Rolle paßt nicht in mein Fach, wie Sie wahrscheinlich wissen... Ich spiele vor allem tragische Rollen. Aber es macht mir Spaß zu beweisen, daß ich genauso wie ein anderer fähig bin, das Publikum zum Lachen zu bringen.«
Er betrachtete sein Spiegelbild und tätschelte seine rechte Schläfe mit der Spitze des abgebogenen Zeigefingers. Während dieses Vorgangs rief er mehrmals »Mââ Pip! Mââ Pip!«, und dies in zwei verschiedenen Tonlagen, die erste sehr tief, die zweite sehr hoch.
Mir wurde klar, daß er mir damit sämtliche Oktaven seiner Tragödenstimme vorführen wollte, und ich machte ihm ein Kompliment.
Er lächelte befriedigt. »Haben Sie mich als Théramène gesehen?«
Ich mußte ihm gestehen, daß ich diese Freude noch nicht gehabt hatte: er schien erstaunt und schockiert.
»In dem Fall möchte ich Sie bitten, mich nicht aufgrund dieses Chotard zu beurteilen, diese Rolle erlaubt es mir nicht, alle meine Mittel einzusetzen.«
»Das weiß ich«, sagte ich, »aber ich bin gekommen, um Ihnen ausgerechnet eine Komödienrolle anzubieten.«
»Haben Sie ein Stück hier im Hause angebracht?«
»Nein, im Théâtre de Paris.«
Er verzog das Gesicht.

»Das heißt also, im Boulevard. Ich glaube nicht, daß es möglich sein wird. Ich muß sagen, da Sie es nicht wissen – das soll kein Vorwurf sein –, daß ich eine der Stützen des Odéon bin, und selbstverständlich habe ich einen langfristigen Vertrag... Da müßte man eine Abstandssumme bezahlen, was natürlich ziemlich teuer wäre..«

»Wenn aber Paul Abram Ihnen eine Beurlaubung gewähren würde?«

»Oh, damit rechnen Sie mal lieber nicht... Ich weiß zwar, daß niemand unersetzlich ist, aber zur Zeit gibt es im Ensemble keine Schauspieler, die in der Lage wären, meine Rollen zu übernehmen. Haben Sie schon mit ihm gesprochen?«

»Nein, noch nicht. Ich wollte erst Ihre Meinung hören und ich habe Ihnen das Manuskript mitgebracht.«

Plötzlich schrillte die Klingel. Er stand auf.

»Ich werde es mit Vergnügen lesen.«

Er nahm das Heft und legte es in die Schublade seines Schminktischs.

»Entschuldigen Sie mich. Ich muß auf die Bühne. Ich rufe Sie morgen an.«

Paul Abram erwartete mich in seinem Büro.

»Er ist ein erstklassiger Schauspieler«, sagte er, »und ein sympathischer Junge. Er hat Durchsetzungsvermögen, eine schöne Stimme, eine perfekte Aussprache, er ist sensibel und geistreich. Er ist sehr gut in den Tragödien, aber er hat nicht die Statur für große Hauptrollen. Er ist nicht groß genug und ein wenig rundlich... Wenn du ihm eine gute Rolle gibst, könnte er eine große Karriere am Theater und beim Film machen; mich würde das sehr freuen.«

»Aber was ist mit der Abstandssumme?«

»4000 Francs. Ich gebe ihm zuerst Urlaub. Wenn dein Stück gut läuft, wird Volterra diese Summe zahlen, ohne mit der Wimper zu zucken.«

»Ich hatte nur das Gefühl, daß dieser Tragöde das Boulevardtheater verachtet.«
»Wenn er im Boulevard Beifall bekommt, wird er mein geliebtes Odéon verachten. Wenn er nicht den Erfolg hat, den ich ihm wünsche, dann nehme ich ihn zurück.«

Am anderen Tag bekam ich ein Telegramm von Charpin mit der Nachricht, daß er die Rolle des Panisse übernehme, »die für mich geschrieben zu sein scheint«, und daß er mit größter Mühe einen Urlaub erkämpft habe: eine dem verzweifelten Paul Abram abgerungene Gnade.
Das paßte nicht genau in mein Konzept, ich hatte keineswegs vor, ihm die Rolle zu geben, die Raimu zustand.
Ich ging mit Jules essen in ein Restaurant in der Nähe des Theaters, »Chez Titin«, Rue La Bruyère. Der Wirt kam aus Marseille: ein ehemaliger Boxer, dem die Sportreporter aus Südfrankreich den Beinamen »Orkan der Côte d'Azur« verliehen hatten. Mit der Zeit war der Orkan abgeflaut, wie alle Orkane, und nun machte er phantastische Fischsuppen und gegrillten Seewolf mit Fenchel.
Er duzte uns nach Marseiller Art und verhandelte über unsere Speisenfolge.
»Nein, Blutwurst gebe ich dir nicht. Abends ist das zu schwer. Wenn du dich krankfressen willst, dann bring dich lieber in einem anderen Restaurant um. Für Jules habe ich kleine Knurrhähne, und dir mache ich eine gebratene Wachtel.«
Da gab es keine Widerrede.

»Heute nachmittag habe ich mir *Chotard* angesehen«, sagte Jules. »Dieser Charpin ist sehr gut. Er wird großartig sein in der Rolle des Panisse.«
»Hast du mit ihm gesprochen?«
»Nein, ich hatte keine Zeit.«
»Woher weißt du dann, daß er Panisse spielen will?«

»Das scheint mir doch ganz normal, nachdem ich César spiele.«
»Aber hör mal, hast du das Stück auch richtig gelesen? César kommt nur beiläufig vor, man könnte ihn herausstreichen, ohne die Handlung zu ändern. Während Panisse eine Hauptfigur ist. 800 Zeilen hat Panisse, César hat noch nicht einmal die Hälfte.«
»Das ist mir egal. Ich mag den César lieber.«
»Aber warum denn?«
»Darum!«
»Aber hör mal, Jules, Panisse, das ist ein weiterentwickelter Labaume, aus der *Schule der Kokotten*... Du hast mit Labaume Triumphe gefeiert. Erinnere dich doch an das, was dir Lucien Guitry gesagt hat.«
Ich insistierte lang und breit. Mehrmals blickte er zum Himmel, zuckte zehnmal mit den Schultern, und schließlich gab er mit lauter Stimme zu: »Ich will der Besitzer der Kneipe sein! Ich will, daß das Stück bei mir spielt, bei mir, verstehst du! Dein Charpin ist weniger bekannt als ich. Nicht Monsieur Raimu muß sich die Mühe machen, zu Monsieur Charpin zu gehen, um ihn zu besuchen, sondern umgekehrt... Wenn du nicht die Feinfühligkeit besitzt, dies zu verstehen, dann brauchen wir uns nicht weiter zu unterhalten.«
Er trank ein großes Glas Wein leer.
»César, das ist meine Rolle, mein Fach. Du hast ihn nicht genügend herausgestellt. Du brauchst mir nur zwei oder drei Szenen dazuzuschreiben, und du wirst sehen, was ich daraus mache!«
So war Raimu. Seine spontanen Einfälle waren genial, aber er untermauerte sie mit absurden Begründungen. Aus Gefälligkeit habe ich die Rolle des César erweitert, durch sein Genie hat er sie zur absoluten Hauptrolle gemacht.

Alida Rouffe spürte ich in Nîmes auf, hinter den Kulissen der Oper. Sie sang die Partie der Frau Marthe im *Faust*. Sie war die

Tochter eines einst berühmten Mimen, ein echtes Komödiantenkind, und sie besaß eine breit gefächerte Begabung: Varietétheater, Revue, Komödie, Melodram, Oper: überall war sie zuhause.
Im Laufschritt kam sie aus ihrer Garderobe. Sie umarmte mich im Vorbeirauschen. »Ich komme gleich wieder«, und ich hörte sie das Quartett mit Faust, Gretchen und Mephisto singen.
Sie kam zurück und sagte ohne Punkt und Komma: »Ich habe mich erkältet, meine Stimme klingt so anmutig wie eine Schiffssirene, ich frage mich, warum sie mich nicht ausbuhen, was machst du denn hier, komm nach der Vorstellung in meine Garderobe, du mußt mich zur Zwiebelsuppe einladen.«
Sie hieß mich in einem Sessel Platz nehmen, und unsere Unterhaltung wurde des öfteren durch ihre Auftritte unterbrochen.
Ich erzählte ihr von *Marius* und von der Rolle, die ich für sie geschrieben hatte.
Sie sagte: »Ich hab's mir schon gedacht, weil Franck mir von deinem Stück erzählt hat; er sagt, es sei ein prachtvolles Stück. Sie werden es also in Paris aufführen?«
»Ja, im Théâtre de Paris.«
»Das ist schade für mich, denn wenn du's in Marseille gemacht hättest, hätte ich gespielt. In Paris ist das nicht möglich.«
»Warum?«
»Weil ich den Leuten nicht gefallen würde. Nein, ich würde ihnen ganz bestimmt nicht gefallen. Erstens reden sie nicht wie wir, und zweitens versteh ich nicht so richtig, was sie sagen. Das beruht ganz eindeutig auf Gegenseitigkeit.«
Ich erklärte ihr mit viel Geduld, daß wir nach dem Erfolg von *Topaze*, der gerade die 100. Aufführung hinter sich hatte, bestimmt von der Kritik nicht allzu grausam niedergemacht würden, daß die Pariser nicht so böse seien, wie sie glaubte, daß Raimu und die Demazis unsere Starbesetzung seien und

daß sie sich bestimmt freuen würde, im Ensemble Delmont, Dullac und Maupi wiederzutreffen.
Da sie intensiv nachdachte, fügte ich ganz beiläufig hinzu: »Und Volterra zahlt dir zweihundert Francs pro Tag.«
Sie schaute mich einen Augenblick aus ihren großen schwarzen Augen an. »Wer hat dir das gesagt?«
»Volterra natürlich.«
»Der kennt mich doch gar nicht.«
»Wir haben ihm von dir erzählt.«
»Wer, wir?«
»Raimu, Dullac und ich.«
Sie überlegte weiter. »Ich bin überzeugt, du erfindest so was, damit ich komme. Und dann, wenn ich wie ein verlorenes Huhn in Paris sitze, wird Volterra mir sagen: ›Ich biete dir fünfzig Francs.‹ Dieses Spielchen hat man vor zwanzig Jahren in Toulouse mit mir gespielt. Damals war Otutdasweh der Gauner.«
»Wer ist das denn, Otutdasweh?«
»Das war der Intendant des Théâtre des Variétés. Er behauptete, er hätte Rheuma in den Rippen. Davon sah man nichts, und er trank jeden Abend seine drei Pernods. Aber wenn man kam und Geld von ihm haben wollte, dann wurde er ganz blaß, legte beide Hände auf sein Herz und rief: »Oh, tut das weh!! Oh, tut das weh!!«, und brach hinter seinem Schreibtisch zusammen.
»Ich versichere dir, daß Volterra noch nie so etwas getan hat. Er hat mich beauftragt, dir zweihundert Francs anzubieten, und er wird sie dir auch geben.«
»Was hast du denn wohl diesem Mann erzählt? Hast du ihm gesagt, ich sei genial?«
»Genau. Ich habe gesagt, daß du für diese Rolle genial bist.«
»Natürlich. Und wenn er merkt, daß es nicht stimmt, setzt er mich nach der zweiten Probe vor die Tür. Sie haben das Recht, fünf Proben abzuwarten, bevor sie dir endgültig ja oder

nein sagen. Der sieht doch sofort, daß ich zweihundert Francs nicht wert bin, und der Inspizient zahlt mir dann die Rückfahrkarte, was? In Marseille wird sich das herumsprechen. Und Franck, der mir hundert Francs gibt – jawohl, Monsieur, hundert Francs –, sagt mir dann: ›Nach dieser Pleite bist du nur noch achtzig oder besser sechzig wert!...‹ Nein, nein, ich komme nicht. Hier habe ich eine kleine nette Position, die werd ich doch nicht aufs Spiel setzen, um dir 'ne Freude zu machen.«

Der Inspizient rief sie wieder zum Auftritt. Ich ging mit ihr hinunter und hörte ihr zu, hinter der Bühne.

Sie war kein bißchen heiser und bekam großen Applaus. Nach dem letzten Vorhang nahm sie mich mit in ein kleines Restaurant, wo der Chef sie freundschaftlich duzte. Während sie ihre Zwiebelsuppe aß, war sie nachdenklich. Schließlich meinte sie: »Diese zweihundert Francs pro Vorstellung, garantierst du sie mir persönlich?«

»Persönlich.«

»Dann könnte es sein, daß ich komme. Aber ich warne dich: Ich bin keine zwanzig mehr, ich reise nicht mehr dritter Klasse. Ich habe mich an die zweite Klasse gewöhnt. Ich weiß zwar, daß das für eine solche Reise ein Vermögen kostet, aber das kannst du deinem Volterra sagen: ich bestehe auf der zweiten Klasse!«

»Meine schöne Alida, du wirst mit dem Nachtzug fahren, erster Klasse, ganz allein in einem Schlafabteil.«

Sie betrachtete mich einen Augenblick und sagte dann traurig: »Das kann ich dir leider nicht mehr abnehmen.«

»Alida, ich schwöre dir...«

»Schwöre nicht, du pietätloser Mensch, das bringt Unglück. Bestelle lieber ein bißchen Champagner und erzähle mir noch ein paar Lügen. Ich glaube kein Wort, aber es interessiert mich.«

Die Pariser Kritik feierte sie sehr, und die Tageszeitungen druckten lange Hymnen, gezeichnet von André Antoine, Lucien Dubech, Henry Bidou, Fortunat Strowski, Pierre Wolff, Pawlowski... Am dritten Abend ging ich in ihre Garderobe; während sie sich schminkte, legte ich ihr die langen Zeitungsausschnitte aus dem *Journal*, dem *Matin*, der *Action Française*, der *Humanité*, dem *Paris-Midi*, dem *Intransigeant* hin.

Ich versuchte ihr das Ausmaß ihres Erfolges und den Rang dieser großen Tageszeitungen klarzumachen.

»Ich weiß, ich weiß«, sagte sie. »Im Hotel hat man mir schon eine ganze Menge gezeigt. Die sind ganz lieb. Aber schau mal, was ich gerade bekommen habe, schau nur!«

Sie zeigte mir einen Ausschnitt, kleiner als eine Visitenkarte, den sie mit einer Reißzwecke an der Wand befestigt hatte. Über dieses winzige Rechteck hatte sie im Halbrund mit Fettstift »Le Petit Marseillais« geschrieben, und der *Petit Marseillais* sagte folgendes:

»Wir erfahren soeben, daß unsere Mitbürgerin Alida Rouffe einen hübschen persönlichen Erfolg auf einer Pariser Bühne erzielt hat. Wir gratulieren ihr.«

Weihnachten hatten wir unsere Besetzung zusammen, aber Marius fehlte immer noch.

Léon Volterra lehnte ab, wen immer wir ihm vorschlugen: er wollte einen Star, weil es sich um die Titelrolle handelte. Der immer mißtrauische Raimu interpretierte diese Verweigerungen als eine Taktik, um die Premiere zu verzögern, und er sagte: »Vermutlich hat er sein Theater bis zum Jahresende an Verneuil vermietet, er will es uns nicht sagen und führt uns an der Nase herum.«

Valentin, der unser treuer Mitarbeiter geworden war, antwortete: »Sie irren sich, Jules! Ich versichere Ihnen, daß Sie sich irren!«

»Ganz gewiß nicht!« erwiderte Jules. »Ich kenne ihn, oh, ich kenne ihn, den dicken Léon. Er sieht aus wie ein Säugling, aber er ist hinterlistig! Dein Stück will er einfach nicht spielen, und er wird es nicht spielen!«
»Aber warum hätte er es dann angenommen?«
»Du dummes Kind, damit es nicht woanders gespielt wird! Er HASST alle anderen Theaterdirektoren. Er weiß, daß es ein außerordentliches Stück ist, und er gönnt es ihnen nicht!«
»Aber hör mal, Jules, überleg doch mal. Wenn er es so außerordentlich findet, warum sollte er es nicht aufführen?«
»Ich hab es dir doch gesagt! Weil er sein Theater an Verneuil vermietet hat.«
»Vorhin hast du gesagt ›vermutlich‹. Und jetzt bist du ganz sicher?«
»Jawohl, weil du mich gezwungen hast, darüber nachzudenken. Er wird es NICHT spielen lassen im Théâtre Marigny, im Wald der Champs Elysées. Überhaupt, das ist gar kein Theater. Es ist ein altes Jagdschlößchen aus der Zeit, als die Leute mit Spießen auf die Wildschweine losgingen, zwischen der Rue Pierre-Charron und der Avenue Georges V. Und ich sage dir: Er wird es NIE spielen.«

Eine Woche später, als unser Direktor wieder einmal einen Marius ablehnte, explodierte Raimu in lautstarker Wut, im leeren Foyer des Théâtre de Paris. Er bezichtigte Léon der Verlogenheit und der schwärzesten Heuchelei, und mich, mich bezeichnete er als Kretin.
Léon hörte sich diese Haßtirade mit eisiger Gleichgültigkeit an und ließ dabei eine Zigarre an seinem Ohr ihr feines Knistern vollführen. Er zündete sie in aller Ruhe an, sagte kein Wort und drehte Raimu den Rücken, dann schlenderte er davon wie ein Spaziergänger.
Noch am selben Abend, nach der Premiere einer großangelegten Revue, saß ich neben Volterra im Foyer des Casino de Pa-

ris, während die Masse der Zuschauer langsam dem Ausgang zuströmte.
»Glaubst du denn auch wie dieser Idiot, daß ich dein Stück nicht spielen will?«
»Ich glaube es nicht, aber ich stelle fest, daß wir nicht weiterkommen... Wenn Sie in dieser Angelegenheit etwas grundsätzlich stört, dann verschieben wir das Stück eben auf nächsten Saisonbeginn.«
»Das heißt, du glaubst, ich wimmle systematisch alle Mariüsse ab. Gut. Also kommen wir zu einem Ende. Sag mir einen Namen, und ich engagiere ihn auf der Stelle.«
Ich zögerte einen Augenblick, Léons Argumente waren stichhaltig. Die Zuschauer würden sich auf jeden Fall für diesen Marius interessieren, schließlich war es der Titelname. Die Rolle war sehr wichtig. Er trat keinen Augenblick von der Bühne ab... Plötzlich sah ich in der Menschenmenge einen jungen Mann vorbeigehen, der mich mit einer Handbewegung grüßte. Es war Pierre Fresnay. Ich rannte auf ihn zu, packte ihn am Arm und brachte den Überraschten zu Volterra.
»Hier ist er«, sagte ich, »ihn will ich haben.«
»Wofür willst du mich haben?« fragte Fresnay.
»Marius sollst du spielen. Setz dich. Bist du frei?«
»Im Prinzip schon. Ich habe zwar Angebote, aber ich habe noch keinen Vertrag unterzeichnet.«
»Das ist eine Idee«, sagte Léon. »Herr Ober, bringen Sie mir ein Blatt Papier.«
Pierre hatte sich gesetzt.
»*Marius,* ist das eine Tragödie?« wollte er wissen.
Ich klärte ihn auf.
»Du weißt, daß ich nicht mit dem Akzent von Marseille spreche«, sagte er. »Aber es kann sein, daß ich ihn mir aneignen kann. Müßte man mal sehn.«
»Wie teuer sind Sie?« fragte Léon.
»Tausend Francs pro Tag.«

»Das ist teuer, aber ich bin einverstanden. Sind Sie damit einverstanden, daß Sie auf dem Plakat nach Raimu stehen? Sein Vertrag garantiert ihm, daß er als Hauptstar aufgeführt wird.«
»Das ist mir egal«, antwortete Fresnay. »Im übrigen ist er älter als ich.«
»Wenn das so ist, ist die Sache beschlossen«, sagte Léon.
Ich setzte einen fünf Zeilen langen Vertrag auf, den Léon ohne ein Wort zu sagen unterzeichnete. Aber Fresnay schob die Feder, die ich ihm hinhielt, beiseite.
»Ich bitte Sie, nicht gleich unterschreiben zu müssen. Ich muß zuerst das Stück lesen, um festzustellen, ob die Rolle wirklich in mein Fach paßt, und dann muß ich den Akzent ausprobieren. Ich will mich nicht ins Unglück stürzen.«
»Ich verstehe Sie«, sagte Léon. »Nehmen Sie aber schon mal den Vertrag. Wann bringen Sie ihn mir unterschrieben zurück?«
Fresnay überlegte einen Augenblick.
»Frühestens in zehn Tagen. Ich habe da so eine Idee.«
»Gut«, sagte Léon.
Valentin, der die Szene von weitem verfolgte, schien besorgt.
Am andern Mittag bekam ich eine Rohrpost von Raimu.
Wenn er wütend war, nahm er einen dicken, blauen Stift und schrieb mit einer riesenhaften, zornigen Schrift aggressive Botschaften.
Obwohl er ziemlich gebildet war, vergaß er in solchen Fällen Buchstaben, manchmal ganze Wörter, und er mißhandelte die Rechtschreibung ebenso wie den Empfänger.
»Das ist wohl die Höh. Marius, ein Elsässer! Er ist ein guter Schauspieler, aber ein Elzässer! Ihr seid verrückt! Das ist Sabotage an deinem Stück! Und du freust dich wi ein Herzjesubibberl und läßt dir von Volterra alles gefallen. Das ist ein starkes Stück von ihm, wirklich stark!«
Es folgte eine große Unterschrift und ein Postskriptum:
»Außerdem ist er PROTESTANT. Ich esse bei Titin zu Mittag.«

Dort traf ich Jules, der mich offensichtlich erwartete, denn als er mich sah, schrie er: »Titin, stell die Bouillabaisse aufs Feuer!«
Ich griff ihn gleich an seiner schwächsten Stelle an. »Warum wirfst du Fresnay vor, daß er Protestant ist?«
»Ich werfe es ihm nicht vor, ich stelle fest.«
Er setzte sofort die Miene eines Quäkers aus früheren Zeiten auf und sagte mit klangloser Stimme und niedergeschlagenen Augen, die Nasenlöcher zusammenkneifend: »Protestanten sind strenge Leute, traurige Leute, die keinen Spaß verstehen, die niemals lachen...«
»Aber gerade Fresnay lacht sehr gerne... Ich habe ihn lachen sehn, ja, mein Lieber, ganz genau!«
»Ha ha!« sagte Jules auftrumpfend, »er lacht einmal im Monat, und zufällig warst du dabei. Im übrigen ist das ganz einfach: Protestanten sind nie Kneipeninhaber. Ihre Religion verbietet es ihnen.«
»Wo hast du denn das her?«
»Das weiß ich, das weiß jeder.«
»Nun, denn, *ich* weiß es nicht.«
»Glaubst du, du wüßtest alles, nur weil du mal Lehrer warst? So was lernt man nicht in der Schule!«
»Aber sag mir doch, wo hast du es gelernt?«
Er rief Titin zu Hilfe.
»Titin, sag mir, kennst du einen protestantischen Kneipenwirt?«
Titin war vorsichtig, denn die Frage war in einem fast drohenden Tonfall gestellt.
»Nein«, sagte er, »ich kenne keinen.«
Dann wandte er sich zu mir und fügte hinzu, als müsse er ein Geständnis ablegen: »Aber ich kenne auch keinen katholischen... Ich muß gestehen, daß wir über solche Dinge untereinander selten reden.«
»Wie bitte?« rief Jules empört. »Aber du, bist du etwa nicht getauft?«

Titin antwortete schnell: »Tjajaaa! *ich* bin getauft. In der Kirche getauft.«
»Also LÜGST du, wenn du behauptest, du kennst keinen katholischen Kneipenbesitzer!«
»Aber es ist doch nicht von mir die Rede.«
»Natürlich ist von dir die Rede«, sagte Jules, »wenn von Kneipenbesitzern die Rede ist. Das hier ist keine Sakristei und keine Klinik, sondern eine Kneipe! Und im übrigen ist dieser Protestant auch noch ein Elsässer!«
»Ogottogott!« sagte Titin. »Marius ein Elsässer! Das ist nicht möglich!«
»Siehst du? Monsieur hat für seinen Marius Monsieur Fresnay geholt, der ein guter Schauspieler ist, aber Elsässer und Protestant! Und obendrein, ja obendrein ist er ein Tragöde der Comédie-Française.«
Titin war empört, er griff sich mit beiden Händen an den Kopf, flüchtete in seine Küche und jammerte laut: »Ojeoje, ojeoje!«
»Reden wir jetzt doch bitte ernsthaft, Jules.«
»Ich tue nichts anderes seit einer Stunde!«
»Deine Protestantengeschichte hat weder Hand noch Fuß. Viel schlimmer ist die Tatsache, daß er nicht aus unserer Gegend stammt.«
»Es ist immer sehr schwierig, den Marseiller Akzent in einer so langen Rolle durchzuhalten. Für einen protestantischen Elsässer von der Comédie-Française ist das vollkommen unmöglich.«
»So sicher ist das nicht. Auf jeden Fall ist er sich völlig im klaren über die Schwierigkeit.«
»Er ist sich nicht im klaren darüber, weil er nämlich den Vertrag unterschrieben hat.«
»Volterra hat ihn unterschrieben. Er nicht. Er hat auf vierzehn Tagen Bedenkzeit bestanden, um an seinem Akzent zu arbeiten. Wenn wir nicht zufrieden sind damit, entläßt er Léon aus seiner Verpflichtung.«

»Ich behaupte, er tut es nicht, weil er überzeugt sein wird, daß er den Marseiller Akzent drauf hat.«
»Er hat gesagt, er unterwirft sich unserem Urteil. Und außerdem hat er geschluckt, daß er auf dem Plakat unter dir steht.«
Ich wußte, daß ihn diese Frage bestimmt wurmte und daß sie sicher eine Rolle spielte in dieser Auseinandersetzung.
»Hast du seinen Vertrag gesehen?«
»Ich habe ihn selbst aufgesetzt. Und außerdem weißt du sehr wohl, daß dein Vertrag dir auch auf dem Plakat die Starrolle garantiert.«
»Ja, in den Revuen, aber von Theaterstücken ist da nicht die Rede. Ich befürchte, daß Léon darüber zu streiten anfängt, mit seiner üblichen Heimtücke.«
»Er hat mir bewiesen, wie heimtückisch er ist, indem er Fresnay gesagt hat, daß du auf jeden Fall an erster Stelle stehst.«
Er wurde sichtlich milder.
»Obwohl das ganz normal ist, beweist es, daß er vernünftig ist... Nun ja, was geschehen ist, ist geschehen, das kann man nicht mehr rückgängig machen.«
Titin brachte uns die Bouillabaisse und sagte: »Ich kenne ihn, diesen Fresnay. Ein erstklassiger Bursche. Er sieht gut aus, ist sympathisch und höflich. Er würde euch niemals Scheiße sagen, ohne den Hut abzunehmen!«
Jules überlegte einen Augenblick und sagte: »Na ja, man kann's ja probieren. Wir werden ihm Unterricht geben im Akzent... Du solltest ihn anrufen und ihn fragen, ob er heute abend nicht mit uns essen will.«
Eine Haushälterin antwortete mir am Telephon: »Monsieur ist heute morgen nach Marseille abgereist.«

Vierzehn Tage später fand die erste Probe statt. Auf der Bühne, vor dem leeren Theater. Ich las das Stück den Schauspielern vor; Fresnay war noch nicht da.

Um fünf begann die Stellprobe. Die Rolle des Marius wurde von mir gelesen. Wir suchten die ersten Stellungen und Bewegungsabläufe, als Fresnay hereinkam. Er trug die blaue Schürze eines Kneipenwirts, eine angedeutete Schmachtlocke auf der Stirn, eine Zigarette hinterm Ohr, ein kleines Tuch um den Hals gebunden. Er bezog Stellung hinter dem Tresen, und während er ein Glas spülte, sagte er: »Wenn ich noch nicht einmal eine Tasse Kaffee anbieten kann, was tue ich dann hier?«

Jules wurde auf der Stelle César und erwiderte kraftvoll: »Du bist ein Kind, ein Kind, das seinem Vater gehorchen muß. Ich mußte zweiunddreißig Jahre alt werden, bis mir mein Vater den letzten Tritt in den Hintern versetzte. Das war die Familie zu meiner Zeit. Da herrschte Respekt, und Liebe.«

Fresnay lächelte verschmitzt und antwortete halblaut: »Ja, mit Fußtritten!«

Er sprach mit dem waschechten Akzent des Vieux-Port. Daraufhin wandte sich Jules zu mir und sagte: »Das is' er! Es hat geklappt.«

Die vierzehn Tage seiner Abwesenheit hatte er in einer kleinen Kneipe des Vieux Port verbracht, nachdem er die Freundschaft des Kellners erobert hatte, der, genau wie Marius, Sohn des Wirts war. Er hatte Tische abgewischt, Gläser gespült, an jenen typischen Marseiller Gesprächen teilgenommen, bei denen Fremde einem ihr Leben erzählen, das immer »ein echter Roman« ist. Als er wieder abgereist war, hatte er als Andenken die blaue Schürze und die Mütze des Kellners mitgenommen: drei Jahre lang würde er sie fortan tragen, jeden Abend, und dabei ein so natürliches Marseiller Idiom sprechen, daß er danach mehrere Jahre brauchte, um sich wieder davon zu befreien.

Die Stimmung bei den Proben war wunderbar freundlich. Raimu führte Regie mit einer Souveränität und einer Geduld, die Volterra erstaunten, und für »den Protestanten von der

Comédie-Française« entwickelte er eine wahre, nahezu ehrerbietige Freundschaft; das provenzalische Ensemble belebte die Kulissen mit lautem Geschnattere und Gelächter, die Valentin das Herz erfreuten, und wenn der Inspizient nur zwei oder drei Schauspieler bestellt hatte, um eine schwierige Szene zu proben, kamen trotzdem alle, sogar die nicht benötigten Bühnentechniker, ins Theater, um dabeizusein.
Nur Volterra kam nicht persönlich, und die Chefin auch nicht: sie hatten beschlossen zu warten, bis die Inszenierung einigermaßen stand, um unsere Arbeit insgesamt und im durchgehenden Ablauf zu beurteilen.
Eines Abends hieß es auf dem Probenplan, daß wir am nächsten Morgen einen Durchlauf der ersten drei Akte in den Kostümen machen würden, mit allen Requisiten und in Anwesenheit der Direktion.

In den Manuskripten, die an die Schauspieler verteilt worden waren, hatte ich die Szene mit dem Kartenspiel gestrichen. Zunächst weil das Stück zu lang war, Striche waren unerläßlich. Aber auch, weil diese Kartenszene nur eine Art von Sketch darstellte, der im Alcazar in Marseille zwar angebracht gewesen wäre, nicht aber hier, wo er mir vulgär vorkam und des Theaters, in dem Réjane gespielt hatte, nicht würdig. Wider meine Erwartung hatte Raimu gegen das Streichen der Szene nicht protestiert, und ich dachte, er hätte ihre Existenz vergessen.
Als ich ins Theater kam, herrschte eine gewisse allgemeine Nervosität auf der Bühne, während die letzten Vorbereitungen getroffen wurden. Raimu kontrollierte die Maske und die Kostüme, Fresnay und die Demazis spielten eine Szene halblaut hinter der Bühne, Charpin schnallte seinen falschen Bauch weiter und enger und flüsterte dabei in verschiedenem Tonfall immer wieder dieselbe Replik, der Requisiteur lief mit den Biergläsern und dem Schwamm für den Tresen herbei.

Dieses hektische Treiben schien mir ganz normal, denn ich war selbst auch sehr unruhig; aber mir war, als schwebe ein Geheimnis in der Luft, denn Raimu, Charpin, Dullac und Fresnay zwinkerten sich lächelnd zu wie Komplizen.
Volterra und die Chefin setzten sich ins Parterre, und ich nahm neben ihnen Platz. Hinter uns saßen Monsieur Pothier, der Verwaltungsdirektor des Theaters, Valentin und seine Bühnentechniker und die Statisten der ersten beiden Akte, und so bildeten wir ein kleines Publikum.
Trotz einiger geringfügiger Pannen lief bis zum Ende des zweiten Aktes alles glatt, und ich ging hinter die Bühne, um alle zu beglückwünschen.
»Warte nur ab«, sagte Raimu, »der dritte Akt wird noch besser als die beiden ersten. Glauben Sie nicht auch, Fresnay?«
»Ich bin überzeugt, daß er einen Bombenerfolg haben wird.«
»Du wirst staunen«, sagte Charpin. »Es ist noch nicht ganz perfekt, aber es ist schon sehr gut. Setz dich in den Zuschauerraum und krieg keinen Anfall.«
Dieser Ratschlag erschien mir merkwürdig.
Ich ging auf meinen Platz zurück. Während dreimal auf die Bühne geklopft wurde, nahm mich Léon am Arm und sagte mit Nachdruck: »Hör erst mal zu!«
Das war noch ein mysteriöser Ratschlag; da ich ihn gerade fragen wollte, was das zu bedeuten hatte, ging der Vorhang auf und es begann – die Kartenspielszene.

Während der Szene lachten Valentin, Léon, die Chefin und Monsieur Pothier und die Bühnenarbeiter schallend; am Schluß erhoben sie sich von den Plätzen, um die Schauspieler zu beklatschen, und Valentin rief: »Da capo! Da capo!«
Ich erkannte wohl, daß sie ihre Begeisterung ein wenig übertrieben, um mich zu überzeugen.
Dann kam Raimu zur Rampe vor und sagte todernst, mit Unschuldsmiene: »Deine Sekretärin ist kriminell! Stell dir vor, sie

hatte einfach vergessen, diese Szene zu tippen. Zum Glück hatten wir sie in Léons Manuskript. Wir wollten dir nichts sagen, um dich nicht zu beunruhigen!«
Bei dieser Erklärung brach erneut Gelächter aus. Ich erwiderte: »Und ebenfalls, um mich nicht zu beunruhigen, habt ihr diese Szene nie in meiner Anwesenheit geprobt?«
»Nun ja, wir haben sie eine Woche lang geprobt, aber morgens. Wir wollten dich nicht stören, und Léon ist an deiner Stelle gekommen!«
Ich beschloß, mit ihnen zu lachen, und sagte dann: »Aber wenn wir diese Szene stehen lassen, was sollen wir dann streichen?«
Jules kam in den Zuschauerraum hinunter.
»Wenn du mich fragst, ich glaube, wir könnten die lange Szene auf der Mole... Ich sag nicht ›streichen‹ – aber ›nicht spielen‹...«
»Natürlich! Du willst die Kartenszene wieder einbauen, weil du drin bist, und die Mole streichen, weil du nicht drin bist. Ich möchte ganz gern wissen, was da Charpin denkt.«
»Was mich betrifft«, sagte Meister Panisse, »so bin ich auch dafür, falls du einverstanden bist. Meine Rolle in der Kartenszene gefällt mir, während ich mich auf der Mole nicht ganz wohl fühle, weil die ganze Passage meiner Szene im vierten Akt ähnelt... Du könntest doch ein paar Sätze, die mir gefallen, rausnehmen, und sie in die Szene im vierten Akt einbauen, oder?«
Dies geschah auch – zur allgemeinen Zufriedenheit. Ich habe bis heute keinen Grund gehabt, es zu bereuen.
Am Vorabend der Vorpremiere durfte ein Freund von Volterra, ein Pariser, in die Probe kommen: er war unser erster Zuschauer. Aus der Tiefe einer Loge beobachtete ich mit lebhaftestem Interesse seine Reaktionen.
Es war ein eleganter, vornehmer Herr, mit distinguierten Manieren und einem Monokel. Er hatte sich ins Parterre in die Mitte gesetzt.

Ich sah, wie er zwei- dreimal andeutungsweise lächelte, und zwar an Stellen, die keineswegs komisch waren.
Nach dem ersten Akt setzte ich mich zu ihm. Er kannte mich nicht und hielt mich vermutlich für einen Inspizienten.
Ich fragte ihn: »Interessiert Sie das Stück?«
Er zog seine Augenbrauen hoch, um das Monokel zu befreien, lächelte und sagte: »Ich glaube, es würde mir gefallen, wenn ich verstünde, was sie sagen.«
»Finden Sie, daß sie nicht laut genug sprechen?«
»Nein, das ist es nicht... Aber da gibt es Sätze, die sehr unkorrekt gebaut sind... und dann, dieser Akzent, der die Vokale verunstaltet... Ich habe viel Mühe, dem Dialog zu folgen. Wir sind da recht weit entfernt von Claudel!«
Ich war konsterniert; aber Jules' Stimme ertönte. Er war damit beschäftigt, einige Requisiten für den zweiten Akt zurechtzulegen, während Charpin mit Kreide Markierungen auf die Bühne zeichnete. Jules sah alles, hörte alles, erriet alles. Feierlich rief er, als ob ich einhundert Meter von ihm entfernt gewesen wäre: »Hör nicht hin; was dieser Herr sagt, ist unwichtig. Er ist berühmt für seine Dummheit. Ja, mein Herr. Sie meine ich, mein Herr. Ich wußte, daß Sie dumm sind, aber ich wußte nicht, daß Sie auch noch schwerhörig sind!«
Dann geriet er plötzlich in Wut und brüllte: »Wer hat denn diesem Idiot erlaubt, uns auszuschnüffeln? Das hier ist ein Theater und keine Absteige!«
Er machte ein paar Schritte zurück auf der Bühne und schaute hinauf in den Schnürboden.
»Vorhang zu! Wir machen weiter, sobald dieser Einäugige das Theater verlassen hat!«
Während der Vorhang fiel, stand der Mann mit dem Monokel auf, lächelte zaghaft, zuckte die Schultern und ging.

Am Abend der Vorpremiere hörte das Publikum den ersten beiden Szenen mit schweigendem Mißtrauen zu. Jules war wü-

tend: er ging bis zur Tür der Kneipe vor, tat, als würde er über den Vieux Port hinwegblicken, und flüsterte: »Eigentlich ist ihnen zum Lachen, aber sie wollen nicht! Aber wir werden sie schon drankriegen, keine Angst.«
Ich war ganz im Gegenteil sehr besorgt; ich dachte an den herausgeschmissenen Pariser, als ich plötzlich einen Riesenlachausbruch hörte: Jules hatte sie soeben »drangekriegt«, indem er einen Picon-Zitronen-Curaçao-Cocktail mixte.
Als das Publikum sich entkrampft hatte, wurde der Erfolg groß. Paris entdeckte Raimu, der sich selbst nicht kannte; es entdeckte die emotionale Kraft und die völlig unpreziöse Spielweise von Orane Demazis, die Überlegenheit Fresnays, die lächelnde Sicherheit von Charpin, das Pittoreske und den unverwechselbaren, aber nie übertriebenen Ton der Schauspieler aus Marseille.
Ich glaube nicht, daß je ein Stück so vollkommen gespielt worden war, und der Erfolg setzte sofort ein, sowohl in der Presse als auch beim Publikum: den Schauspielern habe ich den größten Teil davon zu verdanken.
Ich ging zu Raimu in die Garderobe. Er war vollkommen verblüfft: am Schluß hatte er richtige Ovationen bekommen.
»Ich verstehe überhaupt nichts«, sagte er. »In dieser Rolle liefere ich Text ab, sonst nichts, ich rede wie zu Hause, und genau das schlägt ein, und wie! Ich frag mich warum!«
Volterra kam herein, die Hände in den Taschen, und lutschte an einer Zigarre. Er machte ihm keinerlei Kompliment, sondern fragte nur:
»Wieviel verdienst du bei mir?«
»Fünfhundert Francs am Tag.«
»Ab heute bekommst du eintausend.«
Jules war fassungslos; mit hochgezogenen Augenbrauen und halboffenem Mund schaute er ihm nach, wie er die Garderobe verließ. Dann wandte er sich zu mir und murmelte: »Was hat das zu bedeuten?«

»Wie üblich, mein armer Jules: schon wieder eine seiner HEIMTÜCKEN!«

Eine Schar von Kritikern und Freunden stürmte herein, was ihm die Antwort ersparte.
Im Theater bricht der Erfolg wie ein Gewitter über ein Stück herein: wir mußten jeden Abend Leute nach Hause schicken. Leute nach Hause schicken! Der Traum des alten Lehmann, unseres Oberkontrolleurs, dem jedoch jedesmal das Herz brach... Um weniger Leute nach Hause zu schicken, hatte er trotz Polizei- und Sicherheitsbestimmungen, ohne ein Wort zu sagen – nur Valentin hatte er ins Vertrauen gezogen –, eine zusätzliche Reihe von eingeschmuggelten Notsitzen vor den Parterrelogen aufgestellt.
Leider befand sich einer dieser Notsitze genau über einem Heizungsgebläse.
»Merke wohl«, sagte er, »daß ich diesen Platz zu allerletzt verkaufe und nicht jedem. Den Damen nicht, wegen der Röcke: am Schluß des ersten Aktes wären sie mumifiziert. Den zu dikken Herren auch nicht: wenn sie mit einem Schlaganfall vom Stuhl kippen, dann stört das die Vorstellung. Ich verkaufe ihn hauptsächlich den Großen, Dünnen: sie wischen sich den Schweiß von der Stirn, ab und zu seufzen sie, aber sie halten's bis zum Schluß durch.«
»Beschweren sie sich denn nie nach der Vorstellung?«
»Nie. Deshalb kann ich dir versichern, mein Lieber, daß dein Stück fabelhaft ist, denn um einen Mann drei Stunden lang auf einem Dampfnotsitz zu halten, gibt es nur zwei Stücke: *Cyrano* und die *Kameliendame*.
Die Klatschspaltenjournalisten und auch die Feuilletonredakteure haben oft und viel über Raimu geschrieben, und meist in unangenehmem Ton.
Ständige Sticheleien über seinen Geiz hatten diesen sprichwörtlich werden lassen. Dieser Ruf hatte mehrere Gründe.

Der erste war, daß er sich weigerte – und dies unter demütigenden Schimpfkanonaden –, kleine Zeitungen zu subventionieren, und daß er die »Schnorrer« ohne jede Rücksicht zum Teufel schickte, was meines Erachtens nichts als weise ist.
Im übrigen war er, wie alle bekannten Leute, das Opfer von Klatsch und böswilligen Erfindungen.
Ich habe mit eigenen Ohren gehört, wie Leute ihm hinter seinem Rücken vorwarfen, daß er den Aperitif d'honneur nicht bezahlt hätte, zu dem sie ihn selbst eingeladen hatten. Als die Legende einmal geboren war, wurden alle seine Handlungen interpretiert, als seien sie aus einer geizgetränkten Grausamkeit entstanden.
Eines Tages, auf der Straßenterrasse des Fouquet's – das Raimu »mein Büro« nannte, bezichtigte ihn, wie üblich hinter seinem Rücken, ein sehr intelligenter junger Mann, der jedoch an Mundgeruch litt, des Geizes und der Knauserigkeit.
Ich fragte diesen Edelmann auf der Stelle, welche Beweise er für seine Behauptungen hätte.
»Monsieur«, sagte er, »ich habe ihm eine ganze Reihe von Diensten erwiesen, umsonst versteht sich, in juristischen Angelegenheiten; aber er hat mich nie zum Essen eingeladen. Nein, nie. Da habe ich ihn selbst eingeladen. Er hat unter irgendeinem Vorwand *abgelehnt,* aber ich habe sehr wohl kapiert, welches der wahre Grund war: Er hat abgelehnt, weil er befürchtete, er müßte meine Einladung erwidern. Geben Sie es doch zu: das ist kleinkariert. Aber letzten Endes bin ich ihm deshalb nicht böse; ich lache lieber darüber.«
Er rückte näher an mich heran und lachte mir kurz und heftig ins Gesicht. Ich erstickte.
Was stimmte, ist die Tatsache, daß Raimu einen seltsamen Appetit auf all das hatte, was umsonst war.
Eines Abends hatte uns die berühmte Elvire Popesco beide zum Essen eingeladen, in ein Restaurant an der Place de la Ma-

deleine, um ein Filmprojekt zu besprechen, das leider nie realisiert wurde. Es war ein üppiges, angenehmes Essen.
Jules hatte wie üblich in der äußeren Sakkotasche zwei Zigarren, deren oberes Ende ziemlich sichtbar war.
Beim Kaffee ließ die stets fürstliche Elvire eine Kiste Havanna kommen, die offen auf dem Tisch stehen blieb. Als Jules die Zigarren sah, glänzten seine Augen: in einer sehr kunstvoll einstudierten Bewegung legte er die eine Hand aufs Herz, um seine Zigarren zu verbergen, und nahm eine Havanna aus der Kiste.
Elvire hatte diese Nummer genauso wie ich gesehen. Sie war eine Dame von Welt: sie respektierte ihren Gast und fuhr ganz ernsthaft fort in der Unterhaltung; aber es war sehr schwierig für Jules, mit einer Hand auf dem Herzen die Zigarre anzuschneiden und sie anzuzünden.
Es gelang ihm trotzdem (denn er war durchaus zum Zauberkünstler begabt), indem er beide Hände dazu benützte, ohne jedoch die Linke von der Stelle zu bewegen; sie schwebte weiter in Herzhöhe; dann schaute er Elvire an, als wolle er sie hypnotisieren; er blies kleine Rauchwölkchen, um seine linke Hand zu vernebeln, hierin die Taktik der Seeschlachten befolgend; gleichzeitig versuchte er, mit der Spitze des Zeigefingers, die herausragenden Enden der indiskreten Zigarren auseinanderzuschieben, das eine nach rechts, das andere nach links, in der Hoffnung, daß sie in der schrägen Stellung kürzer würden und somit endlich verschwänden. Dieses schwierige Unternehmen dauerte eine Zeitlang; indessen sprach Jules wie ein Wasserfall, wie das die Zauberkünstler tun, wenn sie ein lebendes Kaninchen aus einem seidenen Hut zaubern. Wir hörten ihm schweigend zu; aber diese Hand, die wir nicht mehr aus den Augen lassen konnten, beschrieb so merkwürdige Windungen, daß Elvire plötzlich von einem furchtbaren Lachanfall geschüttelt wurde, der mit einem langen Gickser ausbrach und bis zu Tränen führte; ich konnte selbst nicht mehr wider-

stehen, und Jules fragte besorgt: »Was ist denn so komisch an mir?«
Die berühmte Schauspielerin wischte sich die Augen und antwortete mit rollendem r: »Lieber Freund, Sie geben sich zu viel Mühe, uns die beiden Zigarren in Ihrer Tasche zu verbergen.«
Jules, ein perfekter Schauspieler, mimte Staunen, blickte an seiner Jacke hinunter, entdeckte die Zigarren und rief ohne im geringsten verwirrt zu sein: »Ach ja, das stimmt ja! Die sind wohl schon lange da drin... Seit...« (er tat, als müsse er nachdenken) »... Seit dem Mittagessen bei Volterra, letzten Monat. Da habe ich diesen Anzug zum letzten Mal angehabt... Und heute habe ich nicht gemerkt, daß...«
Mit ihrer geradezu erschlagenden Lebhaftigkeit, die den Zuschauer immer überrumpelt, erwiderte Elvire unter Zuhilfenahme besonders harter r's: »Alter Lügner! Du hast es nicht gemerkt, und deshalb behältst du die Hand auf der Brust, als hättest du angina pectoris? Hier, weil du sie so sehr magst, schenke ich dir die ganze Kiste!«
Lachend schob sie die Havannas zu ihm hin. Jules protestierte, aber mit betrübter Miene.
»Oh, Sie glauben doch nicht etwa, daß ich wegen einer Zigarre... Ich habe zwanzig Kisten zu Hause, Upmans in der runden Dose... Sie wollen mich hänseln, nicht wahr? Also wirklich, eine solche Unterstellung... Zumal diese Havannas für meinen Geschmack nicht so gut sind wie meine...«
»Nun, lassen wir das Thema«, sagte Elvire, »das war nur ein Scherz. Es ist elf Uhr, reden wir lieber vom Film.«
Wir redeten darüber, und Jules betrachtete die Zigarren. Als wir gingen, klemmte er die Kiste unter den Arm.

Nein, es war kein Geiz, sondern eine Art kindlicher Manie, die ihn oft teuer zu stehen kam. Wohlinformierten Filmproduzenten gelang es, seine Gage um 50000 Francs zu drücken, indem sie ihm die KOSTENLOSE Zurverfügungstellung eines Autos und eines Chauffeurs während der Dreharbeiten zusicherten (was keine 10 000 Franc wert war), und die KOSTENLOSE Lieferung von vier Zigarren jeden Morgen, deren Marke, Größe und Qualität sorgfältig im Vertrag festgelegt wurden. Manchmal verlangte er sechs, die ihm dann nach längeren Diskussionen zugebilligt wurden, und diese lächerlichen Siege machten ihn glücklich wie ein Kind.

Im Alltag mit seinen Freunden war er genauso großzügig wie jeder andere. Während der Ferien lud er oft Doumel ein, den Erzähler von Marseiller Witzen, der durch dilettantische Geschäftsführung eines Restaurants pleite gegangen war; in seiner schönen Villa in Bandol verköstigte er ihn königlich und gab ihm ein großes Zimmer mit Blick aufs Meer. Zusätzlich gab er ihm fünf Francs Taschengeld pro Tag. Doumel, den sein mangelndes Glück keineswegs niedergeschlagen hatte, fand bei Tisch Spaß daran, die Teller des Mittagessens auf seinem eigenen Kopf zu zerschlagen.

Beim fünften oder sechsten Teller ärgerte sich Jules, Doumel grinste und zerbrach noch einen.

»Gut«, sagte Jules, »den wirst du bezahlen. Morgen ziehe ich dir drei Francs von deinem Taschengeld ab.«

Er hielt Wort. Doumel war außer sich und erzählte diese Geschichte, ich weiß nicht, in welcher Version; jedenfalls gelangte sie folgendermaßen ins Fouquet's: »Ihr Freund Raimu ist unglaublich knauserig. Er hatte Doumel zum Mittagessen eingeladen. Doumel hat einen Teller zerbrochen: Raimu *hat ihn dafür drei Francs bezahlen lassen!*«

In dieser Villa in Bandol mit Blick aufs blaue Meer, waren wir oft zehn oder zwölf Personen bei Tisch, denn er liebte Gesellschaft. Er bereitete selbst ungeheure Bouillabaissse-Gerichte zu (ein Pfund Rascasse pro Person, neben dem Baudroie, dem Seeaal und dem Petrusfisch) und öfter noch majestätische Eintopf-Gerichte: Da er keinen Topf hatte, der ihm groß genug war, nahm er einen Waschkessel.

Ich sehe ihn noch mit einer Kochmütze auf dem Kopf, die Uhr in der Hand. Mit der anderen zückte er eine kleine Höllenforke, die dazu diente, aus dem dampfenden Sud die Fischstücke herauszufischen, die er für gar hielt; dazu sang er *La Bergère volage**; was beileibe kein Kinderlied ist.

Henri Poupon, Delmont, Maupi, Paul Olivier und ich, wir antworteten mit dem Chor der libidinösen Greise...

Doch, er war ein guter Kumpel, und wenn er Leuten, die ihn nicht kannten, manchmal unsympathisch erschien, so lag das an seinem immer wachen Mißtrauen, an seiner krankhaften Angst, der Dumme zu sein.

Allerdings hatte er auch viele Leute durch seine stürmischen Wutausbrüche verärgert.

Ich hatte jedoch einen Trick entdeckt, um ihn zu kontern, und zwar nicht, indem ich so laut schrie wie er, denn ich hatte nicht die stimmlichen Mittel dazu, sondern indem ich fast leise mit vorbedachten sarkastischen Bemerkungen antwortete.

Ich hatte ihm einmal beigebracht, daß sein richtiger Name, Muraire, mit dem provenzalischen *mourairé* identisch war, was eine andere Bezeichnung für »Nörgler« »Stänkerer« ist.

Wenn er zu brüllen anfing, schaute ich ihn traurig an und sagte: »Jules, nimm dich in acht. Das Blut der Muraire nimmt wieder mal überhand... Wenn du weiterhin schreist, wirst du demnächst einmal zwischen zwei Krankenschwestern aufwachen, mit ungleichen Augen, einem schiefen Mund und dem Kinn unterm Ohr. Sag mir, was du willst und ich werde deinen Wunsch erfüllen.«

Er zuckte entwaffnet die Schultern und ging hinaus in den Hof vor den Filmstudios, auf der Suche nach einer anderen Wut, die er wirklich brauchte. Ich behaupte nicht, daß diese

---

* *Die flatterhafte Schäferin*

Anfälle simuliert waren, aber ich habe das Gefühl, daß sie beabsichtigt und gesteuert waren und daß er seinen Spaß daran hatte. Auf jeden Fall habe ich nie gesehen, daß er jemandem etwas zuleide tat.

Die Grundlage, der Sockel seiner Begabung, das war seine Persönlichkeit, das war er selbst.
Vor der Zeit des Tonfilms war er, abgesehen von Paris und Marseille, so gut wie unbekannt, aber wenn wir auf einer Reise irgendwo in Sens, Mâcon oder Montélimar ein Restaurant betraten, wandten sich alle Leute ihm zu, und ich sah, wie Leute den Ober riefen, um ihn leise zu fragen: »Wer ist das?« Ebenso füllte seine bloße Gegenwart auf Anhieb die Bühne oder die Leinwand.
Trotz seines Umfanges und seines Gewichts war er von fast weiblicher Sensibilität, die er auf der Bühne mit rührender Zurückhaltung zum Ausdruck brachte. Er war immer natürlich, manchmal grobgerastert, niemals ordinär.
Seine kraftvolle Stimme war wie eine Orgel, und er spielte sie virtuos. Sein Flüstern erreichte die letzte Reihe des Theaters, Schreie aus seinem Mund ließen den Lüster erzittern, und seine unvermuteten Tonwechsel mitten in einer komischen Szene ließen das Publikum jäh in seiner Fröhlichkeit erstarren; die Zuschauer fühlten sich plötzlich von einem kaum nennbaren, aber tiefen Gefühl ergriffen, so lange, bis ein erneuter Tonwechsel wieder endlose Lachsalven hervorrief.

Die fabelhaften Mittel, über die er als Schauspieler verfügte, beruhten auf langjähriger Praxis des Metiers auf Varietébühnen, im Kabarett, auch im Ein-Mann-Kabarett, in musikalischen Auftritten, schließlich in der Operette und der leichten Boulevard-Komödie. Bis in die Hände und die Gesichtszüge hinein hatte er eine unglaubliche Nachahmungsgabe. Wenn er über jemanden sprach, den er nicht mochte, veränderten sich seine Stirn, seine Augen, sein Mund, sein Kinn auf wundersame Weise, und er wurde selbst zu einer lebendigen, erkennbaren Karikatur des Abwesenden, dessen Stimme und Blick er übernahm. Er wäre ein unvergleichlicher Zirkusclown gewesen, oder ein Polonius, ein Don Diègue, ein Narcisse, ein Jago, ein Bartholo oder ein König Lear.

Auf der Bühne der Comédie-Française, in einem Milieu, das nicht das seine war und wo er auffiel wie ein bunter Hund, hat er uns Molière im *Bürger als Edelmann* geschenkt, und danach hat er unter Ovationen die Flucht ergriffen, weil der Ernst und die Routine des ehrwürdigen Hauses ihn erschreckten.

1946 brachte ihn ein Autounfall mit einem Beinbruch für zwei Monate in die Klinik. Als er entlassen wurde, war er absolut in Form und fröhlich. Aber eines Tages im September rief er mich an: »Ich liege schon wieder in einer Klinik, aber es ist nichts Schlimmes. Besuche mich.«

Ich eilte herbei.

Er saß im Bett und hatte sich mit einem Handtuch einen Turban gemacht: wie ein riesiger Brahmane sah er aus. Er verhandelte mit seiner Krankenschwester, einer reizenden jungen Frau: sie weigerte sich, ihm eine Flasche Whisky zu öffnen, die ihm Paul Olivier gerade gebracht hatte. Normalerweise trank er sehr wenig, aber an diesem Tag behauptete er, zwei Schluck würden ihm mehr Selbstsicherheit geben für den Gang zum Operationstisch. Sie weigerte sich energisch. »Kein Alkohol vor einer Operation. Die Bestimmung duldet keine Ausnahme. Auf nüchternen Magen könnte ein Tropfen Sie beschwipst machen. Morgen können Sie welchen trinken, wenn Sie wollen, heute nicht.«

Jules deutete mit dem Finger auf sie und sagte zu mir: »Sie ist ein Drachen, ihr Ehemann tut mir von ganzem Herzen leid!«

»Ich habe keinen Mann«, sagte sie.

»Um so besser«, antwortete Jules, »um so besser für ihn.«

Der Tonfall dieser Unterhaltung beruhigte mich. Jules erzählte mir von der Operation, einer banalen, ungefährlichen Operation, die höchstens eine Woche Klinikaufenthalt erfordern würde.
Dann sagte mir die Krankenschwester, es sei Zeit zu gehen, die Stunde der Chirurgen würde gleich schlagen.
Als ich mich verabschiedete, sagte er plötzlich: »Umarme mich!«
Ich war überrascht. Sehr oft kam es vor, daß wir uns nicht mal die Hand schüttelten, sondern unverzüglich das Gespräch vom Vorabend fortführten.
Ich umarmte ihn.
Er fragte: »Wo ißt du zu Mittag?«
»Bei Langer, mit Roger Ferdinand.«
»Nach der Operation rufe ich dich an.«
»Falls man es Ihnen erlaubt«, sagte die Schwester.
»Was?« rief Jules. »Hier ist immer nur die Rede von Erlauben oder Verbieten. Das ist ja eine Kaserne! Ein Straflager! Keine Angst: ich werde dich schon anrufen.«
Um halb eins wurde ich vom Tisch weggerufen. Ich dachte, sicher ist er noch nicht wieder wach, aber die nette Krankenschwester will mir berichten, wie es ihm geht.
Es war eine unbekannte Stimme, eine Frauenstimme.
»Monsieur Raimu war viel schlimmer dran, als man es Ihnen gesagt hat. Die Operation hat zwei Stunden gedauert. Er ist nicht erwacht.«
»Sie wollen sagen noch nicht?«
Nach einem dramatischen Schweigen flüsterte die Stimme: »Nein, er wird nie wieder erwachen.«

1938 hatte ich einen Film gedreht, *La Femme du Boulanger**, nach einem wunderschönen Kapitel aus *Jean le Bleu*** von

* *Die Frau des andern*
** 1932, dt. *Der Träumer*

Giono. Raimu spielte die Hauptrolle, und im übrigen waren mehrere Schauspieler aus dem *Marius*-Ensemble beteiligt: Alida Rouffe, Dullac, Maupi, Delmont, Vattier, Charpin. Dieser Film war 1939 nach Amerika verkauft worden, und während des Krieges hörte ich nichts mehr davon.
Ende September 1946 betrat ein schöner amerikanischer Riese mein Büro und sagte: »Ich bin Orson Welles. Ich komme aus Amerika und ich hätte gern die Adresse des Schauspielers Raimu. Ich habe Ihren Film *Die Frau des andern* gesehen, mehrmals gesehen, und ich möchte die Ehre haben, ihm die Hand zu schütteln.«
»Das ist leider nicht mehr möglich: er ist letzte Woche gestorben.«
Auf seinem Gesicht sah ich aufrichtige Betroffenheit. »Ich kann es nicht glauben.«
Ich erzählte ihm von dem Unglück. Sehr ausführlich, denn er wollte alles wissen. Schließlich erhob er sich und betrachtete ein großes Porträt von Raimu, das ich an der Wand hatte aufhängen lassen. Dann wandte er sich wieder zu mir: »Das ist ein großes Unglück für Sie«, sagte er, »aber es ist auch ein großes Unglück für unsere Kunst. Er war der größte Schauspieler der Welt.«

Ein paar Monate später sah Aldo Fabrizzi das Porträt. Gleich als er zur Tür hereinkam, ging er auf das große Bild zu und nahm feierlich seinen Hut ab. Auch er betrachtete lange das Gesicht von César, dabei nickte er bedächtig und sagte dann: »Es ist ein schwerer Verlust. Ja, ein sehr schwerer.«
In seinen Augen sah ich Tränen glänzen.
Er fügte hinzu: »Es hat keinen Zweiten wie ihn gegeben. Er war der Erste der Welt.«
Ich hatte es gewußt, aber Raimu hat es nie gewußt.
Der echte Ruhm kommt sehr langsam. 1929 war das Jahr des Durchbruchs; die eigentliche Karriere hat nur sechzehn Jahre

gedauert, davon waren vier Kriegsjahre. Sein frühzeitiger Tod hat ihn und uns um die zehn schönsten Jahre seines Genies gebracht.
Zum Glück bleiben uns die Filme.
Manchmal sehe ich mir *Marius* in einem Vorstadt- oder Provinzkino an. Aus dem ganzen wunderbaren Ensemble leben nur noch vier: die drei Jüngsten: Orane Demazis, Fresnay, Robert Vattier, und ein älterer: Mihalesco.
Trotzdem habe ich nicht das Gefühl, einen Friedhof zu besuchen. Auf der Leinwand leben alle Figuren, und zwar sehr intensiv, und im Publikum käme niemand darauf, wer zu den Lebenden und wer zu den Toten zählt.
Während Fresnay sein Croissant ißt, schmeißt der große Jules ständig seine Olivenkerne in alle Himmelsrichtungen, und der dicke Dullac, ein schwungvoller Toter, drückt nach wie vor sehr deutlich die Gefühle der französischen Marine aus; der lebende Mihalesco ergreift die Flucht vor Alida Rouffe, und der tote Charpin hält noch immer um die Hand der noch lebenden Demazis an... Das sind keine Dahingegangenen: ihre Stimme klingt wie früher, sie lachen genauso laut wie damals, und das Publikum lacht mit ihnen. Diese Rollen, die sie in ihrem Leben so lange verkörpert haben, sie haben sie hundertmal öfter seit ihrem Tod gespielt: noch immer üben sie ihre Kunst aus, noch immer ihren Beruf...
Da habe ich ermessen können, wieviel wir dieser magischen Kunst zu verdanken haben, die das von uns gegangene Genie wieder ins Leben ruft, die der Liebhaberin ihre Jugend aufs neue verleiht und die das Lächeln der verlorenen Freunde für unsere zärtliche Zuneigung bewahrt.

5
Fanny
1931

Während der Vorstellungen von *Marius* hatte mir mein Freund Lehmann, der die Kontrolle unter sich hatte, des öfteren geraten, eine Fortsetzung zu *Marius* zu schreiben.
»Jeden Abend«, sagte er mir, »jeden Abend seit zwei Jahren kommen zwei oder drei Zuschauer, die eine Fortsetzung fordern, weil das Stück so nicht enden kann, der Schluß ist einfach zu traurig... Um sie zu trösten, sage ich ihnen dann, du hättest schon angefangen, eine Fortsetzung zu schreiben, und daß die noch besser sein wird als *Marius.* Wenn du deine Phantasie ein wenig wachkitzeln würdest, könntest du auch mir eine Freude machen. Denn irgendwann wird er ja schließlich wiederkommen, dieser *Marius.* Und was soll dann passieren??«
Ich hatte natürlich auch darüber nachgedacht und mit Pierre Brisson darüber gesprochen, als wir auf den Boulevards einmal gemeinsam zu Abend essen gingen. Er schien mir nicht sonderlich begeistert.
»Mir wäre ein neues Stück lieber«, sagte er. »Ein Autor, der eine Fortsetzung schreibt, bringt sich womöglich in den Ruf, daß ihm nichts mehr einfällt und daß er die gleiche Masche noch mal bringen will.«
Aber nach einigem Überlegen fügte er hinzu: »Es sei denn, das zweite Stück wirkt in sich abgeschlossen und vermag auch ein Publikum zu interessieren, das den ersten Teil nicht kennt...«
Das war haargenau, was ich eigentlich vorhatte. Ich sprach mit Volterra und schilderte ihm eines Abends bei Tisch Thema und Handlung von *Fanny.*

Er war sofort einverstanden und sagte: »Wir bringen die Uraufführung im Herbst, aber ich muß *Marius* nach der 800. Vorstellung absetzen, weil ich an Verträge gebunden bin, deren Einhaltung ich seit zwei Jahren hinausschiebe. Ich werde sie vor Saisonschluß abwickeln, damit *Fanny* im Herbst herauskommen kann, sonst müßte ich die Uraufführung auf nächstes Jahr verschieben.«
Also wurde *Marius* abgesetzt, um für *Un homme en habit** von Yves Mirande und André Picard Platz zu machen.
Es handelte sich um eine Komödie, die ohne großen Erfolg 1920 im Théâtre des Variétés uraufgeführt worden war.
Zur allgemeinen Überraschung schien Raimu hocherfreut, die Rolle des César gegen die des Mannes im Frack eintauschen zu können; da ich ihn aber gut kannte, fiel es mir nicht schwer, seine Freude richtig zu deuten.
Der große Jules, der mit seiner Person sehr sorgfältig umging, war privat immer von außerordentlicher Eleganz; was er trug, war nie extravagant, aber teuer und geschmackvoll. Seine Überzieher wurden allgemein bewundert und manchmal nachgemacht. Er wechselte jeden Tag die Krawatte, und der bekannteste Schuhmacher von Paris fertigte ihm seine Schuhe aus den erlesensten, wertvollsten Lederarten.
Nachdem er 800 Vorstellungen lang jeden Abend auf der Bühne die blaue Schürze, die Mütze und die Espadrilles eines Kneipenwirts getragen hatte, verspürte er große Lust, sein Publikum daran zu erinnern, daß er durchaus einen Mann von Welt spielen konnte, der sich in feinen Abendschuhen sehr wohl fühlt.
Während Raimu auf der Bühne bewies, wie elegant er sein konnte, machte ich mich mit viel Freude an die Arbeit. Am Ende des Sommers konnte ich dem Chef und der Chefin mein Manuskript vorlesen. Sie schienen äußerst angetan und luden

---

* *Ein Mann im Frack*

mich ein, ein paar Wochen am Cap Camarat, eine kurze Meile von Saint-Tropez, zu verbringen. Auf dem höchsten Punkt des Caps ragte die beeindruckende, massige Silhouette eines modernen Schlosses empor.
Diese prunkvolle Behausung war gebaut worden, um das Unglück eines jungen Ausländers den Blicken zu verbergen, der aus adliger Familie stammte, aber geistig nicht normal war.
Die Mauern dieses Monuments waren aus großen rosa Steinquadern gebaut. In Saint-Tropez erzählte man, diese Steinblökke seien von Saint-Raphaël hergebracht worden, sorgfältig verpackt in sehr dickem Packpapier.
Die Arbeit an dem Riesengebäude ging so sorgfältig und dementsprechend langsam vonstatten, daß der glücklose kleine Prinz starb, noch ehe der letzte Ziegel auf dem Dach war. Also wurde das Schloß verkauft, und Volterra erwarb es.
Er fuhr von Zeit zu Zeit hin, um sich dort auszuruhen, aber da der Palast so riesig war, bestellte er sich immer ein paar Freunde aus unserer Branche hin, so etwa Rip, Jean le Seyeux, Mirande oder Saint-Granier. Er nahm auch Bühnenarbeiter mit, die von den furchtbar anstrengenden Proben im Casino de Paris erschöpft waren und ihre gesunde Gesichtsfarbe dadurch wiedererlangten, daß sie in der Provencesonne Gärtner spielten.
Ich verbrachte dort mehrere, äußerst angenehme Wochen; unsere Beschäftigung bestand darin, daß wir abends reihenweise Angeln auslegten, die wir morgens einholten, ferner spielten wir Pétanque, und nachts wurden große Skatturniere in den Prunkgemächern des Schlosses veranstaltet.
Saint-Tropez steckte damals noch in den Kinderschuhen: Es war ein sehr großes Fischerdorf, das von ein paar Sommerfrischlern aufgesucht wurde, unter ihnen Colette, René Clair und eine ziemlich große Anzahl von Malern, die im Angedenken an Signac hierher kamen, Signac, der die Schule der Mediterranisten begründet hatte: Er war es gewesen, der in dieses

Fischerdorf Künstler wie Matisse, Marquet, Bonnard, Luc Albert Moreau geholt hatte, und dazu den berühmten Dunoyer de Segonzac, der heute noch im Musée de l'Annonciade über die Meisterwerke seiner Freunde wacht.
An einem Sonntagmorgen bat mich Léon, der ins Dorf ging, um Zeitungen zu kaufen, ihn zu begleiten, denn er wolle mir »etwas« zeigen.
Als wir aus der Buchhandlung kamen, deutete er mit dem Fingern auf einen Maler, der vor der Staffelei stand.
»Gehen wir schauen, was er macht«, sagte er. »Ich möchte deine Meinung über seine Bilder hören.«
Der Maler trug einen blauen Mechanikeranzug. Er begrüßte uns mit einem Lächeln und fuhr fort in seiner Arbeit. Er malte mit sehr schönen provenzalischen Farben an einer Hafenansicht von Saint-Tropez.
»Ist das Ihr Beruf?« fragte Léon.
»O nein«, antwortete der Maler. »Ich bin Dreher und arbeite in der Torpedofabrik. Ich male so zum Spaß, am Sonntag.«
»Schon lange?«
»Seit Jahren. Ich habe mindestens hundert Bilder auf meinem Dachboden stehen.«
Als wir ihn verließen, sagte mir Léon: »Interessieren dich diese Bilder?«
»Ich finde sie sehr schön und von der Maltechnik her gut. Aber ich muß gestehen, daß mir meine Malerfreunde ins Gesicht lachen, wann immer ich ein Bild gut finde.«
»Die Meinung der Maler spielt keine Rolle«, erwiderte Léon. »Man verkauft Malern keine Bilder. Ich kenne mich auch nicht aus, aber ich mag, was er macht; ich hätte große Lust, zur Vorpremiere von *Fanny* das Foyer des Theaters mit den Bildern dieses Mannes zu dekorieren, falls sie alle so interessant sind wie das, was er gerade malt. Und außerdem werden wir in die Dekoration des Eßzimmers bei Panisse ein paar hineinhängen. Wir müssen seinen Dachboden besichtigen.«

Zwei Tage später gingen wir hin; und so kam es dann, daß große Kisten, die mehr als hundert Bilder enthielten, auf einen Lastwagen geladen und zum Théâtre de Paris gefahren wurden. Salomon war außer sich vor Freude und Dankbarkeit und wußte nicht, wie er seine Freundschaft zum Ausdruck bringen sollte; aber die »echten« Maler, die modernen, die gescheiten, diejenigen, die Bilder malten für Maler, sie grinsten nur, wenn sie uns sahen.

Als wir nach Paris zurückkamen, wollte Léon sogleich mit den Proben beginnen; nachdem ich mein Stück noch einmal gelesen hatte, bat ich ihn, mir noch zwei, drei Wochen Zeit zu lassen, damit ich gewisse Szenen neu schreiben konnte, die mir nicht mehr gefielen.

Léon zuckte die Schultern, behauptete, ich würde mir mein Werk selbst verpfuschen, und daß ein Stückeschreiber seine Stücke so produziert wie ein Feigenbaum seine Feigen, das heißt ohne das geringste davon zu verstehen.

Schließlich gewährte er mir doch drei Wochen, aber er warnte mich: sollten die Änderungen meinem Stück schaden, würde er sie ablehnen und die ursprüngliche Fassung spielen. Außerdem entschied er, daß die Uraufführung am 1. Dezember stattfinden würde, komme was wolle. Die Zeit bis dahin wollte er mit einer kleinen Wiederaufnahme bestreiten, gleichzeitig wollte er das Ensemble zu den Proben von *Fanny* bestellen.

Es gab gleich eine erste Enttäuschung.

Unglücklicherweise war Fresnay nicht frei: ein noch frischer Erfolg hielt ihn auf einer anderen Bühne fest.

Dieser Ausfall war sehr bedauerlich. Volterra machte mich darauf aufmerksam, daß Marius erst im letzten Akt auftrat, das heißt gegen elf Uhr, und daß zu diesem Zeitpunkt die Sache schon gelaufen sein werde.

Wir beschlossen, Fresnay durch Berval zu ersetzen, den jugendlichen Liebhaber vom Alcazar in Marseille. Er konnte singen, tanzen und wunderbar Komödie spielen. Die Frauen liebten ihn abgöttisch, verfolgten ihn mit leidenschaftlichen Briefen, und ein ganzes Rudel von hübschen Wesen – die schönsten Mädchen des Hafens, manchmal sogar die der Rue Paradis – erwarteten ihn nach der Vorstellung am Bühnenausgang, und manchmal stürzten sie sich jammernd und seufzend auf ihn. Dabei kam ihm des öfteren sein Hut abhanden, manchmal sogar die Krawatte. Léon engagierte Berval – der Skrupellose spekulierte dabei ebensosehr auf seinen Sex-Appeal wie auf seine Begabung.

Wir waren im Begriff, mit den Proben zu beginnen, als Alida Rouffes Antwort aus Marseille eintraf. Unsere liebe Honorine teilte uns mit, sie liege in einer Klinik darnieder.

Mehr um des Ruhmes als um des Mammons willen, hatte sie sich wieder auf das Abenteuer von Provinztourneen eingelassen, und sie war zugleich die Chefin und ihr eigener Star. In den kleinen Küstenorten verkündeten schon am frühen Morgen breite, über die Hauptstraße ausgespannte Transparente dem staunenden Volk ihren Einzug in die Stadt:

ALIDA ROUFFE
WEILT UNTER UNS

Sie hatte nach wie vor großen Erfolg; darauf war sie stolzer als auf den Beifall des Pariser Publikums.

Aber eines schicksalhaften Tages, als sie unterwegs in einem Bummelzug vor sich hindöste, löste sich ein schlecht befestigter Balken auf einem aus der Gegenrichtung kommenden Güterzug, zerschmetterte die Scheibe ihres Abteils, ein langer Glassplitter durchstieß ihr Schnürkorsett und verletzte sie ziemlich schwer.

Der Brief besagte, daß sie nach Ansicht der Ärzte noch mindestens zwei Monate vollkommene Ruhe brauchte; es sei »die Wampe noch voll von Glassplittern, die mich ganz entsetzlich kitzeln«.

Das war eine schwerwiegende Absage, denn Alida hatte das Pariser Publikum erobert und die Rolle war von A bis Z für sie geschrieben... Als Ersatz holten wir eine Schauspielerin, die in Marseille bekannt war; obwohl sie die Fischweiber hinreißend gut spielte, hatte sie auf ihren Vornamen verzichtet und ließ sich Madame Chabert nennen. So stand sie auf den Plakaten, vermutlich um sich (typographisch) auf das Niveau von Madame Simone zu hieven, die mit Réjane und Sarah Bernhardt eine der drei großen Schauspielerinnen der letzten fünfzig Jahre war.

Als wir alle beisammen hatten, begannen wir, nicht ohne Sorge, mit den Proben.

Die ersten gefielen den Bühnenarbeitern sehr gut. Orane Demazis, Charpin, Vattier, Dullac spielten ihre Rollen mit einer hinreißenden Selbstverständlichkeit; der kleine Maupi schien seinen Text geradezu zu erfinden. Berval, ein echter Marseiller, hielt sich glänzend in der Rolle des Marius, Madame Chabert und Milly Mathis hatten ganz spontan den richtigen Ton gefunden. Und Raimu! Ja, Raimu war wieder einmal der große, unvergeßliche Raimu. Alle Hoffnungen waren berechtigt.

Vierzehn Tage später machte Léon das Theater zu, damit uns die Bühne durchgehend, nachmittags und abends, zur Verfügung stand. Alles schien auf bestem Wege, und der alte Lehmann sagte: »Am ersten Vorverkaufstag stehn sie Schlange auf dem Trottoir bis zur Rue La Bruyère.«

Eines Abends hatte ich nach Mitternacht nicht mehr die Kraft, mit Raimu essen zu gehen. Ich wollte nach Hause und schlafen.

Gegen drei Uhr früh wurde ich geweckt, denn es läutete Sturm: Léon und Simonne Volterra standen vor der Tür.

Léon sagte kein Wort, ging an mir vorbei in die Wohnung und warf seinen Hut auf einen kleinen Tisch. Dann sagte er: »Ich

wollte dir nur ankündigen: dein Freund Raimu wird in *Fanny* nicht spielen!«
Er war leichenblaß und knirschte so aufgeregt und heftig mit den Zähnen, daß man sah, wie seine Muskeln unter den Ohren anschwollen.
Ich glaubte, es sei ein Unglück passiert.
»Ist er tot?«
»Ja«, sagte Léon, »für mich ist er gestorben. Wen willst du als Ersatz?«
Ich fiel aus allen Wolken, denn als ich gegangen war, waren sie gute Freunde.
Ich fragte: »Was ist passiert?«
»Eine persönliche Angelegenheit. Ich kann dir versichern, daß dieses Individuum keinen Fuß mehr in mein Theater setzen wird.«
Fragend blickte ich die Chefin an. Ich sah nur ein herrisches Profil, sie sagte kein Wort.
Mir wurde klar, daß sie wohl den Abend gemeinsam verbracht hatten und daß Jules nach einem Souper im Fouquet's oder Maxim's wieder einmal in Wut geraten war; vermutlich hatte es einen kleinen, äußerst geschmacklosen öffentlichen Auftritt gegeben. Ich hoffte jedoch, daß die Beschimpfungen, zu denen es nach ein Uhr in der Nacht gekommen war, einen endgültigen Bruch kaum rechtfertigten, vor allem nach so langjähriger Zusammenarbeit, und daß es genügen würde, Zeit zu gewinnen.
»Setzt euch«, sagte ich. »Trinken wir zunächst einmal was, denn ich bin noch nicht ganz wach, ich weiß gar nicht, ob ich nicht träume.«
Die Chefin setzte sich, aber Léon blieb stehen, stumm, mit geballten Fäusten in den Taschen.
Schweigend servierte ich drei kleine Gläschen gelbe Chartreuse.
Léon wiederholte: »Wen willst du als Ersatz?«

»Wir müssen sofort eine Entscheidung treffen«, sagte die Chefin.
»Wir haben an Francen oder an Harry Baur gedacht.«
»Meine liebe Chefin«, sagte ich, »ich weiß nicht, was passiert ist, aber ich sehe, daß ihr alle beide wütend seid und daß es drei Uhr früh ist. Es wäre absolut unvernünftig, eine Entscheidung zu treffen, ohne darüber geschlafen zu haben.«
»Meine Entscheidung *ist* getroffen«, sagte Léon. »Komm morgen früh zur Probe, und du wirst einer öffentlichen Hinrichtung beiwohnen.«
Sie verließen meine Wohnung, ohne an ihren Gläsern genippt zu haben. Ich war etwas besorgt, aber überzeugt, die Sache würde sich am nächsten Morgen von selbst einrenken.
Was konnte der Beweggrund für die radikale Entscheidung sein? Ich versuchte, Jules anzurufen. Keine Antwort. Nachdenklich nahm ich ein Glas Chartreuse zu mir, um mich zu stärken.
Ich leerte es in einem Zug und schüttelte mich: verhältnismäßig schlecht informiert über die Färbung von Alkoholika, bzw. durch die schöne goldgelbe Farbe irregeführt, hatte ich Olivenöl serviert.
Am nächsten Morgen versuchte ich erneut, Jules anzurufen; seine treue Concierge ließ mich wissen, daß er soeben ausgegangen sei. Zu Mittag war er noch nicht zurück.
Als ich im Théâtre de Paris ankam, hatte die Probe schon begonnen. Charpin und die Demazis waren gerade auf der Bühne. Mitten im Parterre sah ich Léon und die Chefin nebeneinander sitzend. In der ersten Reihe ein paar Schauspieler, die auf ihren Auftritt warteten. Raimu war nicht da.
Ich setzte mich neben Léon. Unbeweglich, kalt wie ein Marmorblock, hörte er den Schauspielern zu, und die Chefin gönnte Charpin für seine komischen Glanzstellen nicht das kleinste Lächeln, übrigens lachte keiner, nicht einmal Charpin selbst.

Am Schluß der Szene trat Raimu von der Hinterbühne her auf. Den Hut auf dem Kopf und das Manuskript unterm Arm. Er ging auf Panisse zu und sagte seinen Text.
»Ach, Panisse, warum schließt du dich denn so ein? Um dein Geld zu zählen, du alter Geizhals?«
Meister Panisse hatte keine Zeit, ihm zu antworten.
Volterra war aufgestanden und sagte nun laut und deutlich: »Monsieur Raimu, schauen Sie sich bitte den Probenplan an!«
Jules war erstaunt, zögerte einen Augenblick und verließ die Bühne, denn der Probenplan wurde jeden Tag auf dem Gang vor der Garderobe ausgehängt.
Es herrschte ein peinliches Schweigen. Alle Schauspieler hatten ihn gesehen, diesen Probenplan. Darauf stand zu lesen: »Da Monsieur Raimu seinen Direktor aufs schwerwiegendste beleidigt hat, ist sein Vertrag gekündigt.«
Raimu kam zurück, trat an die Rampe und sagte schlicht: »Wem soll ich das Manuskript zurückgeben?«
»Monsieur Henriot«, antwortete Léon.
Der Inspizient ging auf Jules zu, der händigte ihm das dicke rote Heft aus; dann drehte er uns den Rücken und verließ die Bühne. Dreißig Sekunden lang sprach keiner ein Wort, keiner rührte sich.
Ich lief ihm nach und holte ihn im Foyer ein.
»Jules, sag mir, was los ist.«
»Was los ist? Monsieur Volterra hat mir gekündigt.«
»Sag mir warum.«
»Das würde nichts ändern.«
»Hör zu; ich weiß doch, daß dieser Streit nicht länger als acht Tage dauern wird, und das werden acht für unsere Arbeit verlorene Tage sein. Findest du das nicht lächerlich? Sag mir zunächst, wer angefangen hat.«
»Wenn du mich schon so fragst, dann bist du sowieso überzeugt, daß ich es war. Also gibst du ihm recht.«

»Ich gebe weder dem einen noch dem anderen recht, weil ich ja nicht einmal weiß, worum es geht; aber ich weiß, daß bei all euren Streitereien du immer als erster losgebrüllt hast...«

»Vielleicht schrei ich als erster, aber ich fange nie an mit dem Streit. Ich schreie, weil man mir Dinge sagt, die mich zum Schreien bringen.«

»Wenn du schon zugibst, daß du als erster geschrien hast, dann solltest du auch den ersten Schritt machen... Wenn du willst, geh ich hin und sag ihm, daß es dir leid tut und daß eine dreißig Jahre alte Freundschaft nicht auf so dumme Weise enden kann... Was hältst du davon?«

»Was ich davon halte? Wenn du ihm unbedingt etwas ausrichten willst, dann sag ihm, daß ich glücklich bin, endlich von dieser Sklaverei befreit zu sein und daß er mir soeben durch sein perfides Verhalten einen großen Dienst erwiesen hat.«

»Und mein Stück?«

»Brauchst du ihm nur wegzunehmen: ich spiele es dir woanders.«

Er ließ mich ganz plötzlich stehen, und seine Absätze knallten auf dem Trottoir.

Als ich ins Foyer zurückging, stieß ich dort auf Léon. Er kam auf mich zu, mit bösem Blick.

»Was hat dir dieser Idiot gesagt?«

»Natürlich ist er nicht gerade fröhlich... Diese außergewöhnliche Entscheidung hat ihn überrascht... Aber ich habe gute Hoffnung, daß er zurückkommt, eh drei Tage vergehen, sicher wird er sich entschuldigen...«

»Das wäre lustig! Es würde mir gefallen, ihn ein zweites Mal hinauszuwerfen. Wen willst du als Ersatz?«

»Niemand kann für ihn einspringen. Es fehlen uns schon Fresnay und Alida. Ohne ihn ist es besser, wenn wir *Fanny* auf nächstes Jahr verschieben. Weil ich euch beide kenne und sehr wohl weiß, daß sich das mit einem großen Dîner wieder einrenken wird, aber wenn es zu spät ist.«

»Niemals! Hörst du? Niemals wird dieser Herr mehr einen Fuß in meine Theater setzen. Niemals, du kannst es ihm ausrichten.«

Die Proben gingen weiter, die Rolle des César wurde vom Inspizienten gelesen. Indessen pendelte ich hin und her zwischen den beiden Feinden und beschönigte großzügig die Erklärungen, die jeder mich auszurichten bat; sie arteten sehr bald in Beschimpfungen aus und schließlich in Anschuldigungen, die ebenso schlimm wie lächerlich waren.

Natürlich fand Raimu die schlimmste Tonart.

Léon erzählte gerne, daß er in seiner Jugend vor den Theatern und Varieté-Häusern schwarz Programmhefte verkauft habe. Diese Programmhefte waren reine Raubdrucke und bedeuteten unlautere Konkurrenz für die des Hauses; manchmal wurden diese Schwarzverkäufer von der Polizei abgeführt. An den Tagen, wo die Polizei die Leute schnappte, traf Léon immer mehrere Kollegen auf der Polizeiwache. Ein Kellner aus der Nachbarkneipe brachte ihnen Bier; dann spielten sie Skat und der wachhabende Polizist spielte den Schiedsrichter bei unsauberen Spielpraktiken. Um Mitternacht wurden sie ohne jede Strafe wieder freigelassen...

»Das passierte uns einmal im Monat«, hatte Léon erzählt.

Beim fünften Schlichtungsversuch, als ich Jules darum bat, nachzudenken und zu gestehen, daß er niemals vorgehabt hatte, seinen Direktor zu beleidigen, antwortete er, und die Anspielung war deutlich: »Du kannst deinem Freund sagen, daß ich mich nie wieder von einem Stammgast der Polizeiwachen rumkommandieren lassen werde.«

Zum Schluß beschimpften sie auch mich, und ich gab es auf; aber nun ärgerte ich mich auch.

»Mein lieber Léon«, sagte ich, »Ihre Auseinandersetzung ist möglicherweise sehr interessant, aber ich will dabei nicht der Dumme sein; denn wir sind auf dem besten Weg, einen totalen Durchfall zu inszenieren. Ich ziehe also mein Stück zurück; ihr könnt es wiederhaben, wenn ihr euch versöhnt habt.«

»Also nie.«

»In dem Fall werde ich es in einem anderen Theater spielen, dessen Direktor das Werk seinen persönlichen Querelen voranstellt.«

»Was zu bedeuten hat, daß du dich auf die Seite von Raimu schlägst.«

»Keineswegs. Auf meine eigene schlag ich mich. Und *Fanny* ziehe ich zurück!«

»Ich danke dir für deine Freundlichkeit, aber ich muß dich warnen: du machst einen Fehler. Glaubst du allen Ernstes, daß du das Recht hast, das Stück zurückzuziehen?«

»Ganz gewiß. Die Besetzung sollte laut Vertrag gemeinsam besprochen und beschlossen werden. Dies ist geschehen, und ohne das Einverständnis beider Parteien ist nichts mehr daran zu ändern. *Ich* lehne es ab, umzubesetzen, und somit liegen die Rechte wieder bei mir.«

Léon lächelte überlegen.

»Du weißt also nicht, was der Vertrag zwischen den Direktoren und deinem Schutzverband besagt. Er legt fest, daß der Direktor, falls ein Schauspieler des Ensembles ihm nicht gehorcht, das Recht hat, ihn durch einen anderen Schauspieler zu ersetzen, den der Autor bestimmen soll. Ich erwarte also deine Entscheidung.«

»Und wenn ich mich weigere, zu entscheiden?«

»Dann mußt du erstens mir alle Kosten, die bereits angefallen sind, zurückerstatten, und zusätzlich eine Entschädigung zahlen für die Einnahmen, die ich zu erwarten hatte. Die werden im Verhältnis zu denen von *Marius* geschätzt, und die sind immens. Des weiteren mußt du alle Schauspieler für die bereits stattgefundenen Proben entschädigen und ihre Gagen für dreißig Vorstellungen auszahlen. Ich mache dich darauf aufmerksam, daß ich großzügig bin, wenn du wirklich all diese Unkosten auf dich nehmen willst, dann gib mir drei Millionen, und wir reden nicht mehr davon!«

Mein Agent, Morazzani, sagte mir, dieser Anspruch sei vielleicht übertrieben, aber absolut fundiert, und es wäre besser, aufzugeben. Fünfunddreißig Jahre später, unter Finanzminister Pinay, wäre der Geldwert mit 150 Millionen Francs beziffert worden.

Da sagte mir Léon: »Ich schlage dir noch einmal Harry Baur vor, der dein Stück *Jazz* mit Glanz und Gloria zur hundertsten Aufführung gebracht hat – der erste Erfolg dieser Art für dich. Er ist ein großer Schauspieler, ganz bestimmt deinem Freund überlegen. Aber wir müssen ihn binnen drei Tagen engagieren, sonst unterschreibt er woanders.«

Harry Baur war einer der größten Schauspieler unserer Zeit. Seine Ausstrahlung auf der Bühne und auf der Leinwand war unwiderstehlich. Mühelos stieg er um, aus dem finstersten Drama in die zwerchfellerschütternde Farce, und er beherrschte sein Metier ebenso souverän wie Lucien Guitry.

Überdies hatte er einen Teil seiner Ausbildung in Marseille absolviert, und sein Akzent war vollkommen natürlich. Ich wußte aber, daß das Publikum, noch ehe es Harry Baur auf der Bühne in Augenschein genommen hätte, Raimu nachtrauern würde; das Ausfallen von Fresnay und Alida Rouffe konnte diese automatische Reaktion nur verschlimmern. Es würde ein schwerer Kampf werden: das war auch die Meinung der Bühnenarbeiter, der Dame von der Kasse und die Lehmanns.

Als einige Tage vor der Vorpremiere der Kartenverkauf begann, war nichts zu sehen von jener Schlange, die bis zur Rue La Bruyère reichen sollte. Allein in ihrem Kassenraum, biß Juliette an ihrem nutzlosen blauen Stift herum. Die Kartenbüros, deren Vertrauen zumindest den Start des Stückes sichert, die finanzstarken Kartenbüros mieteten nicht eine einzige Reihe, nicht einmal einen einzigen Platz...

Am Tag vor der Voraufführung verkündete Lehmann, daß für die Premiere zwei Plätze verkauft seien. Er kam aus seinem Ärger nicht mehr heraus.
»Zwei Plätze!« schimpfte er. »Nicht drei, nicht vier. Zwei! Das habe ich während meiner ganzen Laufbahn, bei den schlimmsten Katastrophen nie erlebt. So sind sie! Die heulen einem die Hemdbrust naß, daß keine Fortsetzung kommt, und dann lassen sie einen einfach hängen. Und warum? Nur weil drei Schauspieler ausgewechselt wurden. Sie haben nicht einmal die Neugierde, sich den großartigen Harry Baur anzuschauen, geschweige denn das Stück des Autors, dabei ist es besser als *Marius*... Nun ja, wir können nichts machen, so ist das eben.«
Dann war es soweit: Volterra hatte sich sehr ins Zeug gelegt. Die großen Foyers des Théâtre de Paris waren mit mehr als hundert Bildern des Malers Salomon ausgeschmückt, der es aber nicht wagte, sich zu zeigen. Die Beleuchtung war von Valentin doppelt verstärkt worden, und an den Wänden entlang standen große Körbe mit Mimosen, die von den Platzanweiserinnen an die Damen verteilt wurden.
Lehmann war finsterster Stimmung. Er hatte die fünf Dutzend Premierenschnorrer nicht abweisen müssen (das war immer der Tag seiner Allmacht), die sich ihm zu Füßen werfen, um noch den Notsitz zu bekommen, auf den sie kein Anrecht haben.
Eine ältere Platzanweiserin sagte mir leise: »Sie scheinen nicht sehr begeistert. Alle reden sie von Raimu und von Fresnay.«
Ich ging hinaus zu Baur in die Garderobe. Dort fand ich unseren Direktor, der eine Zigarre rauchte und mir nicht nur optimistisch, sondern geradezu aufgekratzt erschien.
»Du wirst sehen«, sagte er mir, »daß wir auf deinen Freund verzichten können!«
Baur korrigierte noch seine Maske. Charpin kam strahlend zur Tür herein.

»Schaut ihn an!« sagte Baur. »Er weiß genau, daß er die beste Rolle hat!«
»Ja«, sagte Charpin freundlich. »Ich habe die beste Rolle, aber ich habe nicht das größte Talent.«
Am Schluß des ersten Akts schien das Spiel gewonnen, unsere Pausenspione berichteten von den beruhigenden Sätzen, die sie draußen in den Foyers gehört hatten. Harry Baur hatte persönlich einen großen Erfolg, und Milly Mathis hatte in der letzten Szene des ersten Akts das Publikum im Sturm erobert, dank ihrer keß-spontanen Art, dank ihrer hellklingenden jugendfrischen Stimme.
Im zweiten Akt gab es mehrmals Szenenapplaus, und als sich Orane Demazis zwischen Harry Baur und Charpin vor dem Publikum verbeugte, flogen Hunderte von Mimosensträußchen auf die Bühne, und die Aufführung wurde endgültig zum großen Erfolg.
Lehmann fühlte sich wie neugeboren und sagte: »Ich glaube, wir sind gerettet; aber wir müssen die Kritik abwarten. Die Berichte erscheinen erst übermorgen, und der Verkauf wird am Nachmittag losgehen.«
Das Souper war euphorisch.
Am anderen Morgen wurde ich gegen zehn Uhr vom Telephon geweckt. Es war Lehmann.
»Komm sofort. Der Chef will dich sehen.«
»Wozu?«
»Keine Ahnung... Vielleicht ein paar Striche...«
»Sag ihm, daß ich nach dem gestrigen Erfolg überhaupt keinen Grund sehe, irgend etwas zu streichen.«
»Sag es ihm selbst.«
Er hängte ein.
Beunruhigt und wütend marschierte ich ins Theater.
Eine lange Schlange hatte sich vor dem Eingang gebildet und zog sich das Trottoir der Rue Blanche entlang.
Lehmann empfing mich im Triumph.

»Die Schlange reicht noch nicht bis zur Rue La Bruyère, aber zu Mittag ist es soweit...«
Von Strichen war natürlich nicht die Rede. Der Chef, ein großer Werbefachmann, hatte Polizeiordner angefordert, als befürchte er ein Handgemenge, und drei unübersehbare, imposante Polizisten kanalisierten den Publikumsstrom. Daraufhin rief Lehmann die Boulevardzeitungen an, um ihnen mitzuteilen, er habe die Polizei holen müssen, um den Ansturm der tobenden Menschenmenge unter Kontrolle zu halten; indessen vergab Juliette mit der Geschwindigkeit eines Zauberkünstlers Logen und Ränge.

Hier haben wir eines der Geheimnisse des Theaters: denn so etwas war kein Einzelfall, das war die Regel.
Knapp zehn Stunden nach dem letzten Vorhang hatten all diese Leute nach dem Aufwachen von unserem Erfolg gehört, noch bevor die Meinung der Kritiker in den Zeitungen zu lesen war... Bei einem Mißerfolg ist das Resultat übrigens genau dasselbe, nur anders herum.
Da fällt einem nur eine einzige Erklärung ein: die Zuschauer der Vorpremiere haben ihre Freunde angerufen; aber das ist eigentlich schwer vorstellbar. Dazu müßten sich mehrere hundert Leute die Mühe gemacht haben, ihre Bekannten gegen ein Uhr morgens anzurufen, oder gleich nach dem Aufstehen. Man kann auch die Kurzmeldungen, die in einigen Morgenblättern erscheinen, in Betracht ziehen, aber diese Erklärung scheint mir ungenügend, auch wenn sie vermutlich die einzig plausible ist; offenbar wird jedenfalls, wie intensiv sich das Pariser Publikum für das Theater interessiert.

Obwohl die Laufbahn des Stücks sich brillant gestaltete, erreichten die Einnahmen schließlich nicht die Spitzenzahlen von *Marius.* Es wurden weder die Plätze im Olymp noch der Dampfnotsitz verkauft, und es gab öfter noch ein paar freie

Plätze im Parterre, die dann der kluge Lehmann schnell besetzte: er ließ ein paar Zuschauer von den Rängen herunterholen, indem er ihnen sagte, Monsieur Volterra hätte ihm soeben den Befehl erteilt, ihnen diese »kleine Aufmerksamkeit« zu erweisen.
Der große Sieger aber war Salomon.
Schon am ersten Tag kamen Zuschauer, begeistert von dem besonderen Licht in den Bildern, zur Kontrolle und fragten, ob diese Ausstellungsstücke im Foyer nicht zu verkaufen seien.
Der clevere Lehmann spielte zunächst den Unwissenden, sprach von »Privatsammlung« und versprach, mit dem Maler und Monsieur Volterra darüber zu reden.
Léon zog Salomon zu Rate, welche Preise man verlangen sollte. Salomon gab lächerliche Summen an, die Léon zu akzeptieren vorgab; aber er befahl Lehmann, diese Preise zu verdreifachen und die Zuschauer zu informieren, daß die Bilder ihnen erst ausgehändigt würden, wenn ein neues Stück *Fanny* ablöste.
Der Erfolg setzte sofort ein, aber Lehmann verriet dem Maler kein Sterbenswörtchen, der jeden Tag im Theater »vorbeischaute« und zu seinem Kummer bemerkte, daß die Sammlung noch vollständig war... Eines Abends rief ihn schließlich der zuweilen gutherzige Léon in sein Büro und überreichte ihm einen Scheck über einen so hohen Betrag, daß Salomon zunächst an einen bösen Scherz glaubte; als er jedoch merkte, daß es sich um einen echten Scheck handelte, riß er die Augen auf vor Staunen und rief: »Mensch, diesmal werde ich mir aber was leisten!«
Am Abend tauchte er mit einem kompletten Golfanzug auf, mit dicksohligen englischen Schuhen, grünen Strümpfen, Knickerbockern und einer karierten Mütze.
»Oho!« sagte Volterra. »Kannst du Golf spielen?«
»Nein«, antwortete Salomon, »ich werde es auch nie versuchen. Aber der Anzug gefällt mir. Er ist praktisch. Er hat so

große Taschen... Und überhaupt hatte ich seit zehn Jahren Lust danach...«

Er war kein sehr großer Maler, aber ein echter Maler, der gute Erfolge erlebt hat. Er zeigte mir später einmal mit berechtigtem Stolz die Nummer einer amerikanischen Kunstzeitschrift, die seiner Ausstellung in New York gewidmet war, wo er viel Resonanz gefunden hatte. Seine Malerei ist schlicht und ehrlich, seine Farben geben auf wunderbare Weise das Mittelmeer und den Himmel der Provence wieder, es macht immer große Freude, seine Bilder anzusehen.

Die 400. Vorstellung war noch nicht erreicht, da war unser Stück nicht mehr ausverkauft, bis auf den Samstag und manchmal den Sonntagnachmittag.
Léon war jedoch der Meinung, das Stück hätte »bestimmt noch 150 Aufführungen drin«; aber seine Laufbahn wurde durch meine Schuld verkürzt.
Der Erfolg der *Marius*-Verfilmung, die wunderbaren Mittel, die diese neue Kunst dem Autor zur Verfügung stellte, die phantastischen Möglichkeiten, mein Publikum zu vervielfachen, hatten mich geblendet... Der Filmverleih erklärte mir, daß *Marius* bei zweihundert Kopien einhundertfünfzigmal am Tag in den Kinos von Paris und der Provinz gespielt würde. Für Theaterleute, die damals eine 100. Aufführung wie eine glorreiche Begebenheit feierten, war das ein Wunder, vergleichbar nur dem der Erfindung des Buchdrucks für die Schriftsteller. Deshalb wartete ich ungeduldig darauf, *Fanny* verfilmen zu können, und sah mit frevlerischer Freude, wie die Einnahmen des Theaters nach und nach sanken.
Das Drehbuch hatte ich schon geschrieben und dem Stück ein paar Szenen hinzugefügt, die auf dem Theater nicht zu verwirklichen gewesen wären.

Ich hatte beschlossen, diesen Film selbst zu produzieren, denn die Paramount hatte *Topaze* soeben total verpfuscht. Ich sprach mit meinem Freund Roger Richebé darüber, und wir gründeten eine Produktionsgesellschaft, in der Absicht, im Juni zu drehen; die Regie sollte Marc Allégret führen, einer der ersten Cineasten, die verstanden hatten, was diese neue Kunst für Möglichkeiten freisetzte.

Als ich – ziemlich schüchtern – ankündigte, daß der Film im Sommer 1932 gedreht würde, wurde Volterra wütend und schimpfte mich »Renegat«.

Es war nämlich die Zeit, da man glaubte, der Tonfilm würde das Theater ermorden, ihm brutal die Häuser, die Schauspieler und das Publikum wegnehmen. Die Theaterdirektoren beklagten sich bitterlich über diese Invasion, genau wie heute die Kinobesitzer, die sich durch das Fernsehen ausgebootet glauben.

Ich erklärte Léon, daß der *Fanny*-Film meines Erachtens dem Stück eher wieder Auftrieb geben würde, das kurz vor der 400. Aufführung stand und dessen Kassenerfolg merklich zurückging. Diese Begündung ärgerte ihn nur noch mehr: er erklärte mir feierlich, am Tag der Filmpremiere würde er die Aufführungen einstellen.

Ich wußte, daß er es wirklich tun würde, aber das Filmprojekt schien mir viel wichtiger als die Verlängerung des Stücks, und mein Drehbuch wurde 1932 von Marc Allégret verfilmt, und zwar mit einem Einfühlungsvermögen und einer Kraft, die einen Großteil des Erfolgs ausmachten.

Es fiel mir schwer, Harry Baur, Berval und Madame Chabert die Rollen wieder wegzunehmen, die sie auf der Bühne geprägt hatten, um sie auf der Leinwand den bewährten Darstellern des ersten Films zu übertragen. Aber die Verleiher und die Kinobesitzer waren einstimmig der Meinung, die riesige Kundschaft der 5000 Kinos erwarte Raimu, Fresnay und Alida und würde keinen Ersatz dulden. Ihre These bestätigte sich später.

Volterra stellte die Aufführungen ein, noch während der Film im Schnitt war; danach forderte er eine Privatvorführung. Er sah unseren Film als erster, wortlos, ohne ein Lächeln.

Schließlich sagte er: »Geistig gehört dieser Film mir. Wenn du ein ehrlicher Mann bist, gibst du mir die Alleinrechte für Paris, für mein Kino, das Marigny.«

Es wurde ein großer Erfolg, und Léon schenkte mir seine Freundschaft wieder, das heißt er hörte auf, mit eisiger Miene, die Fäuste in der Tasche, mit mir zu reden.

Als ich festgestellt hatte, daß *Fanny* auf der Bühne nicht den Erfolg von *Marius* wiederholen konnte, zog ich daraus mehrere Schlüsse. Zunächst dachte ich, daß Pierre Brisson recht gehabt hatte, daß tatsächlich eine Fortsetzung das Publikum eher argwöhnisch macht; dann, daß das Thema meines Stükkes zu banal war, aber die Ergebnisse des Filmvertriebs belehrten mich eines besseren.

Ein Verleiher hat seit dreißig Jahren Statistiken geführt und mir vorgerechnet, daß, wenn die drei Filme im selben Kino innerhalb von ein paar Wochen laufen und wenn die Einnahmen von *Marius* gleich 100 sind, daß dann *Fanny* 108 bringt und *César* 95.

Also folgerte ich, daß der Ausfall von Raimu, Fresnay und Alida Rouffe den Erfolg des Stückes auf der Bühne schwerwiegend beeinträchtigt hatten, trotz der hervorragenden Schauspieler, die sie ersetzten und jeden Abend langanhaltenden Beifall ernteten. Das Publikum ist treu und hat ein gutes Gedächtnis.

In der Verfilmung von *Fanny* hatte der kranke Dullac die Rolle des Escartefigue nicht spielen können. Wir besetzten die Rolle mit Mouriès, der sie mit viel Erfolg auf Tournee gespielt hatte: trotzdem bekam ich über hundert Protestbriefe, noch heute bekomme ich hin und wieder welche.

Das Stück wurde noch zwei weitere Male im Ausland verfilmt, das eine Mal in Italien, das andere Mal in Amerika, und diesbezüglich habe ich ein kleines linguistisches Geheimnis aufgedeckt.
In Südfrankreich ist es Sitte, daß eine Mannschaft, die beim Pétanque-Spiel verliert, ohne einen einzigen Punkt zu machen, mit einer gewissen Feierlichkeit »Fanny küßt«.
In diesem Fall geht man in die nächste Kneipe und holt da ein Gemälde von der Wand – von irgendeinem Lokalmaler –, das den fülligsten Körperteil einer molligen, vollschlanken Person darstellt. Die Besiegten knien nieder und küssen in aller Demut einer nach dem anderen die Rundungen des weiblichen Popos.
In Amerika bedeutet das Wort Fanny genau dasselbe, gilt aber als außerordentlich ordinär; aus diesem Grund begann ein großer Kritiker nach der Erstaufführung in New York seinen Artikel folgendermaßen:
»Endlich wird das Wort Fanny druckfähig.«
Ob dieser merkwürdige Brauch um einen hübschen Vornamen etwa aus Amerika kommt? Ich glaube eher, daß das Wort dorthin exportiert wurde, nach dem Ersten Weltkrieg, durch ein paar nette Boys, die im Krieg gelernt hatten, Pétanque zu spielen und sicherlich in ihren Anfängen Gelegenheit gehabt hatten, »Fanny zu küssen«.

Wir hatten gemeinsam zu Abend gegessen, Berval und ich, in Titin's Restaurant, und als gegen zehn Uhr ein reicher Kaufmann aus Marseille hereinkam und uns begrüßte, fragte er den Schauspieler:
»Spielen Sie denn nicht in *Fanny*?«
»Doch«, antwortete Berval. »Aber ich habe meinen ersten Auftritt erst zu Beginn des letzten Aktes.«
»Da haben Sie sich also bereit erklärt, eine Wurzen zu spielen?«

»Ich trete um elf Uhr auf«, erwiderte Berval, »aber seit zehn vor neun reden Harry Baur, Orane Demazis und Charpin nur von mir... Es ist die beste Rolle des Stücks!«
In der Tat hatte er regelmäßig Auftrittsapplaus, noch bevor er ein Wort sagte.
Junge Schauspieler, überlegt diesen schönen Spruch eines alten Theaterpferds, und wenn ihr einmal in der (glücklichen) Lage seid, daß ihr euch die Rollen aussuchen könnt, akzeptiert niemals eine Rolle ohne markante Auftritte und ohne Abgänge, akzeptiert niemals eine dramaturgisch schwache Rolle.

Zweiter Teil

Die Zeit des Kinos

Vorbemerkung des Herausgebers

1967 stellte Marcel Pagnol die Artikel, die er 1933 in den Cahiers du Film *publiziert hatte, mit Ergänzungen versehen zu einem kleinen Band zusammen. Als Titel wählte er den, der über dem ersten Artikel gestanden hatte:* Cinematurgie von Paris. *»Der folgende Essay«, schrieb er, »ist nichts anderes als der Bericht meiner ersten Schritte in der Filmkunst, danach gehe ich kurz auf die Entstehungsgeschichte des Tonfilms ein, schließlich folgt eine Theorie des neuen Ausdrucksmittels, die ich aus meinen praktischen Erfahrungen heraus entwickelt habe.« Wir drucken hier die ersten drei Kapitel dieses Essays.*

1
Der Tonfilm wird geboren

Eines Frühlingsabends im Jahre 1930 saß ich einsam beim Essen in einem kleinen Restaurant der Rue Blanche. Einsam, aber heiteren Sinnes. Ich kam nämlich gerade von Léon Volterra, genauer gesagt aus seinem Büro im Théâtre de Paris, wo von einem wunderbaren Ensemble seit mehr als einem Jahr *Marius* gespielt wurde.
Über die Einnahmestatistiken gebeugt, hatte er zu mir gesagt: »Ich glaube, wir machen damit noch die nächste und übernächste Saison.«
Hocherfreut vernahm ich diese Vorhersage, denn Léon war berühmt für seine prophetische Gabe. Einzig aufgrund seiner Intelligenz hatte er es zum Direktor des Casino de Paris, des Théâtre de Paris, des Théâtre Marigny und des Luna-Park gebracht. Ab der fünfzehnten Vorstellung war er in der Lage, bei einer Komödie vorherzusehen, und zwar genau vorherzusehen, welchen Weg sie weiter machen würde.
Folglich war ich ungemein zufrieden mit dem Lauf der Dinge, und ich genoß im vorhinein den Riesenerfolg, den eine 500. Vorstellung bedeutet, als Pierre Blanchar zur Tür hereinkam und sich an meinen Tisch setzte.
Er entfaltete seine Serviette und sagte: »Ich komme direkt aus London, wo ich etwas Außergewöhnliches, etwas ganz Großartiges erlebt habe: einen Tonfilm...«
Seit mehreren Jahren suchten Ingenieure auf der ganzen Welt nach der Lösung des Problems. In Frankreich selbst war es Léon Gaumont, dem sicherlich genialen Techniker, gelungen, mittels eines Pendels die Einzelbilder einer Filmspule mit dem

auf einer Grammophonplatte aufgenommenen Sprechtext zu synchronisieren.

Das war ein Versuch im Erfinderlabor gewesen. Ein gelungener Versuch gewiß, aber doch nur ein erster Schritt.

»Hast du einen ganzen Film zu sehen bekommen?«

»Ja, einen Film von eineinhalb Stunden Länge. Die Schauspieler sprechen wie du und ich, die Illusion ist perfekt, es ist gespenstisch. Du mußt dir das unbedingt ansehen. Der Titel ist *Broadway Melody,* und der Film läuft im Palladium in London.«

Am nächsten Tag um zwei Uhr nachmittags saß ich in der ersten Reihe auf dem Balkon eines riesigen Lichtspieltheaters und hörte zu, wie das Bild von Fräulein Bessy Love sprach und sprach. Die Stimmaufnahme war nicht unangenehm; wenn sie allerdings schluchzte, dachte man an einen kleinen Hund, der in einem großen Faß bellt.

Trotzdem, diese Kinovorstellung wurde mir zum bedeutenden Ereignis. Am Abend sah ich mir den Film wieder an, dann noch zweimal am nächsten Tag, und den Kopf voller Theorien und Pläne fuhr ich nach Paris zurück.

*

Im Théâtre de Paris traf ich gegen sechs Uhr ein; Léon Volterra war allein in seinem Büro, er saß auf einer Sessellehne und kaute an einer brennenden Zigarre.

Ausführlich erzählte ich ihm, was ich in London empfunden hatte, und ich sagte ihm meine tiefe Überzeugung: Der Tonfilm würde nach einigen technischen Verbesserungen zum neuen Ausdrucksmittel der dramatischen Kunst werden.

Er antwortete nicht sofort, weil inzwischen das am anderen Ende der Zigarre unbedacht entfachte Feuer um sich zu greifen drohte. Einige Sekunden lang blickte er in die verzehrende Glut unter dem Aschenstumpf, und sagte schließlich mit fast feierlichem Ernst: »Da ich in dein Urteilsvermögen großes Vertrauen habe, meine ich, es wäre lächerlich, mit den – so platt theatralischen – *Marius*-Aufführungen noch weiterzumachen.«

Ich protestierte: »Ich sage nicht, daß das Theater lächerlich ist, und ich sage nicht, daß es sterben wird. Ich sage, daß der Tonfilm ein neuartiges Ausdrucksmittel darstellt, daß er dem Theater seine besten Schauspieler wegnehmen wird und daß vielleicht die Theater als solche umfunktioniert werden; ich sage, das Kino als Business wird das Theaterbusiness schwer bedrohen, aus einer Unmenge von Gründen, die ich dir genauer erläutern werde, wenn du eines Tages Zeit und Geduld haben wirst, mich anzuhören.«

Raimu kam herein, in einen imponierenden, milchkaffeefarbenen Mantel gehüllt.

Nach seiner Gewohnheit hatte er bei der Dame von der Kasse vorbeigeschaut und verkündete jetzt: »Keine einzige Karte mehr übrig für heute abend, und wir schreiben die 350. Vorstellung!«

»Schön, schön«, sagte Léon melancholisch, »sehr schön, aber von Dauer kann das nicht sein.«

»Und warum?«

Léon zeigte mit dem Finger auf mich.

»Der Herr wird es dir auseinandersetzen. Er kommt gerade aus London. Einen Tonfilm hat er gesehen. Er sagt, die Theater werden jetzt schließen. Ich werde eine Laterna magica und einen Phonographen anschaffen. Das interessiert mich wirklich, weil du dann das Stück nur einmal spielen wirst, ich werde dir die Gage nur einmal auszahlen, und mit einem abphotographierten Raimu mache ich dann tausend oder zweitausend Vorstellungen, ohne daß es mich was kostet...«

»O je! O jemine!« war Jules' Antwort.

Lang mußte ich darlegen, was in der neuen Erfindung drinsteckte. Léon hörte zu, schrägen Blickes, die Augenbrauen

asymmetrisch hochgezogen. Jules zuckte von Zeit zu Zeit mit den Schultern, schüttelte den Kopf und blickte zum Himmel. Schließlich sagte er: »Das Tonfilmdingsbums ist sicher interessant, aber mehr als ein Gag ist es nicht. Wenn ich Léon wäre, würde ich es für den Luna-Park kaufen.«
»Das muß man überlegen«, sagte Léon in nachdenklichem Ton, »das muß man überlegen. Eine Saison könnte man vielleicht damit bestreiten.«

*

Beim Verlassen des Theaters traf ich auf Monsieur de Marcillac, den Chefredakteur des *Journal*, er gewährte mir seit einiger Zeit das Privileg seiner Freundschaft.
Er sprach sehr liebenswürdig zu mir über *Topaze*, dessen 600. Aufführung erfreulicherweise dicht bevorstand, und schlug vor, ich solle zu diesem Anlaß einen Artikel für die erste Seite liefern.
Ich lehnte höflich ab, indem ich geltend machte, es würde mir sehr schwerfallen, mein Stück zu preisen und meinen eigenen Erfolg zu feiern, aber ich erbot mich schwungvoll, die Geburt des Tonfilms zu verkünden, wozu er ohne zu zögern ja sagte.
Der entsprechende Artikel erschien zwei Tage später, am 17. Mai 1930, das heißt vor sechsunddreißig Jahren. Hier der Wortlaut, voraus gehen ein paar überschwengliche Einführungsfloskeln des zuständigen Redakteurs.

Le Journal
5-Uhr-Ausgabe, 17. Mai 1930

»Der TONFILM eröffnet dem Schriftsteller neue Möglichkeiten. *Die Muse des Theaters hat Herrn Marcel Pagnol mit ihrer Gunst überhäuft, da seine letzten beiden Stücke, ›Topaze‹ und ›Marius‹, seit bald zwei Jahren ununterbrochen auf dem Spielplan stehen*

und allein in Paris zusammen mehr als tausend Aufführungen erlebt haben.
Man durfte wohl der Meinung anhängen, Herr Pagnol sei der Fels in der Brandung gegen das hereinbrechende Kino. Dem steht jedoch entgegen, was er freundlicherweise nach seiner Rückkehr aus London für uns geschrieben hat.

Wir treten ins Zeitalter der Tonfilme ein. Es gibt zwar noch Leute, die die Bedeutung dieser neuen Kunstform leugnen wollen. Aber jeder, der original amerikanische Produktionen (Farbtonfilme) gesehen hat, weiß sehr wohl, was diese Kunstform verspricht und was sie uns schon gibt.
Man behauptet und man wiederholt die Behauptung, der Film werde das Theater zum Absterben verurteilen; das ist eine sehr ernste Frage, wir werden auf sie in einem demnächst erscheinenden Artikel eingehen. Heute will ich schlicht aufzeigen, daß unter künstlerischen Gesichtspunkten, und nicht weil hier ein Kuriosum reizt, der Tonfilm dem Schriftsteller andere und in sehr vielen Fällen wunderbar neue Möglichkeiten erschließt.

*

Der Theaterautor, der ein Bühnenstück verfaßt, schreibt nicht für den isolierten Einzelnen: er schreibt für eintausend Personen (nicht immer kommen sie tatsächlich), die in einem speziellen Saal nebeneinandersitzen.
Diese tausend Leute können nicht alle den gleichen Platz besetzen, ihr Blick auf die Bühne wird notwendig verschieden sein, die einen werden fünf Meter, andere dreißig Meter oder gar vierzig weit weg sitzen; einige werden die Schauspieler von unten, andere sie von oben her sehen, die einen werden links, die andern rechts sitzen.
Vergleichen wir beispielsweise den Zuschauer ganz rechts vorne in der ersten Reihe Parkett mit dem Herrn, der da oben auf

dem letzten Platz links hinten im zweiten Rang sitzt, wir dürfen versichern, die beiden sehen nicht dasselbe Stück. Und damit sind wir bei dem Problem, vor dem der Bühnenautor steht. Stoff, Rhythmus, Dialog, sie müssen für eintausend Zuschauer gleichzeitig richtig sein, für Zuschauer, die ja bereits nach Alter, Bildung und Intelligenz verschieden sind und von denen kein einziger das Werk unter demselben Blickwinkel wie sein Nachbar erleben wird.

Und das ist der Grund, warum die Schriftsteller manchmal ins Deklamatorische zu verfallen scheinen, das ist der Grund, warum Theater oft etwas Holzschnittartiges an sich hat, das ist der Grund, warum die Romandichter uns oft anklagen – aus ehrlicher Überzeugung anklagen – , wir hielten es mit der ›Grobschnittpsychologie‹ und den ›grobmaschigen Effekten‹: was dahintersteckt, ist, daß sie unser Handwerk nicht aus Erfahrung kennen.

Der Romancier wendet sich an den Einzelleser, er hat nur eine Zielscheibe im Visier: er kann ein elegantes Schießgerät ergreifen, aufstützen, Kimme über Korn und dann Druckpunkt nehmen, der Schuß ist präzis, die Kugel fliegt weit. Aber wir, wir haben nur die Entenflinte, wir müssen tausend Schrotkörner reinstopfen, um dann mit einem Donnerschlag tausend verschiedene Ziele zu treffen.

Nun, das Tonfilmkino hat dieses Problem gelöst: restlos und ein für allemal.

Ich erinnere mich, wie ich als Kind einmal ein Plakat für einen Schützenwettbewerb angestaunt habe. Man sah darauf einen schönen jungen Mann, der einen Karabiner anlegte: dieser schöne junge Mann zielte auf alle Passanten zugleich, ich konnte nach rechts oder nach links ausweichen, nach oben oder nach unten, immer zielte der junge Mann auf mich. Dieses kleine Wunder war ein perspektivischer Trick, und diesen Trick vollbringt das Objektiv immerdar auf seiner photographischen Platte, und es kann überhaupt nicht anders.

Wenn Charlie Chaplin ins Objektiv geblickt hat, dann schaut seine Photographie jedem Betrachter direkt ins Gesicht, ganz gleich, ob er sich rechts, links, oben oder unten befindet. Wenn Chaplin sich rechts im Profil und im Abstand von einem Meter hingestellt hat, dann sehen ihn sämtliche Zuschauer im Profil und im Abstand von einem Meter, auch die, die dreißig Meter von der Leinwand entfernt sitzen und auch die, die links sitzen.

Und darin besteht das erste Wunder der Kamera. Jeder Zuschauer sieht das Bild genauso, wie die Linse es gesehen hat, in gleichem Abstand und aus dem gleichen Blickwinkel. Das Mikrophon verfügt über die gleiche Tugend. Jeder Zuschauer vernimmt die Worte des Schauspielers so, wie der getreue runde Kasten sie bei der Aufnahme vernommen hat; in einem Kinosaal gibt es nicht tausend Zuschauer, dort gibt es nur einen einzigen.

*

Diese Tugend hat ungeahnte Folgen, denn wir können künftig Theatereffekte erzielen, die auf der Bühne unmöglich sind.

Zunächst einmal stoßen wir nicht mehr an die Grenzen, die der Saal mit seinen Ausmaßen uns setzt. Da der Zuschauer ja ganz genauso sieht und hört, wie Kameralinse und Mikrophon gesehen und gehört haben, werden wir eben nach Belieben mit der Kamera vor- und zurückfahren und damit erreichen, daß unser Zuschauer ganz ohne Anstrengung sieht und hört.

Wir können ihm künftig ein Gesicht aus fünfzig Zentimeter Entfernung zeigen, so als würde er nahe herangehen, um eine Träne hervortreten und rollen zu sehen. Charlie Chaplin hat uns auf der stummen Leinwand schon gezeigt, welch unvergleichliche Aussagekraft ein Wimpernschlag, ein Zucken der Lippen haben können.

Jetzt dürfen wir uns an eine Flüsterszene wagen, weder Stimmlage noch Stimmeinsatz müssen irgendwie verzerrt werden, und dreitausend Leute werden alles mitbekommen. Damit erschließt sich ein neues Feld: das der essentiell psychologischen Tragödie, der essentiell psychologischen Komödie, die ganz ohne Schreien und weitausholende Gesten auskommen, die wunderbar einfach, die ganz zurückgenommen im Ausdruck sein werden.

Und dann werden wir hinausgreifen über die dreißig oder vierzig Meter Bühnentiefe, wir werden in der Ferne eine Schlacht, einen Gebirgszug, eine Schiffskatastrophe zeigen.

Schließlich werden wir für eine bestimmte Szene die Wahl haben: wir zeigen nur eine Hand mit einem Revolver, oder nur die Eiskremkugel, wie sie Charlie Chaplin in den Nacken rutscht.

Auch nur ein technisches Verfahren, gewiß, aber ein Verfahren von unvergleichlichem künstlerischem Wert, erlaubt es doch, alle Aufmerksamkeit auf den einen, den komischen oder tragischen Punkt zu zentrieren.

Dies also bringt uns die wunderbare Entdeckung; über die Rampe werden wir auf die Bühne springen und sie von allen Seiten umkreisen, alle Mauern des Theaters werden wir sprengen, aufsplittern werden wir Bühnenbild und Schauspieler, nach unserem Belieben.

Erstmals werden Dramatiker Werke schaffen, die weder Molière noch Shakespeare hätten realisieren können.«

*

Dieser Artikel war nicht besonders gründlich, er war sogar ziemlich oberflächlich, aber weil das *Journal* eine einflußreiche Zeitschrift war, beeindruckte er doch viele Leute.

Vom Erscheinen meiner Prosa erfuhr ich durch Steve Passeur, der mich mit seinem Telephonanruf so gegen acht Uhr aufweckte. Er sagte schlicht folgendes: »Gerade habe ich deine Auslassungen gelesen. Wenn es kein Scherz ist, dann ist das jämmerlich, und wenn es ein Scherz ist, dann ein jämmerlicher. Ich wollte dir das doch noch sagen, bevor ich mich schlafen lege.«

Diese Stellungnahme fand ich bestürzend. Ich tröstete mich jedoch mit dem Gedanken, daß mein Freund ungewöhnlich spät zu Bett ging und daß sein Urteil vielleicht nicht endgültig war.

*

Im Laufe des Vormittags beschloß ich, beim Schutzverband der Autoren vorbeizugehen, um die Meinung meiner Kollegen, von denen nicht wenige mit mir befreundet waren, zu hören. Ich hielt mich für den Überbringer einer hochwichtigen Nachricht.

Damit aus einer hochwichtigen Nachricht eine gute Nachricht wird, braucht es Zeit. Im allgemeinen und für viele Leute ist eine wichtige Nachricht von vorneherein gleichbedeutend mit schlechter Nachricht. Aber ich war sehr jung und voller Illusionen.

Als ich mit einem sehr aufgekratzten Lächeln in der Rue Ballu eintraf, wartete eine betrübliche Überraschung auf mich. Man schalt mich undankbar, abtrünnig und Verräter. Ein berühmter Schriftsteller weigerte sich, mir die Hand zu geben; ein anderer verstieg sich zu der Behauptung, ich hätte auf der Stelle meine sämtlichen bisher erhaltenen Tantiemen aus *Topaze* und *Marius* an den Sozialfonds der Theater abzuführen.

Ich ließ die Vorwürfe keineswegs unerwidert, denn ich glaubte recht zu haben. Ich sagte ihnen, die neuen technischen Möglichkeiten seien unser, der Theaterleute, legitimer Besitz; wir müßten uns nur organisieren, unsere Werke nicht mehr an Schacherer verkaufen, die mit ihnen dann auf skrupellose Art umspringen, und es würde uns nicht schwerfallen, vorausgesetzt Einigkeit mache uns stark, alle Filmstudios dieser Welt

im Sturm zu nehmen, denn dort brauche man uns ganz einfach.
Mitleidig und verachtungsvoll schauten sie mich an, zuckten mit den Schultern und ließen mich schließlich allein im Hof reden und stehen.
Traurig war ich wohl, nicht aber entmutigt. Da die Leute vom Theater mich zurückstießen, würde ich zu den Leuten vom Film gehen: ich würde ihnen die enormen Möglichkeiten der neuen Kunst erklären, und ich wußte, sie würden mich in ihrer Mitte aufnehmen.

*

Die Männer in den Filmstudios sprachen zu mir weder in heftigem Ton noch mit Verachtung. Ganz im Gegenteil. Sie sagten mir Lobsprüche ins Gesicht, wie sie schmeichelhafter kein Schriftsteller je erlebt hat. Sie nannten mich den neuen Molière, die Ehre und den Ruhm des zeitgenössischen Theaters. Ich war sehr angetan von soviel Begeisterung und stellte ihre Meinung durchaus nicht in Frage. Als dann diese Lobessymphonie abgeebbt war, richtete einer von ihnen folgende Ansprache an mich: »Sie sprechen davon, daß Sie das Theater hinter sich lassen wollen: aber haben Sie das Recht dazu? Würden Sie da nicht zum Deserteur? Zum Feigling? Wären Sie nicht ehrlos für alle Zeit? Nach allem, was das Theater für Sie getan hat…«
Ich konterte augenblicks, mein Ziel sei es gerade, der dramatischen Kunst und der Theaterzunft zu dienen dadurch, daß ich ihnen das enorme künstlerische und wirtschaftliche Potential des neuen Ausdrucksmittels bewußt machte.
Ich sah, wie die Mienen sich verfinsterten, und ein anhaltendes Schweigen schlug mir entgegen.
Dann nahm ein gewichtiger Herr das Wort: er sah aus wie ein auf dem Wasser treibender Zauberer, weil er den Sessel, in

dem er ausgestreckt lag, völlig verdeckte. Seine Stimme dröhnte fett aus der Tiefe des Körpers: »Warum Theater verlassen? Für Kino machen? Nein. Sie niemals Theater verlassen. Ich, ich kaufe das Theaterstück, ich lasse Bearbeitung mit guter Bearbeiter. Great Regisseur macht alles wundervoll. Ich bezahle sehr hoch. Und auf Plakat und Vorspann ich setze Ihr Name, überall, überall Ihr Name.«

Man erläuterte mir, dieser Mann sei ein hochkarätiger französischer Produzent, und man habe Grund anzunehmen, daß er meinen sämtlichen Ausführungen folgen könne.

Da hielt ich ihm ein regelrechtes Plädoyer.

»Meine Herren«, sagte ich »ich bitte Sie nicht um Geld. Alles, worum ich Sie bitte, ist die Erlaubnis, daß ich meine Lehre bei Ihnen mache. Fünfundzwanzig Jahre meines Lebens habe ich hinter Schul- und Universitätsmauern zugebracht, fünfzehn Jahre zu Füßen des Katheders, zehn Jahre hinter dem Katheder. (Mir schien, dieses Geständnis machte keinen günstigen Eindruck, und ich versuchte eilends die Wirkung abzufangen.) Indessen behaupte ich nicht, meine Herren, ich hätte in den Schulen gelernt, was Kino ist. Ich behaupte nur, daß ich literarisch und wissenschaftlich genügend geschult bin, um eine entsprechende Lehrzeit anzutreten.«

»Wieso Lehrzeit? Wer redet von Lehrzeit? reagierte der Zauberer verblüfft.

»Ich habe die Absicht, zwei oder drei Jahre mich einzuarbeiten, und zwar von der Pike auf. Ich will im Labor die Geheimnisse des Entwickelns und Kopierens lernen; ich will die Kameras in Augenschein nehmen und verstehen, will das Tonaufnahmeverfahren nachvollziehen; danach geht es an Fragen des Regieführens; in der Endphase werde ich persönlich Drehbücher für kleine Tonfilme schreiben und sie selbst verfilmen von A bis Z.«

*

Ich hatte im Ton der Überzeugung gesprochen. Meine Zuhörer schauten einander an; zehn unbehagliche Sekunden verstrichen, dann brach die ganze Runde in lärmenden Beifall aus. Sie nannten mich »Held der Wissenschaft«, »Ruhmesblatt der Intelligenz«, »Fürst des Wissens«, »Ehre der Nation«! Dann, befeuert von Begeisterung, stürzten sich die Herren Cineasten auf mich, hoben mich auf ihre Schultern und trugen mich im Triumph herum.

Sie trugen mich übrigens bis hinaus auf die Straße; dort setzten sie mich auf dem Trottoir ab und gingen wieder ins Haus zurück: ich war sprachlos, als das Geräusch vorgeschobener Riegel an mein Ohr drang.

*

Einer von ihnen kam am nächsten Tag zu mir her in einem der Boulevard-Cafés, während ich dasaß und nicht ohne Bitterkeit an die grandiose Austreibungszeremonie dachte. Er floß über von Trostworten, schließlich sagte er: »Was suchen Sie denn auch auf so einem Sklavenschiff? Das Kino wird nie eine Kunstgattung sein. Es ist nur ein Mittel, Geld zu verdienen.«

»Aber jetzt spricht es«, gab ich zurück. »Ich glaube, es wird die neue Form der dramatischen Kunst.«

»Nie im Leben!« sprach der scharfsichtige Mann zu mir. »Es spricht, aber nicht für lange! Das ist alles zu kompliziert, zu technisch! Die Leute werden zwar reingehen in die Tonfilme, aber aus purer Neugier! In einem halben Jahr ist alles ausgestanden, und wir sind wieder bei unserem Stummfilm.«

Er hielt mir diverse Zeitungsartikel hin, die anscheinend derselben Ansicht waren, und fügte hinzu: »Sind Sie sich darüber im klaren, daß wir alle, wenn das mit dem Tonfilm länger geht, den Beruf wechseln müßten? Unsere Stars können nicht anders als stumm sein, unsere Kameraleute können nicht alle

Französisch, unsere besten Filme kommen aus Amerika, aus Schweden, aus Deutschland. Nein, lieber Freund, nein. Unmöglich, daß der Tonfilm sich durchsetzt. Sie würden da den falschen Dampfer besteigen. Den Stapellauf finden Sie noch grandios, mit Fahnen, Blumen und Böllerschüssen. Sehn tun Sie ihn aber nie mehr wieder: mit Mann und Maus ist er zum Untergang bestimmt.«
Der Tonfall, in dem er mir den Schiffbruch ankündigte, verriet, wie sehr er seinen Wünschen entsprechen würde. Ich wußte nichts zu antworten und trollte mich mit hängendem Kopf nach Hause, umdüstert, schwer besorgt.
Ich dachte bei mir: Sie begreifen nicht oder tun, als würden sie nicht begreifen... Statt meine Ideen auszubreiten, sollte ich sie in die Tat umsetzen. Ich muß einen Film zustandebringen, zuvor aber die technische Seite dieser Kunst beherrschen lernen. Niemand kann sie mir beibringen, denn niemand beherrscht sie bis zur Stunde. Also überlegen, und dann ran an die Arbeit!...

*

Da schenkte mir eine glückliche Fee die Begegnung mit Robert-T. Kane.
Eines Morgens gegen elf Uhr war ich im Büro von Adolphe Osso, in der höchsten Etage des Gebäudes der Paramount in Paris.
Wir sprachen von den neuesten Entwicklungstendenzen des Kinos; ich versuchte ihn zu dem Eingeständnis zu bringen, daß die technisch besten Tonfilme auch das beste Einspielergebnis erzielten, er gab zur Antwort, Herstellung und kommerzielle Verwertung der Tonfilme erforderten irrsinnige Investitionen.
Ich weiß nicht, wie er dazu kam, mir eine Wochenabrechnung der Betriebskosten des großen Paramount-Kinos zu zeigen.

Die Gesamtsumme war gewaltig, aber ein einzelner Rechnungsposten frappierte mich: da war die Beleuchtung des Vorführsaals und der Außenfassade, und in einer Woche waren da fünfhundert Lampen bzw. Birnen zu erneuern. Ich zweifelte die Zahl unwillkürlich an, so erstaunt war ich. Daraufhin ließ Osso eine lackierte Holztafel von imponierenden Ausmaßen hereinbringen, auf der ca. 50 verschiedene Lampentypen aufgesteckt oder aufgeschraubt waren. Es waren die für die Notausgänge, die für die Leuchtreklame, die für die Garderobe, die für den Kronleuchter, die für die Rampe vorne und die, welche um die Leinwand herumliefen; letztere waren zwecks Spezialeffekt blau, grün, rot oder blaßlila. Aufmerksam studierte ich das Brett, als ein gutgelaunter Neuankömmling den Raum betrat. Es war ein hochgewachsener Mann mit breiten Schultern und schmalen Hüften. Er hatte ein bronzefarbenes, gutgeschnittenes Gesicht, erhellt von grünblauen Augen, und ein breites, offenes Lachen.

Es war Robert-T. Kane persönlich, der uns da direkt aus Hollywood hereinschneite. Er brachte Neuigkeiten mit und Zigarren. Die Zigarren waren von goldbrauner Farbe, federleicht, daumendick und mehr als bleistiftlang. Die Neuigkeiten waren noch schöner: Robert-T. Kane kam nach Paris, um hier Aufnahmenstudios für die Paramount zu eröffnen. Die sagenhafte amerikanische Gesellschaft hatte beschlossen, in Frankreich französische Filme zu drehen, die Leitung des Unternehmens war R.-T. Kane übertragen, weil er, wie er uns auf englisch erklärte, »Französisch konnte«.

In der Folgezeit hatte ich Gelegenheit festzustellen, daß er Wendungen beherrschte wie etwa: »Bonn-djor«, »Kmont talévo?« und »Êtes-vous soaf?« Höchstwahrscheinlich deswegen sprach er nur englisch mit uns. Da ich diese Sprache durch das Unterrichten derselben an mehreren staatlichen und städtischen Gymnasien erlernt hatte, konnte ich im Gespräch mithalten. Das schien ihm sehr zu gefallen. Da Osso mich als Marcel anredete, tat er desgleichen und lud mich zum Mittagessen ein.

*

Mit der kindlichen Eitelkeit der Schriftsteller dachte ich sofort, R.-T. Kane kenne meine Bühnenstücke – denn Frank Morgan hatte *Topaze* in Amerika gespielt –, bewundere sie leidenschaftlich, werde mir vorschlagen, Filme draus zu machen, und daß sich darin der Zweck seiner Reise erschöpfe. Ich nahm seine Einladung an, nahm mir aber selbst das Versprechen ab, vorsichtig zu sein: achtundvierzig Stunden Bedenkzeit wären das mindeste, sonst würde ich auch die kleinste Unterschrift verweigern, und gleich auf seinen ersten Vorschlag hin würde ich meine Bedingungen auf den Tisch legen. Sie waren zahlreich, und jede einzelne *sine qua non.*

Ohne weitere Begleitung aßen wir also in einem der bekannteren Restaurants. Die Speisen waren himmlisch, die Weine nur von den besten Jahrgängen. R.-T. Kane ging das Trinken furchtlos an wie alle Amerikaner und wollte mich zu ähnlichem Konsum nötigen. In mir war der Gedanke: Ich soll benebelt sein, damit er mich dann leichter einwickeln kann. Ich trank kaum etwas.

Andererseits redete er ständig nur von den Studios in Hollywood, von den amerikanischen Regisseuren, Stars und »cameramen«. Nicht die leiseste Anspielung auf mein Schaffen.

Daraus schloß ich, daß er eine Menge drauf hatte und sich auf sehr amerikanische Weise nicht in die Karten blicken ließ. Ich beschloß, genauso zu pokern wie er, mich so lange wie nötig zurückzuhalten und ihn aus der Reserve zu locken... Schließlich, der Oberkellner kam gerade mit Likör, bot er mir noch eine seiner Milliardärszigarren an und sagte freundschaftlich: »Stellen Sie eigentlich Ihre Lampen selbst her?«

Ich war perplex.
»Natürlich nicht«, sagte ich. »Wieso soll ich plötzlich Lampen herstellen? Was für Lampen?«
»Die, die Sie ans Paramountkino liefern.« Und liebenswürdig fügte er hinzu: »Die Form ist wunderhübsch. Wirklich, Besseres haben wir auch in Amerika nicht aufzuweisen.«
Ich lief rot an vor Ärger.
»Mein Verehrtester«, redete ich ihn in eher unfreundlichem Ton an, »wenn Sie mich für einen Handlungsreisenden halten, dann frage ich mich, wieso Sie mich zum Essen eingeladen haben!«
»Weil Sie ein netter Kerl sind«, gab er zurück, »und dann, weil Sie englisch sprechen... Aber jetzt im Ernst, was machen Sie denn beruflich?«

*

Zwei Monate später war der große Bob Kane ein echter Freund. Er hatte soeben in Saint-Maurice die *Studios des Réservoirs* errichten lassen. Diese Produktionsstätte umfaßte acht Ateliers, die größten und bestausgestatteten in Frankreich, dazu ein Filmlabor, wie es kompletter und technisch perfekter bis heute nicht verwirklicht wurde.
Gedreht werden sollte laut Arbeitsplan rund um die Uhr, außer während der Ruhepause von Samstagabend bis Montagmorgen.
Um ein festes Ensemble zur Verfügung zu haben, hatte Bob Kane mit Langzeitverträgen die bekanntesten Filmschauspieler an sich gebunden (die bekanntesten wenigstens in den Augen von André Daven, seinem »Casting-Director«, das heißt seinem Besetzungschef).
Da Bob Kane sie sehr hoch bezahlte und da er kein Französisch verstand, fand er sie alle enorm talentiert; weil er ihre Namen in fetten Buchstaben auf Zehntausenden von Plakaten

drucken ließ, dachte er, sie seien berühmt: was sie dann auch wurden.
Ich will damit nicht sagen, die Paramount hätte nur schlechte Schauspieler engagiert; es kam durchaus vor, daß sie Darsteller entdeckte und groß herausbrachte, die eine spezielle Begabung für den Film mitbrachten: Marcelle Chantal, Henri Garat, Meg Lemonnier sind der Beweis. Indessen gab es zu der Zeit in Paris einige Künstler von besonderem Format, wenngleich bisher ohne Bindung ans Kino: Charles Boyer, Pierre Blanchar, Raimu, Gaby Morlay, Elvire Popesco, Yvonne de Bray, Louis Jouvet... Bob Kane nahm sie lange Zeit nicht zur Kenntnis, und es wurde ihm nie klar, was sein Budget erlaubt hätte: das beste Ensemble der Welt auf die Beine zu stellen.

*

Als ich in dieser Fabrik ankam, war sie seit zwei Monaten schon angelaufen, und es herrschte die Arbeitsdisziplin von Hollywood.
Das Eingangstor bewachte ein cleverer und wohlinformierter Pförtner. Niemand kam herein ohne eine Karte, auf der mehrere Unterschriften zu prangen hatten. Ich habe gesehen, wie ganze Tage lang, in Sonne und Regen, lange Schlangen von Leuten warteten, die aber nicht reinkamen, trotz verblüffender Einfälle und geschmacklosester Täuschungsmanöver: sie konnten es per schneidigem Auftreten probieren oder per Kullertränen, es half nichts, gefordert war eine Karte oder eine schriftliche Einladung.

*

Ich hingegen, nicht im Besitz einer gegengezeichneten Karte oder eines anderen Passierscheins und auch ansonsten keine imponierende Erscheinung, ich bekam Zutritt zu den Studios von Saint-Maurice – nicht als Autor, sondern als persönlicher Freund von Bob Kane. Man gab mir sogar ein Abzeichen aus emailliertem Metall: es stellte einen feuerspeienden Vulkan dar. Es war das Emblem der Paramount: im Hof zwischen den Ateliers befand sich ein Abbild des Vulkans, das aus kleinen, verschiedenfarbigen Steinen zusammengesetzt war, und dieses Reliefmosaik mit seinem wie bei den Kriegerdenkmälern kreisrunden Schutzgitter war Gegenstand einer sehr eigenartigen Verehrung.

Sämtliche Angestellten des Hauses und vor allem die Amerikaner bewahrten Schweigen, wenn sie an diesem Kunstwerk vorbeigingen; es war gewissermaßen das Stammestotem.

Ich hatte meinen Stuhl im Speisesaal für den »staff«, das heißt den Stab der leitenden Mitarbeiter. Es war ein kleiner, schmaler langgestreckter Raum; immerhin war er sehr hell dank einer die ganze Längswand einnehmenden Verglasung.

Man hatte mir den besten Platz gegeben, neben dem Boß. Bob aß ein Spezialbrot: ich genoß die Ehre und das Vergnügen, täglich davon die Hälfte abzubekommen, während die anderen Tischgenossen mir eifersüchtige Blicke zuwarfen.

Dieser Speisesaal war heiliger Bezirk. Hier fanden sich ein Steve Fitzgibbons, Dick Blumenthal, André Daven, Saint-Granier, Alfred Savoir, Mercanton, und eine gewisse Anzahl von täglich wechselnden geladenen Gästen, alle mehr oder weniger prominent: Hollywoodstars, die in Paris Station machten, Direktoren oder Präsidenten der »Major Companies«, bekannte ausländische oder französische Schriftsteller, oder berühmte Regisseure. Aber diese Einladungen ergingen nie an die Schauspieler oder Techniker des Hauses.

Ich beging eines Tages in aller Unschuld ein Verbrechen.

Ich traf im Hof auf einen Freund aus Kinderzeiten, der jetzt zweiter Kameraassistent war. Er wollte über ein persönliches Problem mit mir sprechen. Es war vier Uhr nachmittags, der Speisesaal verwaist. Wir gingen hinein mit einem Glas Bier, um ungestört zu reden: wir hielten uns darin zwanzig Minuten auf.

Am nächsten Tag ging ich zu Bob Kane in sein Büro: er hatte mich per Boten rufen lassen. Bob war ernst und traurig. Seine schönen blauen Augen waren verschleiert. Er schloß die Türe hinter mir, schwieg eine Minute lang und sagte endlich langsam: »Gestern hast du in unserem Speisesaal mit einem Zweiten Assistenten einen getrunken.«

Ich bestätigte das. Er sagte kein weiteres Wort mehr, aber er schaute mich lange an. In diesem Blick lag echter Schmerz. So würde ein betrübter Erzbischof den schlimmen Priester anschauen, der den Küster zu einem kleinen Umtrunk aus dem Meßkelch eingeladen hat.

*

Zum erstenmal spürte ich, welcher Geist in Saint-Maurice wirklich herrschte. Ein Geist, der sich mir noch weiter erschließen sollte, auf dem Wege praktischer Erfahrung. In dem folgenden »Credo« läßt er sich zusammenfassen:

1. Am Anfang war Hollywood, und Hollywood ist das Mekka des Kinos.
2. Danach kommt die Paramount, welche die schönsten Filme der Welt herstellt und deren Totem ein Vulkan ist.
3. Danach kommen die »Executives«, das heißt der Generalstab der Filmstudios, oder prosaischer ausgedrückt die Abteilungsleiter; sie haben ihre eigene Eingangstür, ihren eigenen Speisesaal und damit die Dreharbeiten in Schwung kommen, halten sie geheiligte Konferenzen ab.
4. Danach kommt der Pförtner der gesamten Anlage. Das ist ein mächtiger Häuptling; jeden Tag öffnet er das Tor für zweihundert Leute und schließt es dreitausend anderen vor der Nase zu.

5. Danach kommt der Werbechef mit seinem Auftrag, den Namen der Gesellschaft sowie die Großartigkeit ihrer Werke in der Welt bekannt zu machen. Er kann drei Telefongespräche gleichzeitig führen und dabei noch auf seinen Zigarren herumkauen; er hat keine Scheu vor Lächerlichkeit und im Munde führt er ausschließlich Schlagworte. Sein Gehalt liegt nur knapp über dem des Präsidenten der Republik.
6. Danach kommt Western Electric, unendlich geheimnisvoll und respekteinflößend, Besitzerin der Tonaufschreibmaschine; sie leiht uns auch den Hexenmeister, der es versteht, sie zum Schreiben und zum Sprechen zu bringen.
7. Ferner der Kameramann, der etwas von Ausleuchtung versteht und der tragisch verkniffene Greisinnen zu Dreißigjährigen verwandelt.
8. Dann kommt der Laborchef, der auf dem Zelluloidstreifen Bild und Ton festhält, der die Einkopierungen besorgt und mit Hilfe seiner Trickkopiermaschine die vergessenen Großaufnahmen nachschmuggelt.
9. Dann kommt der Cutter, der das Gestottere oder die Grimasse des berühmten Schauspielers herausschneidet und den Film auf Tempo bringt. Des weiteren macht er ausgesprochen hübsche Zwischenschnitte, und wenn kein Material zur Verfügung steht, dann geht er zur Cinémathèque und sucht sich eine Einstellung, die einen Vogel im Käfig, oder eine welke Blume oder eine aufgeblühte Blume, oder ein wollknäueljagendes Kätzchen darstellt. Das hängt von der Natur des Films ab, und dazu ist viel Fingerspitzengefühl erforderlich. Bob Kane sagte mir oft: »The whole picture is in the cutting«, das heißt: »Der ganze Film hängt vom Schnitt ab.«
10. Danach kommt der Kostümchef; er herrscht über eine große Anzahl von Brustpanzern, Abendkleidern, Fräkken, Unterhöschen, Tunikas, Trikots, Überziehern, Kit-

telschürzen, Drillichanzügen, Feuerwehr- oder Botschafteruniformen. Dieser Chef war mein Freund. Er verwaltete seine Kostüme so gut, daß er zum Chef des Tonmagazins ernannt wurde, mit erhöhten Bezügen.

11. Danach der Musikverwalter; er hütet in fünfhundert Fächern 80 Walzer, 30 Blues, 12 Großbrände, 5 Flutkatastrophen, 8 Straßenaufstände, 23 Sterbeszenen, 5 Nationalfeiertagszeremonien, 2 Taufen, 16 Hochzeiten, 20 Totenmessen etc. Er hält seine Ware zur Verfügung der Regisseure und Cutter des Hauses, die ihn manchmal um Rat angehen.
12. Danach der Regisseur, der um so angesehener ist, je weiter her er kommt, wie die Lügenbarone. Übrigens ist er normalerweise selbst ein solcher.
13. Danach das »Scenario-Department«, was, Sie haben richtig gehört, »Drehbuchabteilung« heißt. Das ist ein Büro, wo mehrere Personen, die niemals eigenhändig einen Roman oder ein Theaterstück zustandegebracht haben, die Werke der anderen zerschnipseln und umkleistern.
14. Nach dem »Scenario-Department« kommen die Stars. Der Star ist ein von der Firma, nach den Methoden der Firma, mit dem Geld der Firma hergestelltes Produkt. Er verdankt *alles* dem Werbechef der Firma, der ihn per Blitzzeugung erschaffen hat, so wie Leibniz' Gott seine Monaden schuf. Er ist dank der Feinarbeit eines genialen Regisseurs der Firma zur Vollkommenheit gestaltet worden.
    Das Gehalt eines Stars hat riesig zu sein, mitnichten weil er es verdient, sondern zum Ruhme der Firma; außerdem ist es sicher, daß das Publikum zehn Millionen Dollar lockermachen wird, um den Kopf einer Person zu sehen, die fünfhunderttausend Dollar pro Film verdient. Man muß ihr die fünfhunderttausend also geben, weil es ein Gewinngeschäft ist. Gewiß, der Star entwickelt schließlich den Glauben, sein Erfolg und sein Vermögen seien aus-

schließlich seinem Talent zu verdanken, denn diese Gattung von Geschöpfen ist im allgemeinen sehr naiv. Bestimmte Allüren kann man hingehen lassen, sie erleichtern auch dem Werbechef die Arbeit. Aber wenn sich der Star zuviel herausnimmt, dann genügt eine einfache dienstliche Mitteilung, und er sieht sich zurückgestoßen ins Nichts, aus dem Gott Paramount ihn hervorgeholt hatte.

15. Gleich nach dem Star, das heißt auf dem allerletzten Rang, dann also der Autor. Ein Autor ist nötig, weil eine Geschichte nötig ist.

Die einfachste und älteste Geschichte ist auch die beste Geschichte, allerdings muß sie einen neuen Titel bekommen, und zwar den Titel eines Erfolgsromans oder eines Erfolgsstücks. Der Autor ist demnach ein Schriftsteller, von dem man nichts käuflich erwerben will als den Titel.

Man gibt ihm Geld, man läßt ihn einen Vertrag unterschreiben, er ist Mittelpunkt eines kleinen Empfangs. Er trinkt auf Wohl und Wohlstand der Filmgesellschaft, auf den speziellen Erfolg des Films, auf die Zukunft des Kinos. Er lächelt, er schüttelt Hände, er ist beglückt.

Schaun Sie sich ihn heute gut an, denn diesen Gesichtsausdruck werden Sie nie mehr an ihm erleben.

Im übrigen hat er ja den Vertrag unterzeichnet, wir brauchen ihn also nicht mehr. Er stellt jetzt eine Gefahr für den Film dar, vielleicht kommt er auf die Idee, sich um ihn kümmern zu wollen. Besser, er weiß gar nicht, daß »erprobte« Drehbuchspezialisten seine Geschichte in die Mangel nehmen und bei der Hauptfigur eine Geschlechtsumwandlung vornehmen werden; man wird demnach vor ihm das Datum geheimhalten, zu dem die »Verfilmung« seines Werkes, will sagen seine Hinrichtung, gestartet wird.

Allerdings werden wir gezwungen sein, ihm wiederzubegegnen, am Abend der Filmpremiere.
Er scheint bleich und zornentbrannt. Er hat sich geweigert, dem Regisseur die Hand zu schütteln, der darob schmerzlich erstaunt ist; mit einer gewissen Bitterkeit ist er hingegangen, dem Werbechef seinen Dank abzustatten: der war so sensibel gewesen, den Namen des Autors weder auf dem Plakat noch im Programm erscheinen zu lassen.
Schließlich werden Sie ihn in einem Straßencafé sehen, umringt von bestürzten Freunden (bestürzt, weil allesamt keine Ahnung von der Kinobranche haben).
Seine Freunde fragen sich, wie man es fertiggebracht hat, aus einem so guten Stück einen so schlechten Film zu machen. Der Autor andererseits stellt sich solche Fragen nicht. Er liest überrascht ein Programm, es enthält die Inhaltsangabe seines Werkes.

*

Diese feindselige Einstellung teilen alle Autoren, das hat die Erfahrung bewiesen. Also sollte man nicht gekränkt sein, und die Antwort auf die Schimpfworte, die er in dieser Situation auszustoßen pflegt, sollte sich auf ein Lächeln beschränken.
Was die Wahl der Autoren angeht, so lehrt uns die Erfahrung noch ein anderes Gesetz: da der Autor unerläßlich ist, fährt man ganz allgemein besser, wenn man einen guten, bekannten Autor auswählt statt eines schlechten, unbekannten.
Und damit sind die Gesetzestafeln zu Ende.

*

Als ich Gelegenheit bekam, Bob Kane meine Meinung zu dieser Werteskala mitzuteilen, erklärte ich ihm, ich fände sie völlig in Ordnung, vorausgesetzt, man lese sie von unten nach oben. Herzlich antwortete er mir: »Im Paradies vielleicht, dort werden die letzten die ersten sein. Aber hier sind wir auf Erden.«

*

Unterdessen wurde in den Studios ununterbrochen und in schwindelerregendem Tempo gedreht.

Ständig fuhren Taxikolonnen vor dem Haupttor vor; von den verschiedensten Bahnhöfen karrten sie komplette Ensembles ausländischer Schauspieler heran. Ich habe erlebt, wie eine tschechische Truppe, geführt von einem Norweger, ankam. Der Pförtner – selbst eine Pariser Type wie sie im Buch steht – dirigierte sie augenblicks zu einem ungarischen Regisseur hin, der Gin trinkend an der Bar wartete. Inzwischen hatte Albino, der italienische Maskenbildner, schon einen Schminktopf in den Fingern, während sein Gehilfe – ein Spanier mit dem Aussehen eines *torero* – auf einem langen Lederriemen ein schwedisches Rasiermesser für die Herren Tschechen schärfte: sie kamen, ein österreichisches Stück zu drehen, dessen amerikanische Fassung großen Erfolg in England gehabt hatte. Der Leser mag glauben, ich erfinde solche Details: ich verbürge mich für strengste Authentizität. Es war verwirrend, staunenerregend, grotesk.

Auf dem Gelände der *Studios des Réservoirs* habe ich sehr viele Tage und sehr viele Nächte inmitten dieser gespenstischen Traumfabrik zugebracht. Da ich keinerlei offizielle Funktion hatte, ging ich überall herum, schaute zu und hörte mit; wer mich nicht kannte, hielt mich für einen Herrn von der Kripo oder doch zumindest für den Privatpolizisten von Robert-T. Kane: ich hatte Spaß an allem wie ein Kind, und ich versuchte, das Filmhandwerk zu erlernen.

*

Der erste, der mir seine Hilfe anbot, war Garry Schwartz, der Direktor des Labors. Kennengelernt hatte ich ihn an der Bar, denn er trank oft, schnell und ausdauernd. Er behauptete, Whisky vertreibe den Geschmack des Fixiernatrons, aber nur Gin sei fähig, den Geruch von Hydrochinon auszulöschen.
Deshalb spülte er sich auch ausgiebig den Mund mit Whisky, wenn er aus den Räumen kam, wo man den Positivstreifen entwickelte, hingegen stellte man ihm zwei große Gläser Gin schön nebeneinander auf die Theke, sobald man ihn sah, wie er, die Hand vor den Augen, über den Hof daherkam: denn dann hatte er gerade die Dunkelkammern des Negativlabors verlassen, und seine Pupillen waren noch tintenfleckgroß geweitet.
Ich habe viele, viele Stunden mit Garry verbracht, er war vernarrt in seinen Beruf und übte ihn mit unendlicher Leidenschaft und unendlicher Geduld aus.
Er hatte mir erklärt: »Das ganze Geheimnis des Kinos liegt in den Labors.« Ich hatte getan, als akzeptierte ich diese reichlich kühne Behauptung, und damit war ich zu seinem Lieblingsjünger geworden.
Jedesmal, wenn er mich in der Bar antraf, nahm er mich mit; zusammen überquerten wir den sonnenüberfluteten Hof und betraten sein Reich...

*

Hatten wir die Doppeltür durchschritten, dann betraten wir die nachtschwarze Zone des Negativs.
Grüne Sternchen leuchteten im dichten Dunkel über unseren Köpfen. Dieses Licht stellt die geringstmögliche Belichtungsgefahr dar, deshalb werden die Negativräume, wo man den empfindlichsten Filmstreifen entwickelt, mittels solcher winziger grüner Lampen beleuchtet.

»Beleuchtet« ist übrigens nicht der richtige Ausdruck, denn diese Lampen beleuchten nichts außer sich selbst. Genauso erhellt der Leuchtturm nicht die Landschaft, reißt er nicht die Woge oder das Kliff aus dem Schatten, aber das Licht zeigt ihn selbst, und der Schiffskapitän weiß dank dieser Flamme, die nur sein Auge trifft und sonst nichts, welches seine Position ist und welchen Kurs er halten muß.
Unter den grünen Glühwürmchen steuerte Garry ohne zu zögern durch die enge und wattige Nacht. Er hielt mich bei der Hand und führte mich langsamen Schrittes, wie ein braves Kind beim Sonntagsspaziergang.
Da war der beißende Geruch der Entwicklerflüssigkeiten, das leise Surren der hochragenden Entwicklungsmaschinen, die große, behaarte Hand von Garry, die meine hinter sich herzog, und gerade noch zu erahnende Schattengestalten mit Frauenstimmen; sie gaben geheimnisvolle Sätze von sich: »Monsieur Garry, die dritte ist raus«, »Der Doktor will nicht trocknen« oder: »Singapur liegt im Schrank«...
Zustimmendes Knurren war jeweils die Antwort, dann zog er mich weiter, und wir ließen den Duft von weiblichen Wesen wo er war.
Wir gingen durch eine weitere Drehtür, und jetzt war ich plötzlich von den Rotlampen geblendet, die die Positivlabors erleuchteten.
Vor einer ganzen Serie ratternder Kopiermaschinen standen in langer Reihe Frauen, stumm, die Arme gekreuzt. Jede überwachte zwei Maschinen oder besser zwei leuchtende Fensterchen, hinter denen winzige Männchen gestikulierend und mit dem Kopf nach unten vorbeidefilierten...
Ferner gab es die Schneideräume: hier lehrte mich Garry persönlich – höchste aller Ehren –, meinen ersten Schnitt zu kleben; er gelang übrigens vortrefflich. Anschließend gingen wir in die Vorführräume, wo gegen Bilder und Worte abgehärtete Leute zwanzigmal hintereinander stumpf denselben

Film anschauten, um die Qualität der Kopien zu kontrollieren. Worauf es Zeit war für den Aperitif, den man im Schatten schöner Pariser Bäume auf dem Bretterboden, der über das Wasserbecken gezogen war, genoß; es folgte ein fröhliches Mittagessen in unserem kleinen Speisesaal.

Am Nachmittag irrte ich durch die einzelnen Ateliers; ich sah, wie gewaltige Kulissen gebaut wurden, ich sprach mit den Malern, den Requisiteuren, den Bühnenarchitekten. Ich sah, wie einzelne Szenen abgedreht wurden, ich plauderte mit den Kameraleuten, den Toningenieuren, den Regisseuren. Ich stellte Fragen, ich suchte zu begreifen. So habe ich durch lange Tage hindurch, brav wie ein Schüler meine Notizen machend, mir erste Grundkenntnisse in der Filmkunst bzw. der Filmindustrie angeeignet.

Wenn es mir in der Folge möglich gewesen ist, Filme zu drehen und dabei noch ein Labor, Studios und einen eigenen Verleih zu leiten, dann verdanke ich das der Freundschaft von Robert-T. Kane: gern hätte ich gewollt, daß er hier meine Dankbarkeit lesen könnte, die ich ihm oft bezeugt habe, aber diese Seiten aus der Feder seines Freundes sind keine Lektüre mehr für ihn. Er ist von uns gegangen in ein anderes Reich. Wegen seines freundlichen, aufrechten Wesens und seines strahlenden Lächelns wird ihm der heilige Petrus gewiß die goldene Pforte des Paradieses geöffnet haben. Schade, schade, daß dieser generöse Mann, der mich so vieles gelehrt hat, den Geist Hollywoods, den zu vertreten er nach Frankreich gekommen war, nicht verraten hat.

Wohl war er in der Lage, ein Drehbuch zu beurteilen, aber für ihn war viel wichtiger als das Werk selbst der gesamte Produktionsaufwand, und er glaubte fest, daß das Einspielergebnis nach einer einfachen Formel zu berechnen sei: Gestehungskosten mal Werbeetat. Das ist der Grund, warum die gewaltige Fabrik eine große Anzahl Filme von erschütternder Dürftigkeit herstellte.

Anfangs hatten diese Filme Erfolg, weil sie nicht mehr stumm waren.

Aber dieses Mirakel setzte ziemlich bald keinen Menschen mehr in Erstaunen. Ein halbes Jahr später war es nicht mehr genug, *daß* gesprochen wurde, jetzt kam es auch darauf an, *was* gesprochen wurde. Das war der Zeitpunkt, zu dem bei der Produktionsleitung eine Reihe beunruhigender Berichte eingingen. Sie kamen dorther, wo der Film kommerziell ausgewertet wird, d.h. von den Kinobesitzern, die jeden Abend das maßgebliche Publikum zu sehen und zu hören bekommen.

Die Einnahmen gingen zurück, und manchmal wurde das Publikum richtig böse. Ein Film, der, wenn ich mich recht erinnere, *Die Nacht im Hotel* hieß, wurde lärmend ausgepfiffen und ausgebuht. Der Direktor des Paramountkinos, des grandiosen Paramountkinos, erhielt sogar Gelegenheit, sich ziemlich hautnah mit einer Hundertschaft von Zuschauern zu unterhalten, die ihre Kinosessel als Schadenersatz mit nach Hause nehmen wollten. Da sie sich tatsächlich an die Verschraubungen machten, mußte die Polizei geholt werden. Der Bericht über diesen dramatischen Zwischenfall machte dem »Staff« der Produktionsgesellschaft klar, daß eine andere Filmästhetik her mußte, sollten die Kinobestuhlungen gerettet werden. Deshalb ließ mich Bob Kane, der mich bis dahin als verwöhntes Kind betrachtet hatte, eines schönen Abends zu einer ernsthaften Besprechung rufen.

*

Brüderlich empfing er mich in dem sehr schönen Badezimmer, das zu seinem Büro gehörte. Seine bescheidene Bekleidung bestand aus einer schwarzen Unterhose, seinen Bauch stemmte er gegen einen gewaltigen Ledergurt, der im Rhythmus einer asymmetrisch kreisenden Riemenscheibe schlotternd vibrierte; aufmontiert war diese auf die Welle eines min-

destens 30 PS starken Elektromotors. Jeden Abend bot er seine Bauchmuskeln dieser rasenden Massage dar, um jeden Bauchansatz sozusagen im Keime zu ersticken. Er war im übrigen so groß, so breitschultrig und so schlankhüftig wie der klassische Diskuswerfer des Praxiteles. Aber er hatte Angst vor Fettleibigkeit, weil er die Werbeseiten der amerikanischen Zeitschriften las.
Er sagte mir wörtlich folgendes: »Die Franzosen sind ein seltsames Volk. Sie pfeifen die guten Filme aus, die ich für sie mache. Ich werde dir deshalb die Rechte von *Marius* abkaufen, ich werde dir so viel Geld geben, wie du willst, und wir werden einen großen Film machen. Weil du mein Freund bist, weil ich einen Welterfolg will, werde ich jedes notwendige Opfer bringen.«
Er strahlte vor Freundschaft.
»Als allererstes werde ich aus Amerika einen Regisseur kommen lassen, einen der berühmtesten der Welt: Alexander Korda.«
Ich war hocherfreut, aber auch etwas beunruhigt.
»Spricht er Französisch?«
»Besser als ich«, sagte er durchaus ernsthaft. »Er ist Ungar. Er hat *Helena von Troja* gemacht, einen der schönsten Erfolge des Stummfilms.«
»Um so besser!« sagte ich. »Und ich danke dir dafür, daß du eine der Leuchten Hollywoods in den Dienst meines Opus stellen willst. Aber glaubst du, daß ein Ungar von der Natur dazu ausersehen ist, einen Film zu drehen, der in Marseille spielt?«
»Ich versichere dir«, sagte Bob nachdrücklich, » er ist absolut der beste Mann für diesen Job. Du kannst dich auf mich verlassen.«
Ich war nicht restlos überzeugt und sagte feige: »Mag sein, aber was wird Raimu dazu sagen?«
Es war die Zeit, da Raimu dem Pariser Publikum seine überwältigend geniale Begabung enthüllt hatte. In *Marius* hatte er

eine Rolle gespielt, die eigentlich nur eine Nebenrolle war; trotzdem hatte Raimu der ganzen Aufführung seinen Stempel aufgeprägt, so stark war seine Präsenz auf der Bühne. Die Kritik nannte ihn eine »Naturkraft«, so vollkommen einfach war sein Spiel. In Wirklichkeit war es die Kraft seiner Kunst, die ihn so spielen ließ.

Ihm blieb gar keine Zeit, etwas mit dem Verstand zu begreifen, weil er alles instinktiv erfaßte. In jeder Rolle, die ihm lag, hat er bewiesen, ohne jede Anstrengung wohlgemerkt, daß er der geschickteste, der größte, der imponierendste Schauspieler der Welt war.

Heute, das heißt zwanzig Jahre nach seinem Tode, strahlt sein Stern heller denn je. Damals aber waren die Starschauspieler des Theaters nicht sehr bekannt außerhalb von Paris, und Bob Kane hatte seinen Namen nie gehört.

Er fragte: »Was ist das, Raimiu?«

Wieder einmal war ich sehr betrübt, Bob hatte das Stück nicht gesehen, das doch seit zwei Jahren im Théâtre de Paris gespielt wurde. So war ich gezwungen, ihm ausführlich den berühmtesten meiner Interpreten zu beschreiben. Ich würdigte sein Talent, danach ging ich auf seinen Charakter ein und erklärte bündig, Raimu werde nie und nimmer bei einem in Marseille angesiedelten Stoff die künstlerischen Vorstellungen eines Ungarn akzeptieren.

Bob Kane lächelte artig und sagte: »Die Frage stellt sich gar nicht, da er die Rolle ja überhaupt nicht spielen wird.«

Er hielt mir darauf eine überraschende Rede. Er erklärte mir, daß Bühnenkünstler in keinem Falle Filmstars werden könnten: daß Raimu, Orane Demazis, Fresnay, Charpin für sein Publikum völlig Unbekannte seien; daß er mir aus purer Freundschaft gestatte, mir aus der Paramounttruppe jeden beliebigen Star herauszusuchen; er bot mir Jean Murat, Marcelle Chantal, Meg Lemonnier, Henri Garat und einige andere Stars an. Schließlich als unerhörte Ausnahme und als allseits sicht-

bares Zeichen seiner Wertschätzung, kündigte er mir an, ich würde beim Drehen zugegen sein dürfen.
Meine Antwort war klipp und klar: »Mein lieber Bob, wenn du *Marius* zu verfilmen wünschest, dann nur unter meiner persönlichen Leitung und mit den wunderbaren Darstellern, die zum Erfolg des Stückes soviel beigetragen haben. Das ist mein letztes Wort.«
Bob lächelte.
»Auch wenn ich dir fünfhunderttausend Francs gebe?«
»Es geht nicht um das Geld. Im übrigen will ich nicht, daß mir die Paramount eine Geldsumme, und sei sie noch so hoch, in die Hand drückt, um mich loszuwerden. Ich will prozentual an den Einnahmen beteiligt werden, d.h. ich will Tantiemen und die absolute Kontrolle über meinen Film.«
Er schlug die Hände über dem Kopf zusammen und bestellte zwei Whisky.

*

Von *Marius* wurde nicht mehr gesprochen, und das Leben in den Studios ging weiter, rasend betriebsam und fröhlich.
Indessen zeigten die Kinobesitzer und die Leute vom Verleih keine übertriebene Begeisterung mehr für die fertigen oder angekündigten Produkte der Firma. Die Einspielergebnisse gingen noch weiter zurück.
Unversehens kam im Colisée, einem damals weniger beachteten Kino, ein von Jean Choux gedrehter französischer Film heraus, Marcel Achards *Jean de la Lune.* Die Champs-Elysées waren noch nicht die maßgebliche Kino-Avenue, und die Kassenerfolge kamen sämtlich von den großen Boulevards. Der Triumph von *Jean de la Lune* mit Madeleine Renaud, René Lefèvre und Michel Simon schlug ein wie eine Bombe. Der Film lief fünfundzwanzig Wochen hintereinander, und ich hatte das Vergnügen, innerhalb weniger Tage fünf verschiedene Gruppen von »Executives« der Paramount hinzubegleiten.

Das Werk schien ihnen nicht sehr gut. Die Begeisterung des Publikums machte sie nachdenklich. Ihre kinoästhetischen Überzeugungen wurden nicht in Mitleidenschaft gezogen, soweit ging es nicht; aber ihre Meinung bezüglich des französischen Publikums schlug um.

In den Studios wurde eine wichtige Geheimkonferenz abgehalten. Dann, beim Mittagessen, sagte mir Bob Kane in sehr ernstem Ton: »Die Filme, die wir bisher gedreht haben, sind ausgezeichnete Filme. Aber das französische Publikum ist nicht wie unseres. Nun, wir werden diesem besonderen Hang schmeicheln, indem wir ein »Literarisches Komitee« gründen. Du, du kennst diese Sorte Leute, du wirst neun davon auswählen, und die werden dann das Literarische Komitee der Paramount sein. Jeder kriegt hunderzwanzigtausend Francs pro Jahr. Du wirst das zehnte Mitglied dieser Akademie sein. Sobald du sie ausgesucht hast, verständige dich mit André Daven.«

Ich war mehr als beglückt.

Endlich hatte die Paramount begriffen, mein Traum wurde Wirklichkeit: wir würden eine französische Produktion gründen, bei der es nicht mehr auf das Nachahmen der amerikanischen Vorbilder ankommen würde, eine Produktion, die es schaffen würde, sich von Hollywood zu lösen.

Es brauchte nur eine kurze Unterredung mit Daven, und die Liste war fertig. Sie umfaßte: Edouard Bourdet, Tristan Bernard, Alfred Savoir, Sacha Guitry, Pierre Benoît, Yves Mirande; Saint-Granier und Albert Willemetz schienen uns bestens geeignet, Musikkomödien- und Operettenproduktionen zu leiten. Ich habe vergessen, wer die beiden anderen waren. Ich glaube, wir hatten Jean Giraudoux und Paul Morand vorgeschlagen, aber mir scheint, sie lehnten ab, oder Paul Morand war zu der Zeit nicht in Paris. Léopold Marchand, der gerade von Hollywood kam, trat an seine Stelle. Diese Schriftsteller, die sich in keiner Weise beworben hatten, waren nicht wenig überrascht, als die Paramount ihnen in der schmeichelhaftesten Weise vorschlug, einen Sitz in dem besagten leitenden Komitee einzunehmen. Nach einigem Zögern sagten sie zu.

*

Die erste unserer Versammlungen fand in einem Nebenraum des Restaurants Albert auf den Champs-Elysées statt, genau dort, wo sich später das Kino »Le Raimu« befand.

Bob Kane führte den Vorsitz bei diesem Essen, dessen Speisenfolge an Menus aus dem Jahrhundert Ludwigs XIV. erinnerte. Albert selbst überwachte unser Schlemmermahl, und wir tafelten mit soviel Freude, daß uns kaum Zeit zum Reden blieb.

Wir warteten, daß Bob uns sagen würde, was er von uns wollte. Er redete wie immer, gutgelaunt wie ein amerikanischer Collegestudent, aber es schien, als hätte er vergessen, daß es so etwas wie Kino überhaupt gab. Am Schluß bot er Zigarren von überraschender Länge an, hob sein Champagnerglas auf unsere Gesundheit und sagte, er danke uns allen, daß wir freundlicherweise seiner Einladung gefolgt seien. Schließlich bestellte er uns für vierzehn Tage später zur gleichen Zeit ins gleiche Restaurant, dann schritt er von dannen.

Wir dachten, dieses Mittagessen sei wohl nur eine kleine Eröffnungszeremonie gewesen, und wir priesen das Taktgefühl des großen Bob, der uns nicht gleich am ersten Tag in Arbeit stürzen wollte. Jeder fand bei seiner Ankunft zu Hause ein freundliches Schreiben der Paramount, verdeutlicht und bekräftigt durch einen Scheck über zehntausend Francs, Geldwert 1931.

*

Am Tag der zweiten Konferenz waren wir alle in ernsthafter Arbeitsstimmung. Mehrere von uns hatten ein kleines Exposé,

ja sogar einen ganzen Bericht über den literarischen Wert der Paramountproduktionen erstellt.
Beim Dessert ergriff einer von uns das Wort. Ich glaube, es war Sacha Guitry. Er sprach lange und formulierte hervorragend. Er unterzog die gesamte Produktion einer summarischen Prüfung und gab seine Meinung ab: sie war nicht günstig.
Jeder kam der Reihe nach dran, und der große Bob mußte unbeweglichen Gesichtes sieben- oder achtmal den gleichen Diskurs über sich ergehen lassen.
Anschließend gab er uns in kurzen Worten seine Antwort: er bediente sich des Französischen, und seine Nichtkenntnis unserer Sprache gestattete uns nicht, genau zu verstehen, was er hatte mitteilen wollen. Da er fröhlich lächelte, dachte jedoch ein jeder, er sei nicht unzufrieden und er werde uns erlauben, Großes zu vollbringen. Er schüttelte allen die Hand, nahm mich beim Arm und zog mich fort zu seinem Rolls Royce.
Auf der Fahrt zurück zu den Studios von Saint-Maurice bewahrte er Schweigen bis zur Charenton-Brücke. Endlich sah er mir in die Augen und sagte ernsthaft: »In meinem ganzen Leben, und auch nicht in einem amerikanischen Frauenclub habe ich jemals soviel dummes Zeug in so kurzer Zeit anhören müssen.«
Ich war sehr überrascht.
»Aber mein lieber Bob«, sagte ich…
»In was mischen sich diese Leute da ein? Mische ich mich vielleicht in ihre Angelegenheiten?«
»Aber mein lieber Bob, wir haben unsere Meinung vorgetragen, weil man uns darum gebeten hatte.«
»Wer? Ich jedenfalls nicht! Ich habe überhaupt nichts gesagt, und dann kommt so ein Trupp ordensgeschmückter Kerle daher und legt über das Kino los, gerade so, als hätten sie eine Ahnung von dieser Art Business. Ach, die Franzosen sind einfach Witzbolde!«

»Aber wenn du die Meinung dieser Leute nicht hören willst, wozu hast du dann ein literarisches Komitee gebildet?«

»Ich?« rief er, »glaubst du, ich bin verrückt? Ich habe dich zwar beauftragt, dieses Komitee zusammenzustellen, aber der Einfall stammt nicht von mir. Diese Erfindung verdanken wir dem Werbechef. An sich ist es keine unbedingt schlechte Idee. Aber wenn alle diese Leute anfangen, von einem Metier zu sprechen, das sie nicht kennen, dann ist das äußerst unhöflich. Schließlich hatten sie ihren Kaviar, ihre Steaks, ihre Zigarren... Aber lieber hätten sie das Essen stehen lassen, als aufs Reden zu verzichten! Das ganze ist absolut unglaublich, und wenn du es wissen willst, es ist das Tollste, was du mir bisher geboten hast!«

Diese Zusammenkunft blieb die letzte des Komitees, das jedoch keineswegs formell aufgelöst wurde. Pressemitteilungen riefen dem Publikum ziemlich oft noch die Existenz des wertvollen Areopags in Erinnerung, und jeder der literarischen Ratgeber erhielt weiterhin monatlich seinen Scheck samt Dankschreiben, bis zu dem Tage, wo Pierre Benoît das eine wie das andere zusammen mit ein paar geistvollen Zeilen zurückgehen ließ; er teilte darin mit, er, für seinen Teil, sehe den Scherz als nun beendet an. Andere Mitglieder folgten seinem Beispiel, und das Komitee löste sich in Wohlgefallen auf.

Nichts blieb, außer bei Bob Kane eine ziemlich starke Voreingenommenheit gegen alle Freunde, die ich ihm in der Folge vorstellen mußte... Er hatte kein Vertrauen mehr zu mir, weil ich ihn zweimal zum Essen mit Leuten zusammengebracht hatte, die glaubten, das Kino sei eine Kunstform, und die außerdem noch über so wenig gesunden Menschenverstand verfügten, daß sie vom Himmel gefallene Schecks zurückwiesen.

*

Unterdessen war die »Produktion« der Paramount-Studios nicht besser geworden. Bald war klar, daß das große Unternehmen der Katastrophe entgegeneilte.
Die Lage galt als so ernst, daß die Kinobesitzer tagten und dazu übergingen, unverblümt schärfste Kritik zu üben. Sie zettelten ein regelrechtes Komplott an, sie erreichten schließlich, daß das Projekt *Marius* realisiert wurde.
Bob Kane erwies sich als guter Verlierer; er akzeptierte alle meine Vorstellungen. Nur eine Bedingung stellte er.
»Folgende Vereinbarung ist also getroffen«, sagte er mir. »Du wirst die französische Produktion überwachen, Alexander Korda wird dein Mitarbeiter sein. Deine Schauspieler werden den Film machen, da du so großen Wert darauf legst. Ich bin ferner einverstanden, dich prozentual am Einspielergebnis zu beteiligen, was mir telegraphisch bittere Vorwürfe aus Hollywood eintragen wird. Das sind Opfer, aber zum Ausgleich ermächtigst du mich, ganz nach meinem Belieben eine deutsche sowie eine schwedische Fassung deines Filmes zu drehen. Für diese Fassungen werde ich die Schnitte machen, die mir notwendig erscheinen, ich werde Darsteller nach meinem Geschmack aussuchen, ich werde den Titel ändern, kurzum, du läßt mir freie Hand. Bist du einverstanden?«
Ich erhob keinerlei Einwände. Endlich war ich in der Lage, einen französischen Film nach meinen Vorstellungen zu machen; die fürs Ausland bestimmten Fassungen kümmerten mich wenig.

*

Eines schönen Morgens im Jahre 1931 traf ich in Bob Kanes Büro auf einen jüngeren Mann mit gelocktem Haar, der ganz konzentriert eine sehr schöne Zigarre rauchte.
Bob, der einen Tomatensaft trank, sagte zu mir, ganz als ginge es um einen Gegenstand: »Das hier ist Korda!«

Mir erschien er kühl, aber sympathisch.
»Er wird die Inszenierung von *Marius* besorgen. Halten wir also gleich eine Besprechung ab.«
Ich begann den Inhalt des Stücks seinem designierten Regisseur zu erzählen. Er unterbrach mich bei den ersten Worten.
»Ich weiß«, sagte er. »Ich bin vorgestern angekommen. Ich habe bereits zwei Vorstellungen gesehen. Heute abend gehe ich noch mal hin, mit Ihnen.«
Ich war überrascht und erfreut.
»Was halten Sie von den Darstellern?«
»Die müssen allesamt her für unseren Film.«
»Aber«, sagte Bob Kane, »sie sind doch in unserer Branche total unbekannt!«
»Ich glaube«, sagte daraufhin Korda, »nach dem Film werden sie alle berühmt sein. Da ist vor allem ein großer, starker Mann, der, der den Kneipenbesitzer spielt.«
»Raimu«, sagte ich.
»Genau. Dieser Raimu ist sicher einer der besten Schauspieler der Welt. Es ist auch eine Frau dabei, die mich an Lillian Gish erinnert, und ein junger Mann von wunderbarer Klarheit. Diese Leute spielen zu sehen ist ein großes Vergnügen.«
Ich warf Bob Kane einen triumphierenden Blick zu.
»Wie werden sie sich vor der Kamera anstellen?« fragte Bob.
»So soll man die Frage nicht formulieren«, gab Korda zurück. »Ich frage mich eher: Wie wird sich die Kamera ihnen gegenüber anstellen? Und das ist *mein* Problem. Ich bin zuversichtlich, daß ich es lösen kann.«

*

Seit langem hatte ich eine Kinofassung meines Stückes fertig. Jetzt gab ich sie Bob, und er fand sie gelungen. Korda riet mir zu ein paar Kürzungen, womit ich ohne jedes Zögern einverstanden war. Ich hatte Vertrauen.

Raimu kam griesgrämig heraus in die Studios. Er glaubte noch nicht an den Tonfilm, und bei dem Gedanken, daß ein Ausländer unsere Arbeit leiten sollte, zuckte er nur mit den Schultern.
»Ein Tartare kommt aus Holiwudistan, um uns abzuphotographieren!«
Aber nach einer Stunde Unterhaltung war seine Voreingenommenheit besiegt. Am selben Abend noch spazierte er freundschaftlich plaudernd durchs Studiogelände, und Korda gab ihm den Rest mittels einer Zigarre, die er einem kleinen Sarg aus Zedernholz entnahm.

*

Die Dreharbeiten zu *Marius* sind mir in schönster Erinnerung. Alexander Korda drehte keine Einstellung, ohne mir zu erklären, was er vorhatte, und warum er es genau so und nicht anders haben wollte. Meinerseits überzeugte ich ihn von den unausgeschöpften Möglichkeiten des Dialogs. Der Meister des Stummfilms zögerte keine Sekunde und beschloß, einen echten Tonfilm zu machen, einen Film, in dem wirklich gesprochen wurde.
Eines Abends, wir hatten uns gerade ein paarmal getroffen, hatte er mir gesagt: »Der Tonfilm ist eine neue Kunstform, und wir haben eine ganz große Chance: Ich weiß alles, was du nicht weißt, und du kennst eine Menge Dinge, die mir unbekannt sind. Wenn wir in ehrlicher Absicht und ohne Kompetenzrangeleien arbeiten, dann werden wir bestimmt etwas Interessantes zusammenbringen.«
Aus dieser brüderlichen Zusammenarbeit ist dann 1931 einer der ersten Tonfilme hervorgegangen.
Auf der Bühne hatten die Schauspieler ihre Rollen neunhundertsechzig Vorstellungen lang und dann nochmals hundertmal für eine Wiederaufnahme im Sommer gespielt. Deshalb

spielten sie jetzt die gleichen Rollen im Film so locker und so absolut überzeugend, wie es später nie wieder erreicht worden ist.

Die drei Fassungen wurden zur gleichen Zeit abgedreht: Ich war einigermaßen überrascht, in der Kantine jeden Tag drei Césars, drei Fannys, drei Mariusse, drei Escartefigues anzutreffen, die unfähig waren, mehr Worte zu wechseln als »Gin«, »Whisky«, »votre santé« und »s'il vous plaît«.

Natürlich kam es auch zu ein paar Zwischenfällen. Die technischen Abteilungen und speziell die Tonleute dachten noch, Autoren und Schauspieler hätten keinen anderen Daseinszweck, als ihre tollen Apparate ins rechte Licht zu rücken.

Gleich am ersten Tag brach ein »Soundman« ins Atelier ein: Er kam aus dem Zauberschloß, wo sich lautlos die Tonspurrollen von »Western Electric« drehten. Er kam auf mich zu und sagte in entschiedenem Ton: »Es ist unmöglich, die Stimme von Raimu richtig draufzukriegen.«

»Und doch«, gab ich zurück, »hat er schon mehr als einhundert Grammophonplatten gemacht sowie einen Film, *Le Blanc et le Noir.*«

»Aber seine Stimme ist nicht phonogen«, fing der Hexenmeister wieder an. »Wir haben hier die besten Apparate der Welt, und trotzdem krieg ich kein gutes Ergebnis zustande.«

»Was ist los?« rief Korda von weitem.

»Der Herr behauptet, er könne die Stimme von Raimu nicht aufnehmen.«

»Das ist aber sehr schade für ihn«, sagte Korda. »Weil man nämlich Jules nicht ersetzen kann. Ihn aber sehr wohl.«

Der »Soundman« schien wie vom Donner gerührt, als er jetzt auch noch Raimu auf sich zukommen sah.

Seit Beginn unserer Arbeit war der große Jules friedlich geblieben und hatte gelächelt, wegen seiner Bewunderung für Korda. So hatte sich mehr als genug an Zorn und Löwengebrüll aufgestaut.

Langsam marschierte er auf den »Soundman« los, pumpte den enormen Brustkasten auf und sagte: »Aha! Sie sind also der Telephonist? Sie sind derjenige, der meine Stimme nicht richtig hört? Ich soll also schreien? Das können Sie haben, mein Herr: ›Monsieur Brun, sagen Sie es niemandem, daß Escartefigue zu den Gehörnten gehört! Man könnte es weitersagen!‹«
Zweimal brüllte er diesen Satz, mit jener homerischen Stimme, die mühelos von der Baßtuba ins Trompetenregister wechselte.
Der »Soundman« war zum Mikrophon gehechtet, aber nicht um eine Waffe zur Hand zu haben, sondern um es unter der Jacke zu verstecken; bebend vor Angst flehte er: »Nicht so laut! Machen Sie, daß er still ist! Das Ding kriegt ja einen Sprung!«
Obwohl die Klage sich seltsam ausnahm, kapierte Raimu, daß der feine Mikrophonmechanismus Schonung verlangte – und so erklärte er mit gedämpfter Stimme: »Mein Herr, wenn ich in die Stadt telephoniere, versteht mich jeder: Nur Ihre amerikanischen Apparate können noch kein Französisch. Aber da es jetzt Mittagszeit ist, kommen Sie mit auf einen Aperitif, und damit Sie sich an meine Posaune gewöhnen, werde ich Ihnen Fabeln von La Fontaine vortragen.«
Auf diese Weise freundete er sich mit dem »Soundman« an, und seine Stimme wurde einwandfrei auf die Spur gebannt.
Korda arbeitete so schnell und als Regisseur so genial – immerhin drehte er im nächsten Jahr *Das Privatleben Heinrichs VIII.* –, daß der Film in fünf Wochen abgedreht war. Die Vorführung dauerte zwei Stunden, damit war es der längste jemals gedrehte Tonfilm.
Während einer »Konferenz« erklärten sämtliche Abteilungsleiter – Amerikaner und Franzosen gleichermaßen –, sie seien entsetzt über die Länge der Dialoge, und sie behaupteten, man müsse mindestens vierzig Minuten herausschneiden. Bob Kane aber blieb seinem Wort treu und erklärte ihnen, der

Film sei meine persönliche Angelegenheit, ich würde jeden, auch den geringsten Schnitt ablehnen, und Alexander Korda wisse sehr gut, was er tue.

Außerdem war jedermann sonnenklar, daß die schwedische und die deutsche Fassung als die eigentlichen *Marius*-Filme zu betrachten waren: sie waren mit echten Filmschauspielern, nach einem echten »treatment« (das bedeutete, das »scenario-department« hatte das Stück bis zur Unkenntlichkeit entstellt), mit professioneller Cutterarbeit (das heißt, die längste Einstellung dauerte keine dreißig Sekunden), und in einer echten Inszenierung (das bedeutete, die Kamera war wie die Katze um den heißen Brei beständig durch die Kulissen spazierengefahren) gedreht worden.

Was die französische Fassung angeht, so wurde sie als das Werk von Amateuren eingestuft. Die echten Filmleute tadelten Bob Kanes Nachgiebigkeit und Kordas unglaubliche Naivität: Sie hätten sich von unfähigen Provinzlern aus Marseille auf der Nase herumtanzen lassen. Niemand machte sich mehr stark für die Kürzungen, wozu auch: dem Machwerk war ohnehin ein kurzes Leben beschieden. Eine Woche lang würden die Zuschauer mitleidig feixen, dann würde die Sache ausgestanden sein.

Ich erinnere mich heute mit einem reichlich unchristlichen Grinsen im Gesicht daran, daß sowohl die deutsche als auch die schwedische Fassung im jeweiligen Land mit Pauken und Trompeten durchfiel. Und das, obwohl das Theaterstück selbst gut angekommen war.

Was unsere, die sogenannte Amateurfassung anbelangt, so erzielte sie im Paramount-Kino einen sehr ansehnlichen Erfolg, der größer war als der des Bühnenstücks: im November und Dezember 1931 spielte er wöchentlich eine Million ein (das entspricht ca. 50 Millionen im Jahre 1960), und *Marius* wurde für die Verleihfirmen zur »Lokomotive«. Das bedeutete, die unabhängigen Kinobesitzer in ganz Frankreich mußten sich ver-

pflichten, wenn sie *Marius* eine Woche lang spielen wollten, neunzehn andere Filme zum gleichen Preis wie *Marius* in ihr Programm aufzunehmen.
Die Verleiher jubelten und bezeigten mir von Stund an eine sehr aufrichtige Freundschaft.

*

Die Direktoren des Premierenkinos zeigten indes keine ganz ungemischte Freude. Von Zeit zu Zeit, wenn sie mich nicht gerade mit Glückwünschen überschütteten, sagten sie mir: »Es ist sehr schade, daß der Film zu lang ist. Würden Sie uns gestatten, da und dort ein paar unbedeutende Schnitte vorzunehmen, dann könnten wir pro Tag zwei Vorstellungen mehr ansetzen, was uns bei fünfzehntausend Francs pro Vorstellung in einer Woche zweihundertzehntausend Francs mehr einbringen würde.«
Ich gab zur Antwort, daß es, vorausgesetzt ihre Überlegung sei richtig, dann doch klüger wäre, wenigstens die Hälfte des Films herauszuschneiden, da man so auf die doppelte Zahl von Vorstellungen und folglich auf doppelte Einnahmen kommen würde.
Später habe ich erfahren, daß diese rührend um mich bemühten Halsabschneider, ohne mich zu informieren, schon getan hatten, was sie mir da mit niedergeschlagenen Augen suggerierten.
Einige Tage später konfrontierten sie mich mit einem weiteren Vorwurf, der mir zwar durchaus schmeichelte, mich aber doch empörte.
»Dieser Film«, so der Betriebsdirektor, »hat einen Fehler. Er kommt zu gut an.«
Ich war erfreut, aber ich verstand nicht recht, worauf er hinauswollte.
»Eine Menge Leute«, so erklärte er mir, »bleiben zwei Vorstellungen hintereinander sitzen, uns gehen dadurch mehr als

dreihundert Sessel pro Tag verloren, und das geht über das Maß hinaus.«

*

Die Presse hatte *Marius* unterdessen keinen allzu schlimmen Empfang bereitet. Erstmals klagte man mich an, ich hätte »abgefilmtes Theater« geboten und verstünde »rein gar nichts vom Film«. Man fand es beklagenswert, daß die Leute so für den Film »schwärmten«. Man behauptete, es handle sich bei dem Erfolg um eine »Eintagsfliege«, mit der noch »gar nichts bewiesen« sei, daß aber »Gefahr« für den »reinen Film« bestünde.

Trotz dieser Attacken – gegen die im übrigen der Werbeetat der mächtigen Paramount gezielt eingesetzt wurde – war der Erfolg allgemein, in ganz Frankreich, in Nordafrika, in der Schweiz und in Belgien.

Die phantastischen Einspielergebnisse bereiteten mir großes Vergnügen, nicht weil ich Geld so sehr liebte, sondern weil ich hoffte, so gegenüber den Geschäftsleuten der Filmbranche endlich das Argument in die Hand zu bekommen, das sie niemals in Frage stellen, sozusagen den praktischen Beweis für den Wert meiner filmästhetischen Theorien. Ich hatte vor, ihnen zu sagen:

»Sie haben mir gestattet, die Arbeit nach meinen Vorstellungen durchzuführen, und das Ergebnis stellt Sie hoch zufrieden. Ich hoffe, Sie erheben keine Einwände mehr gegen meine Auffassungen und geben mir freie Hand für meine nächsten Filme.«

Ich glaubte, die Schlacht gewonnen zu haben, und die große Freude von Bob Kane, der stolz auf den Erfolg seines Freundes war, bestärkte mich in dem Glauben an einen endgültigen Triumph.

*

Eines Abends kam es jedoch zu einem Zwischenfall, dessen Tragweite mir vielleicht nicht sofort aufging.

Vom genialen Können Raimus begeistert, hatte Bob Kane beschlossen, ihn zum Diner in den Speisesaal des Generalstabs einzuladen.

Das war eine gewagte Initiative, so was hatte es nie gegeben. Eine Einladung in diesen Saal war genauso ehrenvoll wie das berühmte Bändchen der Ehrenlegion – zumindest nach den Kriterien der Paramount –, denn ich brauche wohl nicht zu sagen, daß der große Jules darin nichts anderes sah als eine Einladung zum Abendessen, welche abzulehnen er gute Lust hatte. Ich stellte ihm jedoch vor Augen, daß die Firma sich mit dem Gedanken trage, ihn für mehrere Filme zu engagieren, daß es sich um ein geschäftliches Diner handle und daß ich dabeisein würde, als Freund und als Dolmetscher: dies gab den Ausschlag.

Das Essen war reizend. Raimus Versuche, Englisch zu sprechen, waren genauso erheiternd wie das Französisch von Bob Kane und Steve Fitzgibbons. Außerdem gab uns der große Jules die Gelegenheit, sein geniales Schauspielertalent zu bewundern: wenn er ein Gefühl nicht sprachlich ausdrücken konnte, dann spielte er es und stotterte ein paar Brocken Englisch dazu. Wenn er in seine Muttersprache verfiel, dann gebrauchte er eine Art Pidginfranzösisch und setzte seine ganze Stimmkraft ein, welche gewaltig war. (Ich bedeutete ihm, unsere Gastgeber würden ihn vielleicht nicht verstehen, aber bestimmt nicht aus akustischen Gründen.) Der Abend verlief in heiterer Stimmung, und Raimu gewann seine Zuhörer für sich, so wie nur er es konnte – wenn er dazu aufgelegt war.

So gegen elf Uhr erhob sich Bob Kane plötzlich, nahm Raimu beim Arm und winkte mir, ihnen zu folgen.

Er führte uns in den Garten auf dem Ateliergelände. Im intensiven Mondlicht leuchtete der Kies wie weißer Zucker. Ein geschickt über dem Paramount-Vulkan angebrachter Scheinwerfer verstärkte noch das Mondlicht, um so das kostbare Totem zur Geltung zu bringen. Man sah ganz deutlich die Mosaiksteinchen, aus denen es zusammengesetzt war. Es gab davon grüne, blaue, rote, und zusammengefügt worden waren sie mit genialer Geduld; man konnte sicher sein, daß jedesmal, wenn ein Windstoß auch nur eine Kleinigkeit in diesem strengen Ordnungsgefüge verrückte, ein eigens bezahlter Vulkanist zur Reparatur herbeistürzte.

Bob Kane, der zwischen uns ging und uns beide beim Arm gefaßt hatte, sagte zu mir auf englisch: »Dieser Raimu ist schon ein außergewöhnlicher Mann. Ich halte ihn für den Ersten Schauspieler der Welt.«

Ich übersetzte dem großen Jules diese Präambel, er erhob keinerlei Einwand.

»Sage ihm«, fuhr Bob Kane fort, »ich wünsche ihm ein Geschenk zu machen, bevor ich mit ihm einen Langzeitvertrag abschließe. Er soll sich aussuchen, was er mag.«

»Alter Knabe«, sagte ich zu Raimu, »er bittet dich, dir ein Geschenk auszusuchen. Du weißt, wie großzügig die Amerikaner sind. Du kannst dir aussuchen, was du willst: einen goldenen Füllfederhalter, eine Armbanduhr, ein Auto, ich bin sicher, er wird es dir schenken.«

Raimu beugte sich zu Bob herüber, und um besser verstanden zu werden, schrie er ihm ins Ohr: »Sie sind sehr nett!«

Die Hand auf dem Herzen sagte Bob: »Was du willst, süchst du dich aus. Du süchst dich aus wie dein Pläsir.«

Raimu überlegte einen Augenblick, in seiner Lieblingshaltung, die Hände auf dem Rücken verschränkt.

Dann sagte er: »Erkläre ihm, daß der Vulkan da mit den ganzen Krümeln mich schon seit langem ärgert. Sage ihm, wenn er mir was Nettes tun will, dann soll er mir erlauben, daß ich dem Ding einen richtigen Tritt gebe.«

Ich wagte nicht zu übersetzen, obwohl Bob mich mit fast ängstlicher Ungeduld anschaute. Aber Raimu zeigte mit dem

Finger auf den Heiligen Vulkan, und einige heftige Fußtritte ins Leere deuteten an, welches schnöde Schicksal das Kunstwerk erleiden sollte.
Bob verstand ganz plötzlich: Er atmete tief durch, wurde totenbleich, machte auf dem Absatz kehrt und verschwand wortlos in der Dunkelheit.

*

Nach einigen Urlaubswochen kehrte ich zu den Studios von Joinville zurück. Zu meinem Kummer traf ich Korda nicht mehr an. Er war nach Amerika zurückgegangen, und lange Jahre sollte ich ihn nicht wiedersehen. Meine Enttäuschung war um so größer, als die Paramount, durch *Marius* auf den Geschmack gekommen – der Film lief immer weiter –, die Rechte für *Topaze* erworben hatte. Man rief mich dringend zurück, man wollte den neuen Film in Angriff nehmen.
Ich kam in der Nähe der Oper an dem wunderschönen Kinobau der mächtigen Gesellschaft vorbei: in riesigen Lettern prangte mein Name auf der hohen Fassade, die nur die Nacht erwartete, um strahlend aufzuflammen – und eine lange Schlange stand um die Ecke herum die ganze Straße entlang bis hinunter zur Oper.
Dieser Anblick gab mir Selbstsicherheit.
Ich fand mich folglich im Studio mit einem unaufdringlichen, aber frohgemuten Lächeln ein.
Ich trug ein sehr hübsches Jackett aus hellem Stoff, den leichten Hut hatte ich keß eine Spur verschoben. Ich stand zwar nicht da, die Daumen herausfordernd in der Weste verankert, aber viel hätte nicht gefehlt. Die eitle Positur war beinahe legitim, und ich kam herein, um freundschaftliche Glückwünsche und herzliches Händeschütteln entgegenzunehmen.
Der Empfang, der mir zuteil wurde, brachte mich zuerst aus der Fassung, dann erfüllte er mich mit Bitternis und Traurig-

keit. Außer Bob Kane, der die geplante Schmach gegen den Vulkan vergessen zu haben schien, sprach kein Mensch von meinem Film zu mir, und ich erfuhr, daß die »Executives« beschlossen hatten, die Dialoge für *Topaze* von meinem Freund Léopold Marchand schreiben zu lassen. Außerdem würde die Inszenierung durch einen gerade aus Hollywood eingetroffenen Franzosen namens Louis Gasnier besorgt werden.
Ich konnte nicht sofort begreifen, woher der Schlag kam. Ich war damals sehr jung – und ich hatte mir nicht klar gemacht, daß die Leute um Bob Kane, die so prächtig vom Stummfilm lebten, niemals eine besondere Liebe für den Tonfilm entwikkelt hatten. Ich hatte nicht begriffen, daß der Erfolg von *Marius* in ihnen keinerlei Freude, nicht einmal Eifersucht erweckte, sondern daß er sie schlicht erschreckte. Sie wußten genau, ihre Positionen waren für immer untergraben, und die lange Schlange, die Tag und Nacht das Paramount-Kino umlagerte, das war der Trauerzug, der unbeweglich vor der Friedhofspforte auf ihren Leichenwagen wartete.

*

So verließ ich denn die Studios von Saint-Maurice, aber eigentlich war es eine Verbannung, und der Grund war, daß der erfolgreiche Tonfilm *Marius* dem erfolgreichen Tonfilm *Jean de la Lune* auf dem Fuße gefolgt war und daß damit der französische Tonfilm überhaupt bestätigt worden war.
Später habe ich erfahren, daß der Befehl aus Hollywood gekommen war, dort kämpfte man noch wild gegen die neue Erfindung an, aus Angst, den ganzen Weltmarkt zu verlieren.
Zum Glück hatte ich es abgelehnt, die Rechte an *Marius* pauschal zu verkaufen, und hatte statt dessen auf prozentualer Beteiligung bestanden, was mir nun das Recht gab, die Bücher der mächtigen Produktionsgesellschaft einzusehen.

Und weil ich dieses Kontrollrecht auch ausübte, wurde mir sehr schnell klar, welch kolossale Macht das Kino verkörperte.
Der gewaltige Geldaufwand in den Studios hatte mich verblüfft; mit mehr Erstaunen noch erfuhr ich jetzt, in welchen Größenverhältnissen sich die Einnahmen bewegten. Zwei meiner Freunde, welche im »Vertrieb« angestellt waren, versicherten mir, allein *Marius* werde in den Geschäftsjahren 1931 und 1932 sicherlich nicht weniger als fünfzehn Millionen in die Kasse der Gesellschaft zurückfließen lassen, dazu kämen noch aus dem Auslandsgeschäft und aus der 16-mm-Version zusammen mindestens drei Millionen. Im Jahre 1931 waren das enorme Summen, und ich war wie geblendet, denn alles zusammen reichte aus, um sieben oder acht Filme herzustellen. Mit dem Optimismus der Jugend schloß ich daraus, daß Filmeproduzieren keinerlei Risiko darstellte, und ich beschloß prompt, meine eigene Produktion zu gründen, um meine künftigen Werke in völliger Unabhängigkeit realisieren zu können.
Es war eine gesegnete Zeit: noch war die Nation nicht Eigentum des Staates, und der Bürger, einzige Quelle der Ideen und des Reichtums, war frei, solange seine Freiheit nicht die des Nachbarn beeinträchtigte. Es war möglich, Filme zu produzieren, ohne das bei irgend jemandem anzumelden, und Rechenschaft war man ausschließlich der Zensur schuldig.
Gern hätte ich mein Gewerbe mit *Fanny* gestartet. Es war mein Pech, daß ich mit einem amerikanischen Produzenten einen Vertrag geschlossen hatte, der diesem eine Option auf die Verfilmung des Stückes zusicherte. Ich trug mich schon mit dem Gedanken, eine neue Geschichte zu erfinden, als der Inhaber der Option sich auf der Durchreise in Paris meldete, mich zum Essen einlud und mir beim Nachtisch eröffnete, er gedenke dieselbe nicht wahrzunehmen. Nach dem Erfolg von *Marius* meinte ich natürlich zuerst, er scherze, als ich begriff, daß er es durchaus ernst meinte, bat ich höflich, mir das doch

gleich schriftlich zu geben; er war so nett und tat es, auf der Rückseite einer Restaurantrechnung. Wären wir nicht auf unseren Stühlen eingezwängt gewesen, ich hätte ihn in die Arme geschlossen.
So bat ich ihn nur, mir zu erklären, warum er mein Stück nicht mochte. Ganz ernsthaft antwortete er, er finde das Stück großartig, aber für einen Kinoerfolg leider ungeeignet, weil es ja die Fortsetzung von *Marius* darstelle, und eine Fortsetzung habe sich noch NIEMALS als rentabel erwiesen. Das sei ein Gesetz, das keine Ausnahme dulde, dahinter stehe weltweite Erfahrung, und es prange in goldenen Lettern über dem Eingangstor von Hollywood.
Daraufhin verkündete ich ihm, ich würde den Film selbst produzieren, was ihn zu einem mitleidigen Lächeln veranlaßte.

*

Jetzt, wo es wirklich darum ging, ins Filmgewerbe einzusteigen, hielt ich es für klüger, mir einen Mann mit einschlägiger Erfahrung als Partner zu suchen, und ich wählte Roger Richebé, der wie ich aus Marseille gekommen war. Er hatte bereits eine Reihe von Filmen produziert, *La Petite Chocolatière, Nitouche, La Chienne, L'Amour chante,* alles große Erfolge. Gemeinsam gründeten wir nun 1932 eine Produktionsgesellschaft, und *Fanny* wurde gedreht.
Ich hatte das Stück bearbeitet und dabei die Möglichkeiten der Leinwand genützt: bestimmte Szenen konnte ich kürzen, andere fügte ich jetzt hinzu; schließlich bat ich Marc Allégret, dessen Begabung und Intelligenz ich bewunderte, die Regie zu übernehmen.
Der Film wurde ein sehr großer Kassenerfolg, aber die Presse nahm ihn nicht gut auf. Etwas säuerlich rieten mir die Kritiker, wieder zum Theater zurückzukehren, und mehrere scheuten sich nicht, den doch offensichtlichen Erfolg unseres

Werkes zu leugnen; fast alle erklärten, es handle sich nicht um Kino, sondern um abphotographiertes Theater.

*

Da beschloß ich, eine Zeitschrift ins Leben zu rufen, in der ich meine Ideen vertreten und verteidigen könnte. Sie bekam den Titel *Les Cahiers du Film*, die wichtigsten Mitarbeiter wurden Arno Charles Brun, Gabriel d'Aubarède und der kraftvolle Zeichner Toé.

Die *Cahiers*, sehr gut aufgemacht und sorgfältig redigiert, wurden sämtlichen Kritikern zugeschickt, ferner Produzenten und Regisseuren. Sie enthielten nur wenig aktuelle Information, dafür ziemlich lange rein filmtheoretische Artikel.

Diese Aufsätze lösten tumultartige Auseinandersetzungen aus, lang und erbittert tobte der Kampf um den Leichnam des Stummfilms.

Zur Erbauung der jungen Filmemacher von heute will ich die ersten Episoden dieses Kampfes schildern und versuchen, den Originalton wiederzugeben.

*

Der Stummfilm, diese bresthafte Kunst, zog doch seine ganze Kraft aus seiner Schwäche: er war international wie alle Bilderschriftsprachen, und sein Markt war die ganze Welt. Auf diese Weise konnte es geschehen, daß Charlie Chaplin, das Genie rührend-pathetischer Komik, bei Lebzeiten zum berühmtesten Mann der gesamten Menschheitsgeschichte avancierte. Berühmter als Napoleon, Cäsar, Shakespeare, Ludwig XIV., Galilei oder Hitler, hat er Millionen Männer und Frauen zum Lachen oder zum Weinen gebracht, von den Samojeden bis zu den Patagoniern Feuerlands, dank der zum Leben erweckten Bilderschrift des Stummfilms.

Die französische Produktion hielt auf dem Weltmarkt eine sehr erfreuliche Position, die Filmindustrie machte viele Leute reich: Produzenten, Regisseure, Schauspieler, Verleiher, und die Gestehungskosten für einen Film waren absolut vernünftig, wenn man sie zu dem riesigen Markt ins Verhältnis setzte. Mit dem Tonfilm wurde es nun nötig, neue, schalldichte Studioräume zu bauen, man mußte zu horrenden Preisen amerikanische Geräte mieten und dazu an Fachingenieure, auf die man einfach nicht verzichten konnte, üppige Gehälter zahlen, denn die geheimnisvollen Tonapparaturen waren extrem störungsanfällig: sie hatten Angst vor den Zischlauten, manchmal kam der reinste Auvergne-Dialekt heraus. Oder die Stimmfärbung veränderte sich im Laufe ein- und derselben Szene und reichte schließlich vom typischen Telefonton zum schrillen Genäsel einer Kindertrompete. Dabei vollzogen sich diese Verfälschungen in aller Heimlichkeit; sie kamen erst am nächsten Tag heraus, wenn nämlich der laborfrische Filmstreifen erstmals auf die Leinwand geworfen wurde.
Dann war natürlich der Mann am Projektionsapparat dran: er wurde als erster beschimpft. Er verteidigte mit schroffen Worten die Vertrauenswürdigkeit seiner Gerätschaften; sodann erhob der Produzent Anklage gegen den Toningenieur; dieser erklärte mit der Lupe in der Hand, das Labor habe hier, wie jeder sehen könne, den Streifen mit Waschlauge oder Katzenpipi entwickelt. Der Mann von der Entwicklung protestierte heftig, manchmal mittels allerlei Kraftausdrücken. Woraufhin sich alle Mann darauf verständigten, Kodak oder Agfa anzuklagen, die beide nicht zugegen waren, und die empörte Truppe fing mit der Arbeit vom Vortag wieder von vorne an.
Zum andern war der gewaltige Markt des Stummfilms jetzt eingeengt auf das Gebiet einer einzigen Sprache. Allen Kunstfertigkeiten des Synchronisierens (damals in den ersten Anfängen) zum Trotz, die Gewinnaussichten schrumpften um 9/10 im gleichen Augenblick, wo die Kosten sich verdreifachten

oder vervierfachten: für die Filmindustriellen war der Aufstieg des Tonfilms die große Katastrophe.

Nicht genug, das geschäftliche Desaster fand seine Ergänzung in einem künstlerischen. Die unter großen finanziellen Opfern aufgebauten Stummfilmstars waren im allgemeinen kaum in der Lage, sich anders als durch Mimik, Gestik und Körperhaltung auszudrücken. Schließlich waren die Kameraleute, die bisher unangefochtene Herren im Studio gewesen waren, schon dabei, ihre Stellung den Tonleuten zu räumen. Diese setzten mühelos jede Forderung durch und tyrannisierten alle, einschließlich der Regisseure.

Die neue Kunst hatte also eine ganze Armee gegen sich: die Stummfilmleute, und diese waren reich an Zahl, Geld- und sonstigen Machtmitteln.

*

Zu den ersten Erfolgen des Tonfilms zuckten sie die Schultern und erklärten, es handle sich um eine im großen und ganzen amüsante »Attraktion«, die aber die Saison nicht überdauern werde, ganz wie es Volterras Auffassung gewesen war.

Ein halbes Jahr später kapitulierten sie mit dem Ausdruck des Bedauerns und versuchten, Tonfilme zu machen; aber sie wollten sämtliche alten Mitarbeiter beibehalten, denn ihre Bemühungen gründeten auf einem unheilbaren Irrtum: sie glaubten, der Tonfilm sei nur ein vervollkommneter Stummfilm, und es werde genügen – schließlich wollte man die Lautsprecher auch nutzen, wenn sie schon da waren –, gewisse Geräusche, gewisse Töne, etwas Musik und eine bestimmte Anzahl Sätze, die allerdings so kurz zu sein hatten wie Untertitel, aufzunehmen.

Dieser Irrtum hatte sehr viele verschiedene Ursachen.

Zunächst einmal war da der Name der neuen Kunstform: »Tonfilm«. Das klang nicht sehr revolutionär. Sodann verwendete der Tonfilm sämtliche Apparate, sämtliche physikalischen und chemischen Erfindungen bzw. Entdeckungen, die die Herstellung von Stummfilmen ermöglicht hatten: Kameras, Zelluloidfilm, Kopieranstalten, Projektionsapparate, Beleuchtungsapparate, Leinwände etc.

Die Gleichheit der Produktionsmittel sorgte dafür, daß die Stummfilmproduzenten auch den Tonfilm in ihr Eigentum übernahmen. Und so, wie sie die technischen Geräte beibehielten, so nahmen sie ihr Personal, ihre Künstler, ihre Regisseure mit hinüber in den Versuch, Tonfilme herzustellen. Aber schon beim ersten Schritt auf dem neuen Weg stießen sie an ein unübersteigbares Hindernis: den Dialog.

Der Dialog ist das A und O aller dramatischen Kunst, er ist das Wesen des dramatischen Kunstwerks selbst. Ich will damit nicht sagen, daß man zum Dialogeschreiben ein Genie sein muß, aber eine Spezialbegabung muß da sein, genauso wie für das Billardspielen oder wie für das Theaterspielen.

Wer diese Gabe nicht hat, dem gibt die Muse der dramatischen Kunst einen Korb, und was er schreibt, ist tot geboren. So haben zum Beispiel sehr große Schriftsteller wie Flaubert, wie Balzac, wie Ernest Renan Theaterstücke geschrieben. Sie waren langweilig, unspielbar, nicht sprechbar. Und die Stummfilmschreiber, die sich jetzt anheischig machten, Dialoge zu verfassen, sie glaubten, daß ein Satz schon eine schlagfertige Antwort ist, daß eine Unterhaltung schon eine Szene macht, daß ein Bonmot von jeder beliebigen Figur, in jeder beliebigen Szene und zu jedem beliebigen Zeitpunkt gebracht werden kann... Sie durchbrachen die unsichtbare Schranke nicht, die Größeren Einhalt geboten hatte.

Dann waren da die schönen Naiven, deren ausdrucksvolles Schweigen eine nicht vorhandene Gedankentiefe suggeriert hatte; jetzt zogen sie nicht selten falsche Stimmregister, manchmal klangen sie vulgär, oder die Rede kam stockend.

Der Jugendliche Liebhaber, immer noch genauso schön, artikulierte nicht sehr deutlich, und auch unter dem Rauschebart des Père Noble kamen recht verschwommene Laute hervor. Zudem waren diese Schauspieler allzu tüchtige Mimen, nach Jahren praktischer Übung brachten sie dieses körperliche Talent nicht mehr unter Kontrolle und unterstrichen jetzt mit Gesten, was ihre Stimme sagte, so daß sie das gleiche doppelt ausdrückten.
Schließlich der Regisseur, ebenfalls vom Stummfilm her gekommen, er konnte nicht viel anfangen mit dem sowieso auf den simpelsten Ausdruck zurückgestutzten Sprechtext, er glaubte nur an Bilder.
Trotz Sträubens vom Publikum gezwungen, der neuen Kunst zu opfern, erfanden die Stummfilmspezialisten eine Art Mißgeburt: den Tonfilm wider Willen, dem Löffelgeklapper, Stöhnen und Bumm-Bumm zum Schmuck gereichten, den Seufz-, Schneuz-, Schluchzfilm, den da und dort harmlose Sprüchlein beschwerten; und sie belehrten uns darüber, daß der Tonfilm hiermit an seine Grenzen stoße; wir aber wußten schon, warum ihr Töchterlein stumm blieb: weil sie nicht wußten, wie man es zum Sprechen bringt.
Trotz allem hatten nicht wenige dieser Filme ihren Achtungserfolg. Zu dieser Zeit war das Publikum von einem ganz natürlichen Interesse für die tönenden Photographien erfüllt: es wäre auch herbeigeströmt, um sich einen Bahnhofsvorstand anzusehn, wie er laut seinen Fahrplan herunterliest. Aber wenige Monate später verblüffte das technische Wunder niemanden mehr, und bald wurde klar, einzig Filme nach Vorlagen echter Dramatiker und gespielt von echten Schauspielern vermochten künftig das Publikum noch zu fesseln.
Ein neu auftretender Produzent, Georges Marret, beschloß ein köstliches Stück von Marcel Achard, *Jean de la Lune,* zu verfilmen. Die Hauptrollen in diesem von Jean Choux inszenierten Film spielten Madeleine Renaud, Michel Simon und

René Lefèvre. Sorgfältig hatte der Regisseur sich an Achards Dialoge gehalten.

Der Film kam im Colisée heraus und wurde vierundzwanzig Wochen ebendort gespielt. Ein halbes Jahr später kam die Paramount mit *Marius* heraus, es war der gleiche Erfolg, und dann folgten *Le Maître de forges, Fanny, Nous ne sommes plus des enfants, La Dame aux Camélias, Monsieur de Pourceaugnac, La Robe rouge, La Femme nue...*

Die Filmjournalisten jedoch sträubten sich weiter, immer noch sprachen sie von »abgefilmtem Theater«, von »Theater aus der Konserve«.

Unsere *Cahiers du Film* hatten nur eine Auflage von fünftausend, und Hachette verkaufte davon kaum die Hälfte; nichtsdestoweniger hätte man, so jedenfalls unser Werbechef, mit den Reaktionen in der Presse leicht zehn Bände à 300 Seiten füllen können.

Meine eigenen Artikel waren nur die Fortsetzung zu dem Beitrag, den ich fast drei Jahre zuvor in *Le Journal* veröffentlicht hatte, und unsere Lehre ließ sich in drei Punkten zusammenfassen:

1. Der Stummfilm wird für immer verschwinden.
2. Im Tonfilm hat die Sprache zu dominieren.
3. Der Tonfilm kann allen Kunstformen und allen Wissenschaftszweigen dienen, aber er hat kein einziges der Ziele, die er uns zu erreichen hilft, entdeckt. Er ist ein großartiges Ausdrucksmittel, nicht mehr und nicht weniger.

*

Unsere erste Nummer fand mehr Widerhall, als ich zu hoffen gewagt hatte.

Ein Fachblatt, *Le Film sonore*, faßte die ersten Reaktionen programmatisch zusammen:

»Man weiß, welch nachhaltigen Eindruck der Verfasser von Topaze *und* Marius *auf die Presse gemacht hat, indem er erstmals zur theoretischen Feder griff. Man kann ohne Übertreibung sagen, Pagnols Filmtheorie ist bei allen Kritikern auf einhellige, strikte Ablehnung gestoßen. Das ist um so bedeutsamer, als dieser Widerstand von keinerlei materiellen Interessen genährt wird; wir haben es hier mit einem reinen Theorieproblem zu tun, und darin liegt die Chance für einen offenen Gedankenaustausch, für eine ritterliche Polemik der offenen Visiere.«*

Der liebenswürdige Redakteur des *Film sonore* machte sich eine Menge vor, was die Ritterlichkeit und die ehrlichen Absichten vieler seiner Kollegen anging. Ich mache ihm keinen Vorwurf daraus, denn ich dachte wie er; ich erhoffte mir eine Polemik von fast literarischem Niveau, und ich wartete auf Argumente.
Ciné-Miroir hatte wohl mehr Einblick, jedenfalls begriff man dort augenblicklich, daß sich eine Entscheidungsschlacht anbahnte: schon im Januar 1934 war die entsprechende Ankündigung zu lesen:

»Soeben hat er in den Cahiers du Film *den Kriegsruf ertönen lassen, und ich kann mir sehr wohl denken, daß bald um unsere Köpfe herum die Speere sausen und die Pfeile schwirren werden, und auch von blutigen Gegenschlägen werden wir Zeuge sein.«*

Diese »Gegenschläge« setzten unmittelbar darauf ein; nicht die Kritiker übrigens ergriffen als erste das Wort, sondern Lokalredakteure und aggressionsgeladene Schreiberlinge: sie gingen denn auch nicht auf meine Argumente ein, sondern attackierten meine Person.
Das farbige Titelblatt der vielgelesenen Wochenzeitschrift *D'Artagnan* zeigte mein Gesicht, dem wildgewordenen Karikaturisten war es gelungen, zugleich den Ausdruck grimmigen Hasses und dümmlichster Einbildung hineinzulegen; die er-

sten beiden Seiten waren meiner Person gewidmet, und ein gewisser Athos stellte mich seinen Lesern folgendermaßen vor:

»Dieses Männchen mit dem erdfahlen oder besser gelbsüchtigen Teint – er muß es an der Leber haben – hat noch nie eine Menschenseele inspiriert, allenfalls die Werbetrommler aufgescheucht.
Schäbig im Fleische stehend und finster von Angesicht, erinnert der trickreiche Schlauberger mit seiner formlosen Nase unter den Fischaugen und mit seinem scheelen Mund an einen blutarmen Ameisenbär, den die kleinen roten Tierchen bis aufs Knochenmark ausgesaugt haben.«

Der tapfere Musketier versicherte anschließend, meine sämtlichen Theaterstücke seien von meinem Bruder, den ich tatsächlich gerade verloren hatte, verfaßt worden, und folglich werde man meinen Namen nie im Leben mehr auf einem Titelblatt erblicken. Diese Verleumdungen waren so lachhaft, daß ich mir die Mühe einer Antwort ersparte.
Bec et Ongles seinerseits gab folgendes zum besten:

»Man fragt sich, ob er nicht vollkommen verrückt geworden ist: Jetzt erfindet er glatt eine Theorie, die seine Verirrungen rechtfertigen soll.« (Dez. 1933)

Auch *Le Charivari* machte sich Sorgen um meinen Geisteszustand:

»Also wirklich, Herr Pagnol wird zum Fall Pagnol. Geht er eines Tages mehr die Pathologie an als die Feuilletonredaktionen?«

Der in Bordeaux erscheinende *45e Parallèle* nahm es fast liebevoll:

»O Marcel! Mußt du uns immer weiter zum Lachen bringen?!«

Da war Herr Raoul d'Ast in *La Liberté* schon wesentlich aggressiver:

»So hat sich nun, gleich Alexander, den Gordischen Knoten durchhauend, Marcel Pagnol, der den Schülerstatus für unter seiner Würde hält, zum Großmeister ausgerufen... Wahrscheinlich ist es nur die Zerstreutheit unserer Zeitgenossen, daß sie von den weißen Tauben der Erkenntnis, die im Kreisflug die geniale Stirn umschweben, rein gar nichts bemerkt haben...«
»Nachdem er sich seitenlang verbreitet und dabei mit Verachtung für die Priester der Filmkunst nicht gespart hat, behauptet Marcel Pagnol, ganz Moses am Sinai, ihm sei das Heilige Gesetz des Films geoffenbart worden.« (La Liberté, 12. Januar 1934)
»Eine Revolution – wenn das Wort noch einen Sinn haben soll! Abwarten, abwarten. Für uns allerdings handelt es sich um eine geschickt gestrickte Werbemasche: für uns ist das Zweitklaßkino, Histörchenfilmkunst.« (Filma, 31. Dezember 1934)
»Kennen Sie den schon... den neuesten Marius-Witz? Olive trifft seinen alten Freund:
– ›Heh, Marius, komm mit! Ich nehm dich mit ins Kino...‹
– ›Ach du meine Güte!‹ gibt Marius zurück, ›was soll ich denn da, in deinem Kino? Das Kino, weißt du, mein Lieber, das Kino weißt du... das erfinde ich doch gerade!‹
Und das ist kein Witz.
Marcel-Marius-Pagnol, der soeben eine Zeitschrift, Les Cahiers du Film, *gegründet hat, erklärt todernst, er sei damit beschäftigt, die Filmtechnik zu vollenden...«* (Bordeaux-Ciné, 26. Januar 1934)

Seiten um Seiten könnte ich füllen mit dieser Art von Spötteleien bzw. oft genug beleidigenden Sarkasmen.
Die Angreifer machten ihre Sache so gut, daß sie schließlich Sympathien für mich erweckten, ein Regen von Briefen unbekannter Freunde ging auf mich nieder.
Da änderte man die Angriffstaktik.
Mehrere kleine Blätter, in deren Tenor die Provinz bald einstimmte, stellten mich als gewieften Geschäftsmann hin, der

schon allzuviel Geld verdient habe. Der materielle Erfolg schien ihnen tiefe Verachtung einzuflößen, sie klagten mich an, ich wolle noch mehr davon verdienen, was ihre schmerzliche Entrüstung zum Gipfelpunkt gesteigert hätte.
Diese schrille Musik hörte sich etwa so an:

»Wohlgemerkt, würde der Verfasser von Fanny sich darauf beschränken, Theorien zu fabrizieren, dann könnte man ihn ruhig gewähren lassen und ihn schweigend beobachten, um volle Klarheit darüber zu gewinnen, wie weit ein ansonsten intelligenter Autor die Inkompetenz treiben kann, sobald er einer fixen Wahnsinnsidee hinterherläuft. Unglücklicherweise schreitet Herr Pagnol zur Tat; er handelt mit jenem Geschäftssinn, der ihm immer schon zu Gebote stand und der immer schon seinem dramatischen Genie verteufelt hilfreich gewesen ist: jeder weiß, daß er jetzt seine eigene Produktionsfirma hat, für die er ganz nach Bedarf als Regisseur, Drehbuchschreiber, Bearbeiter etc. agiert. Vielleicht sehen wir ihn demnächst als Schauspieler, was eine weitere Quelle sprudelnden Profits bedeuten würde.«

»Er hat auch seit einem Monat seine eigene Filmzeitschrift, in der man gewissermaßen das ›Manifest‹ der neuen Pagnolesken Schule vorfindet, oder genauer gesagt die ›Projekte‹ der neuen ›Firma‹; schließlich beinhalten die Begriffe ›Schule‹ und ›Manifest‹ eher ein von Eigennutz freies ästhetisches Ideal, und dies scheint mir doch etwas weitab von den speziellen Sorgen unseres Dramatikus zu liegen.« (La Vie toulousaine, 16. Dezember 1933)

»Herr Marcel Pagnol schreibt in seiner neureich aufgemachten Zeitschrift…«

»Das Stück ist haltbar gemacht, in Dosenform lieferbar. Auf daß der Händler mehr daran verdiene… Indes, da er sich nun schon wieder auf den Parallelen vorwagt, die sich natürlich auch in fernen Geldschränken niemals schneiden, etc.…« (Bref)

Im *Figaro* sagte ein Herr X:

»So mag er ruhig schlafen, die Börse wohlgefüllt.«

In *La Vie parisienne* vom 6. Januar 1934:

»Da sitzt er auf seinen Millionen, die er mit dem Theater gemacht hat, Marcel Pagnol, und glaubt nur noch an den Film.«

D'Artagnan holte noch einmal aus:

»Nachdem er vor ganz kurzem entdeckt hat, daß es Filme gibt, nutzt unser Mann aus Marseille nun seine große Autorität, um über eine Kunstform, von der er keine Ahnung hat und die er verachtet, sämtliche leeren Klügeleien zu postulieren, die ihm seine Inkompetenz, seine Launen eines verwöhnten Kindes und der berechnende Sinn eines Menschen eingeben, der in Geldfragen schon immer wußte, was er wollte. An letztere Aussage sollten wir uns halten, sie erklärt besser als jede andere den kinematographischen Eifer des Herrn Marcel Pagnol.« (6. Januar 1934)

Diese Vorwürfe, die zu dem literarischen Streit überhaupt keinen Bezug mehr zu haben schienen, galten in Wahrheit den beiden außergewöhnlichen Kassenerfolgen *Marius* und *Fanny*. Die Gewinne aus diesen zwei Filmen gestatteten es mir, in Marseille Studios zu errichten, als nächstes Labors zu bauen, dann auch Verleihfilialen in Paris, Marseille, Lyon und Algier zu unterhalten. Daß ich über ein solches Geflecht von Einrichtungen – es sicherte mir Unabhängigkeit – verfügte, schuf eine gewisse Nervosität in den Studios von Paris, in den fünf bestehenden Filmlabors, bei den Verleihern und bei den Herren des Stummfilms, unter letzteren hofften einige immer noch, der Tonfilm möge in der Versenkung verschwinden, mindestens hofften sie auf ein Nebeneinander der beiden Kunstformen.
Bescheiden antwortete ich, weder das anzweifelbare Vorhandensein meines »scheelen Mundes« noch Enthüllungen über meinen rüden finanziellen Egoismus brächten die Diskussion voran, und ich verkündete gleichzeitig unsere Absicht, der Li-

teratur Eingang ins Kino zu verschaffen, wobei Emile Augier, Jean Giono, Roger Ferdinand, Marcel Achard und berühmte Bühnendarsteller mitwirken würden.

*

Endlich forderte ich unsere Gegner auf, ein paar Argumente vorzubringen und uns ihre eigenen Theorien wenigstens in skizzierter Form zu präsentieren: sie reagierten nur lau, und ihre Antworten gingen manchmal ins Komische.

*

Der Filmspezialist von *La Vie toulousaine*, der stets in der ersten Reihe unserer Gegner zu finden war, legte eine wirklich hartnäckige Abneigung an den Tag; nur war er nicht sehr konsequent in seiner Logik.
Er schrieb nämlich folgendes:

»Was Herr Marcel Pagnol sagt, sind Musterbeispiele für leere Behauptungen. Er schreibt: ›Auf der ganzen Welt wird das Publikum den Stummfilm fallen lassen.‹ So einfach ist das. Aber der Beweis fehlt.«

Ich gedachte diese Beweise zu liefern und suchte schon nach der richtigen Form, nämlich unwiderlegbaren Statistiken, da bemerkte ich, daß er im gleichen Artikel ein paar Zeilen weiter unten plötzlich sagte:

»Ich verteidige das Stummfilmkino gar nicht: es ist tot.«

Es gab auch einen gewissen M.B. vom *Soir de Nantes*, der mir eine Lektion in Bescheidenheit erteilen wollte.
In Erwiderung auf einen Artikel, »Das Kino, eine der minderen Kunstformen«, der 1934 im *Candide* erschien, trompetete er munter zurück:

»Herr Pagnol möchte es vielleicht gerne erleben, wie der Regisseur voll leidenschaftlicher Demut in den Schatten seines Dramatikergenies tritt, aber uns scheint, ein Duvivier oder ein René Clair sind nicht weniger begabt als der Verfasser der Fanny *und sicher viel bescheidener.«*

»Nein, Herr Pagnol, das Kino ist keine ›mindere Kunstform‹. Es ist sich selbst genug, es verzichtet auf die Mitwirkung von Theaterleuten wie Sie. Sie suchen im Kino das Mittel, aus dem Bankrott des Theaters noch herauszukommen, einem Bankrott, an dem Sie wohl auch ein wenig beteiligt sind. Wir aber hoffen für das französische Kino, es möge irgendwann gelernt haben, ganz ohne Sie auszukommen.«

»Meinetwegen sind Sie ein Mann von Geist, aber Sie sind nicht der einzige, und Le Million *wird, obwohl er von René Clair geschrieben worden ist, vielleicht eine längere Karriere erleben als das berühmteste Ihrer Theaterstücke.«*

M.B. vom *Soir de Nantes* erlag einem ziemlich gravierenden Irrtum, und sein Beispiel war schlecht gewählt.

Es stimmt in der Tat, daß René Clair mit viel Esprit und vollendeter technischer Meisterschaft *Le Million* verfilmt hat und daß der Film großen Erfolg hatte, aber diese Million war eine Komödie von Georges Berr und Louis Verneuil und zunächst einmal ein Bühnentriumph gewesen. Es war ein vom Kino dargebotenes Bühnenwerk, und M.B., der den Filmerfolg so fleißig rühmte, zeigte dadurch, daß er selbst, ohne es zu wissen, unserer Ansicht war.

D'Artagnan fielen keine weiteren Beschimpfungen mehr ein, es stellte wohl auch fest, daß sie nichts ausrichteten; so wechselte es die Stilebene und begann auf seine eigene Weise zu philosophieren, wobei es sich eines überraschenden Jargons bediente:

»Pagnol tut alles, die Flüssigkeit zu trüben, in der das Plasma der Filmkunst reift: nun, das ist sein gutes Recht.

Die Fachkollegen grinsen nur, wenn sie feststellen, wie armselig seine Rhetorik ist, wie total ihm die Schönheiten der Ellipse, der Metonymie entgehen, wie ihm alles entgeht, was der Film zur Kunst der Andeutung erhoben hat.«

Sofort erbot ich mich, in Anwesenheit dieser grinsenden »Fachkollegen« zu beschwören, daß ich niemals die Absicht gehabt hatte, den Reifungsprozeß des Filmkunstplasmas zu stören, aber ich wurde keiner Antwort gewürdigt.

Endlich gab uns *La Vie toulousaine* ein Resümee seiner Lehrmeinung; sie schien mir nicht sehr fest gegründet:

»Schaun Sie, in einem Film muß ein Rhythmus, ein Ineinandergreifen, eine räumliche Weite da sein, die Ihr Theater einfach nicht hat. Ein Film, das muß und wird eine Symphonie von Bildern und von Tönen sein, die nach bestimmten, noch unklaren Gesetzen gruppiert und vermischt werden; nichts aber haben diese Gesetze mit Ihren Dialogen zu tun, Herr Pagnol, bei denen das Publikum bald müde abwinken wird.«

»Jawohl, Herr Marcel.

Machen Sie nur Geschäfte, solange es Ihnen Spaß macht!«

*

Inzwischen setzten sich die wirklichen Tonfilme rücksichtslos durch. Das ließ einige zweitrangige Kritiker zu ihrer feinsten Feder greifen, sie legten nun endlich die Theorie des wahren Kinos dar, welches sie das »Kino-Kino« oder »cinéma pur« nannten.

Ihre Abhandlungen lehrten uns, was dieses »reine« Kino zu sein hatte, nämlich der Postkutschenverfolgungsritt, der Schiffsuntergang, die Kavallerieattacke, das römische Wagenrennen, der Brand von Troja oder der Brand Roms: grandiose Schöpfungen, bei denen die Hauptschwierigkeit darin lag, einen Geldgeber zu finden. Im übrigen war unübersehbar, daß diese Theoretiker sich danach verzehrten, Regie zu führen, so-

fern sie es nicht schon probiert hatten, und daß sie den ersten Schritt zum Filmruhm darin sahen, zunächst einmal der neuen Kunstform die Grenzen abzustecken, zu deren Überschreitung sie sich selber unfähig wußten.
Schließlich griff das einzige ernstzunehmende Fachblatt der gesamten Zunft, *La Cinématographie française*, in die Debatte ein; der Herausgeber selbst, A.P. Harlé, hatte den Artikel gezeichnet:

»Marcel Pagnol, mehr denn je in Schwung, begräbt das Theater und führt uns den Beweis für seine Auffassung, die gegenwärtigen Formen des Kinos seien überholt, das ganze unter dem Titel ›Cinématurgie de Paris‹.
In seiner Argumentation entwickelt der Neuerer abwechselnd einen Rammbockeifer, welcher den Zunftgenossen doch ein wenig vor den Kopf stößt, und eine subtile Intelligenz, der man nur schwer widerstehen kann.«

Comoedia, unsere täglich erscheinende, später nie ersetzte Theaterzeitschrift, ließ sich endlich auch vernehmen:

»Wir wollen hier nicht Punkt für Punkt auf Marcel Pagnols Behauptungen eingehen (das würde ein ganzes Buch füllen), wir wollen nur unser Erstaunen nicht verhehlen über die Wutschreie, die dem Manifest der ›Cinématurgie‹ *entgegenschlagen. Ich jedenfalls glaube, diesem Manifest wird weltweiter Widerhall beschieden sein, und ich bin der Meinung, es wird eine positive Wirkung ausüben, ja es hat diese Wirkung schon, denn es zwingt das Kino, die Bilanz seiner künstlerischen Möglichkeiten zu ziehen.«* (*Comoedia*, 15. Januar 1934)

Der Wind schlug also um, und diskret schlug sich *Cinémonde* auf unsere Seite.

»Es sind in jüngster Zeit so viele literarische Blindgänger gegen die für subversiv erklärten Ansichten Marcel Pagnols aufgestan-

den, daß es heute angemessen erscheint, diese Ansichten etwas aufmerksamer zu würdigen.«

Endlich fand auch *D'Artagnan* zur Loyalität des echten Musketiers zurück, stellte jäh die Philosophaseleien ein und sprach in klaren Worten – die meine gesamte Kritik des Stummfilms bestätigten.

»Wer kann leugnen, daß diese Behauptungen den Nagel auf den Kopf treffen? Welches sind denn die Gesetze unserer Kunst? Wo ist die umfassende Filmästhetik, wo die Beschreibung der Technik? Haben wir uns je über diese Punkte verständigt? Schlimmer noch: Haben wir je versucht, ein wenig Ordnung hineinzubringen, die Gesetze zu begreifen, sie einander zuzuordnen, sie schärfer zu fassen? Ein System, eine logische Methode zu finden? Zu einer Theorie der Filmkunst zu gelangen?« (17. Februar 1934)

Die Auguren – ich meine die Großkritiker – hüllten sich nach wie vor in Schweigen. Da drückte *Hebdo*, ein wöchentlich erscheinendes Blatt unserer Branche, sein Erstaunen aus:

»Pagnol hat die bekanntesten Filmregisseure, die bis jetzt praktisch mit dem Kino gleichgesetzt wurden, unmißverständlich in die Arena gefordert. Für ihn sind sie auf dem Holzweg, ihre Wissenschaft gilt ihm nichts. Ich bin erstaunt, daß kein einziger aus der illustren Runde den Fehdehandschuh aufgenommen hat, daß keiner mich bzw. meine Kollegen gebeten hat, ihm die Spalten unserer traditionell gastfreundlichen Zeitung zur Verfügung zu stellen, damit er der noch kärglichen Erfahrung des beherzten Gegners die eigenen, erprobten Theorien entgegenstellen könnte. Dabei mangelt es doch in der Schar unserer großen Regisseure wahrlich nicht an Talenten der Feder! Sollte ihr Schweigen nur aus Gleichgültigkeit zu erklären sein, so wäre das tiefe, noch dazu unkluge Ungerechtigkeit.«

So in die Schranken gerufen, bezogen die wirklich ernstzunehmenden Filmregisseure Stellung: Lucien Wahl, Emile Vuillermoz, René Bizet, René Clair legten uns ihre Theorien dar.
Emile Vuillermoz, prominenter Musikkritiker, gab zunächst ganz offen zu, daß der Tonfilm eine neue, vom Stummfilm, »ganz und gar verschiedene« Kunstgattung sei und daß er in diesem Punkt meine Meinung vollkommen teile, dann aber erklärte er, das Stummfilmkino habe »verwirrend schöne Meisterwerke« hervorgebracht, ihm sei es gelungen, »die Steine zum Reden, die Landschaften zum Singen zu bringen, der Natur den klingenden Zauber der Stimme zu verleihen. Ja, es hat diese Stimmen polyphon übereinandergeführt, ineinandergeschlungen, Mehrstimmigkeiten herausgeholt, kunstvoll wie Palestrina. Und in diesem sichtbaren Kontrapunkt sprach sich die Seele der Dinge aus.«
Wahrscheinlich hatte er recht, die Musik der Bilder zu verteidigen, aber im folgenden Absatz ging er doch etwas zu weit:

»Jawohl, ein schlichter Glaskrug, der, gut ausgeleuchtet, plötzlich und exakt im richtigen Moment auf der Leinwand da ist, kann unter dramaturgischem Aspekt einen Einfall erster Ordnung darstellen... In neun von zehn Fällen kann das Wort nicht mit dem tiefen Pathos solcher ästhetischer Bildmusik rivalisieren.«

Im Grunde verteidigte er den Stummfilm; er tat das, indem er ihn eng auf seine einzige Liebe bezog: die Musik. Ich antwortete, daß ich den Stummfilm nicht angriffe, daß er aber meiner Ansicht nach vom Tonfilm endgültig verdrängt werden würde, und zwar bald, und daß ich überdies keinem Menschen verbieten wolle, Stummfilme zu drehen, wohingegen meine Widersacher es darauf anlegten, mir den Tonfilm zu untersagen.
Lucien Wahl, der in *Pour vous* publizierte, war ein vielgelesener Kritiker, seit langem hatte er in Fachkreisen erheblichen Einfluß, und ich muß sagen, verdientermaßen.

Er gab mir recht in einem Punkt: der Tonfilm ist nicht der technisch verbesserte Stummfilm. Dem Ton dieses Eingeständnisses war allerdings anzuhören, daß er die neue Kunstgattung nicht besonders hoch schätzte.
Soeben war des großen Chaplins *Lichter der Großstadt* auf die Leinwand gekommen. Das war ein Ereignis von Rang: der berühmteste aller Meister des stummen Kinos schaltete sich mit seinem neuesten Werk in die Debatte ein; der Reklamerummel war wie immer beeindruckend.
Der Film war sehr gelungen, aber er war eine Art Monster. Ein Tonfilm, in dem zuwenig, ein Stummfilm, in dem zuviel gesprochen wurde...
Eine der komischsten Szenen war der »Gag« mit der Trillerpfeife.
Charlie verschluckte aus Versehen eine Trillerpfeife, augenblicks verursachte ihm der Fremdkörper Schluckauf. Bei jedem Schluckser kam aus der kleinen Gestalt ein leiser Pfeifton, zur großen Verwunderung seiner Gesprächspartner. Die Szene war wirklich sehr spaßig, und die Zuschauer lachten Tränen.
Lucien Wahl brachte es nicht übers Herz, den gelungenen Tonfilmgag anzuerkennen. Er verstieg sich zu den folgenden Zeilen:

»Nein, nein, nochmals nein! Der wahre Filmliebhaber fand den Trillerpfeifengag gar nicht so lustig, und zwar weil man das Pfeifen auch hörte. Zu Zeiten des Stummfilms hätten wir in diesem Augenblick irgendeine Begleitmusik hören müssen, keinesfalls aber ein Pfeifen wahrnehmen dürfen. Am Bild wäre es gewesen, uns die Hörillusion zu verschaffen.«

Man fragt sich wirklich, wie eine solche »Hörillusion« hätte möglich sein sollen, und vor allem, wieso das Trillerpfeifengeräusch unbedingt als schwerer Stilbruch zu gelten hatte.
In Wirklichkeit mußte Lucien Wahl, der glühende Verteidiger des Stummfilms, im durchschlagenden Effekt der schüchter-

nen Pfeifchenpiepser den Beweis dafür erblicken, daß das neue Ausdrucksmittel seine Zwecke erreichte und daß das Ende des Stummfilmkinos nahe war.
Also ging es nicht um Stilbruch, es ging um Verrat, und die Liebe zu einer untergehenden Kunstform verführte den brillanten Kritiker zu einer unhaltbaren Behauptung...
René Bizet, ein feinsinniger, offener Geist, schrieb folgendes:

»Ob man will oder nicht, der Film gehorcht einem bestimmten Rhythmus, und das ist so offensichtlich, daß man während der Stummfilmepoche den Bildern Musik unterlegte.«

Es stimmt nicht, daß der Film einem einzigen Rhythmus gehorcht: alle Rhythmen sind potentiell Filmrhythmen, und die große Kunst des Filmregisseurs besteht genau darin, daß er für das zu verfilmende Werk den kongenialen Rhythmus herausfindet.
Anschließend legte René Bizet ein Glaubensbekenntnis ab, das – endlich! – den Ansatz einer allgemeinen Theorie darstellte. Er sagte:

»Heute müssen die Worte jene Art Musik sein, die zu den Bildern hinzutritt.«

Was im Klartext hieß, es kam auf den Sinn nicht weiter an: das gesprochene Wort sollte nur den Pianisten von ehemals ersetzen. Einzig das Bild sollte die erzählte Handlung tragen.
Am Schluß wurde er noch deutlicher:

»Es gibt eine unbestreitbare, unleugbare Tatsache: Ein Bild ist ein Bild und bleibt ein Bild, und die ästhetischen Gesetze einer Bilderkunst sind nicht identisch mit denen des Dramas.« (L'Antenne: Januar 1934)

Ich antwortete unverzüglich:
»Lieber René Bizet, geraten Sie nicht in Zorn! Jawohl, ein Bild ist ein Bild, ich glaube sogar wie Sie, daß ein Bild ein Bild blei-

ben wird. Wer hat jemals das Gegenteil behauptet? Wir sind auch hier wieder einig. Aber wenn Sie postulieren, das Kino sei eine Bilderkunst, dann liegt es auf der Hand, daß Sie vom dahingesiechten Stummfilmkino reden.«

Sein ganzes Leben lang, welches allzu kurz war, trauerte er weiter dem Stummfilm nach, obwohl er den Tonfilm akzeptierte.

Sodann meldete sich René Clair, seit 1922, den Zeiten von *Paris-Journal*, mein Freund.

Er war ein junger, sehr vornehmer Mann; ich bewunderte seine Eleganz und seine Begabung.

Er trug sehr hohe und sehr steife Hemdkragen, die vorne eine zarte Krawatte einzwängten, während der Kragen den Mann selbst würgte.

Zu jener Zeit erfand er die Kunst des Stummfilms: denn mir scheint, in der Kunst, eine Geschichte mit Bildern zu erzählen, hat kein Mensch jemals René Clair übertroffen. Ich sehe ihn gleichrangig neben Chaplin – gemeint ist der Regisseur, natürlich.

Für ihn hätte die Geburt des Tonfilms das Debakel einleiten können. Spielend, wirklich spielend, ist er mit dem Ereignis fertig geworden. Aber damals glaubte er sich plötzlich in Gefahr. In seiner Kunst, der Kunst, die er mit so unbestrittener Meisterschaft beherrschte, wurde ihm der Boden unter den Füßen weggezogen.

Das machte ihn in gewissem Grade bitter; später, mit den großen Tonfilmerfolgen, ist dieses Gefühl wieder vergangen. Heute fühlt er wohl noch ein vages Bedauern, mehr nicht.

Er ritt seine Attacke gegen mich im *Candide:*

»Es gibt bestimmte Geister, die das Neue einfach ratlos macht und denen eine neue Konzeption erst dann verständlich wird, wenn sie ihr den abgelegten Plunder vergangener Zeiten umgehängt haben. So können viele Theaterautoren nicht zugeben, daß das Kino existiert. Ein gewisses, beschränktes Lebensrecht erkennen sie ihm

erst zu, wenn es dem Theater ähnelt, wenn es die gesamte uralte Bühnenroutine mitmacht.«

Ich gab ihm zurück, alle Theaterautoren begrüßten freudig den sich durchsetzenden Tonfilm, während er selbst die Existenz dieser neuen Kunstform leugne, und das, was er *»abgelegten Plunder vergangener Zeiten«* nenne, sei in aller Augen nichts anderes als das Stummfilmkino, dessen Leichenbegängnis zu feiern er sich weigere.
Unsere Polemik, die von Zeit zu Zeit in der Presse aufflammte, dauerte auf verbaler Ebene mehrere Jahre. Lange Zeit haben wir von Cafétisch zu Cafétisch unsere sarkastischen Bemerkungen ausgetauscht, es konnte auch sein, daß dies über die Damen des Hauses hinweg geschah, oder von Achterbord nach Steuerbord und zurück des Kiwi, des Fischerboots unseres Freundes Madré (Aristide), wenn wir vor Saint-Tropez kreuzten.
Als Waffe diente ihm seine eiskalte Angriffswut – die mir stets gehörigen Eindruck gemacht hat –, aber es tat seiner Autoritätswirkung Abbruch, daß er allzuoft in Sticheleien gegen meine Marseiller Herkunft auswich. So zitierte er mehrfach die berühmte Sardine, die den Hafeneingang von Marseille blockierte. Ich habe nämlich bemerkt, daß jede Anspielung auf diesen Sardinenwal bei dem, der auf diesen Witz zurückgreift, den unmittelbar bevorstehenden Zusammenbruch der Argumentationsfront ankündigt. Ich wartete also auf diese Entwicklung, um ihm sodann an die Gurgel zu fahren (nicht im wörtlichen Sinne) und um auf dem Stummfilm herumzutrampeln, bis mein Gegner aus der Fasson geriet.
Unsere Freundschaft nahm davon keinen Schaden, ich möchte sogar sagen, heute fehlt uns dieses aufreizende Gesprächsthema beinahe, denn nachdem wir beide einen Schritt aufeinander zu gemacht haben, sind wir uns mittlerweile über die Grundsätze unserer Kunst vollkommen einig.

*

Es war jedoch bald unverkennbar, daß die Theorien der großen Cinéasten sich auf dàs Lob des Stummfilms oder besser auf die Grabrede beschränkten. Duvivier, Jean Renoir und René Clair selbst schufen echte, vom Publikum begeistert aufgenommene Tonfilme, und mehrere Kritiker gaben allmählich, da ihnen die Argumente ausgingen, ihre Niederlage zu. Einer von ihnen schrieb sogar ganz naiv:

»Das Schreckliche am Fall Pagnol ist, daß seine Filme so gut ankommen.«

Warum schrecklich? Ich war zum Glück nicht der einzige Betroffene, und ich hatte auch nicht aus purer Bosheit versucht, dem gesprochenen Wort im Film die ihm gebührende Bedeutung zu verschaffen.
Blieb nur noch der Chor der Blätter minderen Ranges. Sie ließen nicht von der Polemik, sondern reduzierten sie auf eine einzige These:

»Unglücklicherweise versteht er nichts vom Film.« (L'Assaut)

»Herr Pagnol, der in Theaterdingen wahrhaft überlegenes Können demonstriert hat, zeigt in grandioser Weise, daß er vom Film nichts versteht.« (Cinéma Spectacles)

Dieser »Slogan« wurde von einer großen Anzahl von Kritikern, die nichts anderes zu sagen hatten, augenblicks übernommen und im Chor wiederholt.
In meiner Antwort wollte ich in erster Linie aufrichtig sein:

»Ich habe immer zugegeben, meine Herren, daß ich von den neuen Gesetzen dieser neuen Kunstgattung nicht allzuviel weiß. Aber Sie, die Sie im Ton des Meisters sprechen, kennen Sie denn diese neuen Gesetze? Worauf warten Sie, lehren Sie mich doch diese Gesetze! Mehr will ich gar nicht, als mich belehren lassen, aber ich hege starke Zweifel an Ihrer Wissenschaft. Ich erblicke nämlich in Ihren Reihen zahlreiche ›Journalisten‹ meines Alters, die nur da-

durch je von sich reden machten, daß sie von anderen redeten; und dann sehe ich ›Filmkünstler‹, die zuweilen die Ehre genossen, dem Kameramann seine Koffer hinterherzutragen. Mir scheint, ich erkenne sogar den Stil einiger Werbechefs, der Weltmeister der leeren, wenngleich dick honorierten Behauptung. Nicht daß ich diesen Berufsstand schnöde verachte. Ich sehe ihn aber auch nicht als absolut uneigennütziges Apostolat. Nun denn, meine Herren, dürfen wir Ihren Ausweis sehen: es gibt falsche Polizisten, vielleicht sind Sie keine echten Kritiker.«

Keiner reagierte auf diese geharnischte Rede, aber sie tuschelten sich zusammen, um dann im Chor auszurufen:

»Er versteht nichts vom Film! Nie wird er etwas vom Film verstehen!«

Diesem Chor, der mehrere Jahre hindurch in Aktion blieb, verdanke ich mehr Beachtung, als mir zukam; es war mein treues Publikum, das ihm eine deutliche Abfuhr erteilte. Was mich jedoch kränkte und schmerzlich berührte, war die Haltung der Theaterautoren: sie glaubten sich bedroht durch die neue Kunst, die ihnen doch Ruhm und Reichtum bringen sollte, und deshalb verweigerten sie mir weiterhin die Anerkennung, und die Theaterleute unterstützten sie darin. Hier zwei Zitate, stellvertretend für das, was damals in der Presse zu lesen war:

»Als verwöhntes und undankbares Kind begeht Marcel Pagnol den schweren Fehler, um die angebliche Leiche des Theaters den martialischen Indianertanz aufzuführen. Keine besonders witzige oder schwungvolle Nummer, und der Autor, dem Topaze *und* Marius *Millionen eingebracht haben, verdiente wahrlich die Lektion, die ihm sein älterer Kollege Pierre Wolff erteilt hat. Es ist ungezogen, auf die Schwelle des Hauses zu spucken, wo man gut behandelt wurde, und die Tür hinter sich zuzuschmeißen …«* (La Vie parisienne)

»Herr Marcel Pagnol gleicht jenen verwöhnten Kindern, die am Schluß gegen ihre Eltern stänkern, gerade weil diese so nachsichtig waren. Er hat zuviel vom Theater bekommen, um dem Vorwurf der Undankbarkeit zu entgehen. Dem Theater wird es deswegen nicht schlechter gehen, und wenn Herr Pagnol als kluger Mann, der er ist, das feststellen wird, dann kehrt er gewiß auch zu seiner ersten Liebe zurück.« (Nation Belge, 1. Januar 1934)

So von den Meinen verleugnet und von den bekanntesten Filmregisseuren angeprangert, begriff ich endlich, daß ich auf stocktaube Menschen einredete und daß sie mir nichts vermitteln konnten, weil sie nichts wußten.
Die wahre Entscheidungsschlacht fand auf der Kinoleinwand statt... Ich fuhr also wieder in meine brave Provinz zurück, wo meine schlecht gelaunte Mannschaft sich im Garten der Studios dem Boulespiel hingab.

*

Die ganze Maschinerie war bereit, Kameras, Tonaufnahmegeräte, Tischlerwerkstatt, technische Werkstatt, Schmiede, Malersaal, Requisitenlager, Entwicklungs- und Kopierlabors, Schneideräume, zwei Vorführräume: wir konnten abendfüllende Filme in ganz und gar eigener Regie drehen, und die Produktion lief unverzüglich an.

2
Jofroi
1933

Unmittelbar nachdem ich den Film abgedreht hatte, zu dem mir *Le Gendre de Monsieur Poirier** die Vorlage geliefert hatte, sagte mir der Chef unseres Verleihs, wir müßten noch ein Ergänzungsprogramm, das heißt einen Film von dreißig bis vierzig Minuten kaufen oder selbst drehen, die Vorstellungen seien ohne diese Art Auftakt nicht denkbar. Ich entschied mich dafür, den Film selbst zu machen, allerdings mußten wir die Sache schnellstens angehen, sollte die Premiere des Hauptfilms nicht verzögert werden.

Ich wühlte in meinen Unterlagen und Schubladen, fand aber nicht, was ich suchte, und ich war schon recht nervös, da fiel mir ein sehr schönes Buch von Jean Giono, *Solitude de la pitié***, in die Hände. Es bestand aus mehreren verschiedenen Kapiteln, und eines davon erzählte die Geschichte eines gewissen *Jofroi de la Maussan.* Ich erlag sofort dem Charme der Anekdote und der Hauptfigur: ein Telephonanruf bei Jean, und ich machte mich an die Arbeit, in vier Tagen waren Drehbuch und Dialoge fertig.

Als nächstes suchte ich nach Darstellern.

Ein großer Star war nicht unbedingt vonnöten, immerhin aber mußte ich Schauspieler auftreiben, die absolut ungekünstelt vor die Kamera traten und dabei auch den Akzent der Provence mitbrachten – imitieren kann man diesen Akzent nicht, und das gilt für alle Provinzen.

---

* Emile Augier: Der Schwiegersohn des Herrn Poirier, 1854

** Einsamkeit des Mitleids, dt. 1934

Natürlich stand und fiel die Geschichte mit der Rolle des Jofroi, aber Raimu konnte ich sie nicht anbieten, da es sich nicht um einen abendfüllenden Film handelte.
Zwei Tage überlegte ich hin und her, dann rief ich meine Berater in mein Büro auf dem Studiogelände zusammen: den Chefkameramann, den Toningenieur, den Aufnahmeleiter, den Labordirektor, meinen Standphotographen und drei Techniker. Ich verkündete ihnen, wir würden ab jetzt *Jofroi* drehen, ich würde ihnen gleich das Drehbuch vorlesen, und ich wünschte ihre Meinung über die Wahl der Darsteller zu hören.
Gerade hob ich zum Vorlesen an, da platzte Vincent Scotto, der sich bei mir zuhause fühlen durfte, herein und sagte: »Was macht ihr da?«
Ich gab ihm zur Antwort: »Setz dich!« und fing an zu lesen. Ohne falsche Bescheidenheit vermerke ich hier, daß mein Drehbuch großartig ankam. So fragte ich denn: »Wer kann die Rolle des Jofroi spielen?«
Jeder gab seine Meinung kund. Vincent schwieg. Ich fragte ihn: »Und du, Vincent, was denkst du so? Wer kann die Rolle des Jofroi spielen?«
Er antwortete schlicht: »Ich.«
Und da alle den Scherz mit einem Lächeln quittierten, erhob er sich und sprach: »Lacht nicht so schwachköpfig. Jawohl, ich, ich kann ihn besser spielen als jeder andere. In meiner Jugend habe ich sämtliche Rollen des provenzalischen Hirtenspiels gespielt, und die Leute haben mich bejubelt! Leih mir bis morgen früh ein Drehbuch und laß mich dann vorsprechen!«
»Einverstanden. Ich werde Toinon herbestellen, er soll den Barbe übernehmen. Robert – unser Cutter – spielt den Fonse, und ich selbst bin euer Stichwortgeber als Notar.«

Am nächsten Morgen um zehn Uhr sah ich, wie aus dem Schminkraum ein altes Bäuerlein mit grauem Schnurrbart und in einen braunen Samtanzug gewandet heraustrat, gefolgt von Toinon, dessen Umgestaltung der Maskenbildner mittels diverser Falten, eines Muttermals nebst zugehörigen Sproßhaaren sowie eines schütteren Bartes bewerkstelligt hatte.

In meinem zur Notarskanzlei umgewandelten Büro probten wir mehrmals die erste Szene, und Vincents überaus natürliche, stimmige Intonation wurde zur erfreulichen Überraschung; ich beschloß, ihm die Rolle anzuvertrauen.

Vincent war ein sehr angenehmer Zeitgenosse, voller origineller, manchmal absonderlicher Ideen: so behauptete er beispielsweise, die Schwerkraft sei nicht auf die Anziehung der Erde, sondern auf die Abstoßungskraft des Weltalls zurückzuführen.

Er war sehr klein von Wuchs und besaß zwischen zwei schönen Augen eine große Nase; schwarz glänzten Haare und Schnurrbart; eines Tages fragte ich ihn, aufgrund welchen Wunders er kein einziges weißes Haar aufzuweisen habe.

Er antwortete ohne mit der Wimper zu zucken: »Ich habe da eine Arznei, die kommt aus Italien. Wenn's bei dir mal soweit ist, verrat ich dir das Geheimnis. Paß gut auf: es ist kein Färbemittel. Es ist ein Arzneimittel.«

Ich antwortete: »Ist dieses Arzneimittel nicht doch ein bißchen sehr schwarz?

»Ja klar«, sagte er, »schließlich enthält es ja Nährstoffe für schwarzes Haar.«

Seine Freunde haben sein Alter nie herausgebracht – er vertuschte es mit wacher Sorgfalt –, aber ein alter Dorfschullehrer sagte eines Tages: »Ich bin genauso alt wie Ihr Freund Scotto. Ich bin siebzig.«

Ein paar Tage später, mitten in irgendeiner Unterhaltung, sagte der liebe Vincent zu mir: »Mein armer Freund, ich fühle, ich werde alt...«

»Ach, Unsinn! Du hast dich seit zehn Jahren kein bißchen verändert...«

»Ja, das stimmt schon, sehn tut man es nicht, aber ich spüre es... Du wirst es genauso spüren, wenn du sechzig wirst... Jawohl, sechzig bin ich seit vier Wochen!«
Diese Schwindeleien galten nicht eigentlich seinen Freunden, sondern ihm selbst, und vielleicht dem Tod.
Sein Leben war eine lange Kette von Erfolgen. Er war nicht der Mann, der große Kompositionen für Orchester schrieb, aber als Erfinder von Themen und Melodien war er unglaublich; zweihundert seiner Chansons sind um die Welt gegangen, und seine Marseiller Operetten sind, nachdem sie mehrere Jahre in Paris erfolgreich gelaufen waren, x-mal in sämtlichen Provinzen Frankreichs gespielt worden.

Es war nur natürlich, daß seine hundertfach wiederholten Erfolge weniger glückliche Komponisten neidisch und eifersüchtig gemacht hatten, und es war gängige Rede, daß er seine Chansons von Ghostwritern fabrizieren lasse. Bedauerlich nur, daß seit dem Tod des lieben kleinen Vincent kein einziger dieser Ghostwriter sich mit einem einzigen Chanson gemeldet hat, das sich mit den *Ponts de Paris,* dem *Venise provençale* oder dem Lied *J'ai deux amours* messen könnte.
Wir sind demnach gezwungen, daraus zu schließen, daß seine Ghostwriter mit ihm dahingegangen sind, am gleichen Tag, zur gleichen Stunde.
In Wirklichkeit flogen ihm seine Chansons nur so zu, er war völlig unprätentiös, und er komponierte an jedem beliebigen Ort.
Da er mich oft besuchen kam, hatte ich eine Gitarre in mein Büro gebracht, und sie erwartete ihn auf dem Bücherschrank. Wortlos kam er plötzlich zur Tür herein, stumm wie ein Schlafwandler, griff sich die Gitarre, wobei er sich auf Zehenspitzen stellen mußte, verzog sich in eine Ecke und zupfte gedämpft, mit der Kuppe des Zeigefingers, die Melodie, die er soeben im Taxi erfunden hatte.

Anschließend entschuldigte er sich jedesmal und sagte: »Hätte ich das Thema nicht sofort notiert, ich hätte es vergessen...« Er war sehr alt, als er von uns ging: dennoch, wenn ich an ihn denke – und das geschieht oft –, ist mir, als hätte ich einen kleinen Bruder verloren...

Die nächstwichtige Rolle gab ich Henri Poupon, auf den ich noch zurückkommen werde, und die dritte, die Rolle von Tonin, bekam Charles Blavette, den Poupon mir in einem Straßencafé vorstellte.

Er war ein Konservenfabrikant und Besitzer einer hübschen kleinen Fabrik, der nie im Leben Theater gespielt hatte, aber sehr große Lust dazu verspürte. Schon bei der ersten Leseprobe überraschte er uns, so mühelos, natürlich und echt kam alles. Später holte ich ihn wieder für *Angèle*, für *Regain*, für *La Femme du Boulanger*, und Jean Renoir lieh sich ihn aus, um ihm die Hauptrolle in *Toni* anzuvertrauen. Die schöne Karriere, die sich daraus ergab, unterbrach der Tod, für alle seine Freunde eine sehr schlimme Überraschung.

In vier Wochen war der Film fertiggestellt, Drehort war mein Dorf, La Treille: es war wahrhaft eine vergnügliche Landpartie. Das Publikum nahm den Film mit herzlichem Beifall auf.

Seit siebenunddreißig Jahren ist dieser Film aus den Kinosälen nicht verschwunden, und die moderne Filmkritik sieht in ihm das erste Beispiel und das Vorbild des italienischen Neorealismus.

Um 1956 herum veranstaltete ein Kino auf dem Broadway eine Vorführung für amerikanische Kritiker, ohne dazuzusagen, daß *Jofroi* schon dreiundzwanzig Jahre alt war, und die Kritiker gaben ihm den Preis für den besten ausländischen Film des Jahres.

Die amerikanische Presse feierte den Film und rühmte das Talent eines neuen französischen Schauspielers namens Vincent

Scotto. Einer der prominentesten Kritiker ging so weit zu schreiben: »Es ist erstaunlich, daß dieser bewundernswürdige Schauspieler in Amerika noch unbekannt ist. Es ist der einzige lebende Darsteller, den man Charlie Chaplin an die Seite stellen kann.«

Zwei Dutzend Artikel dieser Tonart mußte ich Scotto schriftlich übersetzen. Er setzte sofort den Vervielfältiger in Gang, und von da an hatte er immer mehrere Kopien in den Taschen, die er unter seine Freunde verteilte. Ich habe sogar miterlebt, wie er in einem neapolitanischen Café dem Kellner, der uns den Aperitif hinstellte, ein Exemplar verehrte.

Ich bin sicher, er war auf diesen Triumph stolzer als auf den Welterfolg seiner Chansons.

Anmerkung des Herausgebers:
Der folgende Text diente als Vorwort zu »Angèle«.

3
Das Lamm aus dem Hirtenspiel

In den Jahren zwischen den Kriegen hatte ein Regisseur auf dem Studiogelände von Marseille einen Kurzfilm gedreht, mit dem das *Provenzalische Hirtenspiel* auf die Leinwand kam. Dieses Hirtenspiel ist ein uraltes »Mysterienspiel«, welches jedes Jahr von Laiendarstellern aufgeführt wird, aber es ist ein sehr fröhliches Mysterienspiel. Es stellt nicht die Leidensgeschichte und das Sterben des Heilands dar; es feiert seine Geburt zum Klang der Weihnachtsglocken.

Wie stets am Ende der Dreharbeiten, so hatten die Leute von der Requisite im Atelier irgendwelchen Kram vergessen und liegenlassen: große, runde Hirtenhüte, einen Heiligenschein, die Kronen der Heiligen drei Könige, ein paar Bärte und ein Lamm.

Es war das Lamm, das der Hirte dem Jesuskind darbringt, und das er über den Nacken gelegt trägt, wobei er mit jeder Hand zwei Beine des Tieres hält. Dieses zarte und zerbrechliche Lebewesen hatte seine Rolle perfekt gespielt, und es hatte schön pathetisch geblökt, als es des sechs Monate zählenden Säuglings, welcher den kleinen Jesus darstellte, ansichtig wurde.

Man fand es eines Morgens in einem Korb schlafend an dem verlassenen Drehort. Der Requisiteur war hingerissen, trug es ins Labor und vertraute es den jungen Frauen an, die die Entwicklermaschinen überwachen. Diese Töchter der Nacht hatten empfindsame Herzen. Aus einer Entwicklerflasche machten sie ein Säuglingsfläschchen, natürlich nicht, ohne sie gebührend ausgespült zu haben; sodann bereiteten sie ein Nest in einem großen Korb auf einer Unterlage aus Filmmaterial, dessen elastische Schleifen eine weiche Matratze abgaben; das ganze stellten sie nah an den Trockenschrank. Dank einem Thermostat blieb die Raumtemperatur konstant bei 19,5 Grad, und die Belüftungsrohre ließen nur gefilterte Luft herein.

So ward die frühe Kindheit des Tierchens von einem Luxus umhegt, wie ihn wenige Kinder reicher Leute erlebt haben.

Dieses Lamm war zwar sehr dumm, aber gutartig: die großen blauen Augen sprachen klar seine Liebe und seine kindliche Dankbarkeit aus, seine jungfräulichen Mütter waren ganz vernarrt.

Aber eines Morgens erschien im Hof ein Metzger. Nein, es war kein Schauspieler. Es war ein echter Metzger. Er war groß, breitschultrig, stiernackig, starkzähnig, kleinäugig. Seine schweren, geröteten Hände bestanden sichtlich aus Fleisch und Knochen, und seine mehr graue als weiße Schürze zierten eindrucksvolle Blutspritzer.

Er machte ein paar Schritte unter den Platanen, stemmte die Fäuste in die Stierhüften und schrie: »Ist da niemand?«

Durch das Surren der Entwicklermaschinen hindurch vernahmen die Mädchen vom Celluloidgewerbe diese Menschenfresserstimme. Durch drei Türen zugleich stürzten sie heraus, und die Zartbesaitetste war schon in Tränen aufgelöst.

»Wo ist mein Lamm?« sagte der Metzger.

Sie antworteten nicht, sondern traten drei Schritte zurück, und rangen hilfeheischend die Hände.

Er rief lauter: »Wo ist mein Lamm?«

Ich verließ den Schneideraum und marschierte ruhig und tapfer auf den Barbaren zu. Ich musterte ihn von oben bis unten, dann von unten bis oben, und dann fragte ich finster-argwöhnischen Blickes: »Welches Lamm?«

Die Antwort kam hochgemut: »Das, das ich für den Film vermietet habe. Ich habe es für zwanzig Francs für zwanzig Tage

vermietet. Hier ist der Wisch. Die zwanzig Tage sind vorbei. Der Film ist fertig. Also will ich jetzt mein Lamm.«
Nach dem Gesetz der Menschen war er voll im Recht.
»Was werden Sie mit ihm machen?«
Hurtig fuhr er sich mit dem Zeigefinger über die Kehle und sagte nur: »Wsittt!«
Ich hörte ein Schluchzen, dann entflohen die bestürzten Zelluloidmädchen.
Ich versuchte zu verhandeln: »Nein, nein doch! Sie werden doch einen Darsteller nicht umbringen. Ist Ihnen klar, daß dieses Lamm aus tausend Lautsprechern blöken wird und daß sein unschuldiges Vlies sämtliche Leinwände der Welt erleuchten wird?«
Der brutale Kerl brach in Lachen aus, es war ein stumpfsinniges Lachen. Dann sagte er platt: »Heute ist Freitag, und ich habe Vorbestellungen für Sonntag angenommen. Da hab ich natürlich mit ihm gerechnet. Morgen muß ich's zerlegen. Dazu bin ich da. Und es selber auch. Wo ist es?«
Von der obersten Etage des Labors hörte man, wie etwas die Holztreppe hinaufgaloppierte, dann ein mitleiderregendes Blöken: die Mädchen brachten das Lamm unters Dach.
Ich sagte mit fester Stimme: »Bevor seine Mütter Ihnen dieses Lamm zurückgeben, werden Sie Ihnen die Augen auskratzen.«
»Oh, das möchte ich mal sehen«, versetzte der Metzger.
Sofort replizierte der kleine Léon mit seiner unfehlbaren Logik: »Wenn's nicht soweit kommt, dann werden Sie's nicht sehen. Wenn sie's aber schaffen, womit wollen Sie's dann sehen?«
Während der Metzger intensiv nachdachte, wobei er uns abwechselnd anschaute, knüpfte ich wieder an meine Argumentation an.
Ich hatte von sämtlichen Kinoleinwänden der Erde gesprochen; ich begriff, ich mußte den Gedanken lokalisieren, damit dieser Mörder mitkam.

»Hören Sie zu. Sie gehn doch jeden Sonntag ins Kino von Castellane?«
»Jawohl«, sagte er.
»Eben, und nächsten Sonntag werden Sie dort dieses fleckenlos reine Lämmchen sehen, wie es das Händchen unseres Heilands leckt. Da es ins Objektiv geschaut hat, wird sein Bild das Publikum direkt anschauen, und es wird Ihnen mitten ins Gesicht blöken. Werden Sie in der Lage sein, den Blick und den Liebesschrei Ihres Opfers auszuhalten?«
Munter kam die Antwort: »Ich glaub, ich werde mir eher eins lachen beim Gedanken, daß es tot ist und doch noch so schön blöken kann.«
Charles Pons, der eben hinzutrat, vermochte seine Empörung, die allerdings bei ihm Gewohnheit ist, nicht zu zügeln: »Ich werde mich erheben«, sagte er, »ich werde mit dem Finger auf Sie zeigen, und ich werde der Menge sagen: ›Da sitzt der Mann, der dieses Star-Lamm abgeschlachtet hat‹.«
»Und ich«, sagte der Metzger, »ich werde mich erheben, werde mit dem Finger auf die Menge zeigen und ich werde euch sagen: ›Hier sitzen die Wilden, die es aufgefressen haben!‹«
Da änderte der kleine Léon seine Taktik: »Mein lieber Freund, irgendwann muß man es Ihnen ja sagen, ohne Sie kränken zu wollen, Sie üben da schon einen schändlichen Beruf aus. Bedenken Sie, während Sie Ihr Metzgermesser schärfen, könnte dieses Lamm zu Ihnen sprechen: ›Blutrünstiger Kerl, mit welchem Recht wirst du ein unschuldiges Geschöpf abschlachten, ein Geschöpf Gottes, das zu alledem noch ein Säugetier ist genau wie du?‹ Es könnte Ihnen ferner sagen...«
»Wahrhaftig!« rief der Metzger aus, »so lang und breit bräuchte es gar nicht reden. Zwei Worte aus seinem Mund würden genügen. Ich würde es sofort wie meinen eigenen Sohn behandeln und ich würde mit ihm hingehen und eine Jahrmarktbude aufmachen.«

Voller Verachtung blickte ich auf den Mann, für den Wunder gleich Geldquellen waren.
»Nun gut, da Sie an nichts als an Geld denken, werde ich Ihnen dieses Leben abkaufen. Wieviel wollen Sie dafür?«
Ich sah förmlich, wie in seinem kompakten Hirn eine schauerliche Rechnung anlief und wie er des Unschuldstierchens Keulen, Koteletts, Nierchen samt Leber und Kaldaunen in Kilos, dann in Francs und Centimes übersetzte. Wir warteten zwei Minuten, denn er taxierte nicht nur das Lamm.
»Da es schließlich ein Darsteller ist«, sagte er endlich, »und da der Herr glaubt, es könnte anfangen zu sprechen, macht die Sache einhundert Francs.«
Charles Pons wollte sich wieder aufregen, aber mit einer Handbewegung beruhigte ich ihn. Dann nahm ich aus meiner Brieftasche einen nagelneuen Schein. Sogleich besudelte ihn die verbrecherische Hand mit Blut, bevor sie ihn in der Bauchtasche der Schürze verstaute.
Zum Schluß zog der Metzger höflich die Mütze und sagte: »Wenn Sie noch weitere möchten, zum selben Preis...«
Wir hörten ihm nicht mehr zu. Von Freudenschreien und nervösem Kichern begleitet stieg das Geblöke wieder zu uns herab.

Am gleichen Abend noch wurde dem Lamm zu Ehren ein kleiner Cocktailempfang veranstaltet.
Der kleine Léon schlug unvermutet vor: »Jetzt wo es uns gehört, müssen wir es taufen, sonst wissen wir ja nicht, wie wir es anreden sollen.«
Da erhob Pendule seine Stimme, Pendule, der König der ausgedehnten Kamerafahrten, ein weiser und um guten Rat nie verlegener Mann. Wenn er den Mund aufmacht, dann um einen Pastis zu trinken oder um ein wahres Wort zu sprechen; Pendule sagte: »Wir müssen es Ochse nennen.«
Einen Augenblick lang verblüfft, fragte ich: »Warum?«

»Damit sein Selbstbewußtsein steigt«, sagte Pendule. »Das macht es bedeutender. Es wird ihm sehr guttun.«
Die Idee war so ausgefallen, daß sie einstimmig angenommen wurde.

Ochses Erziehung war schwierig. Gleich am Tag nach der Taufe verschlang er systematisch die Schnulleraufsätze seines Fläschchens. Ängstlich warteten die Ammen, daß sie wieder herauskämen, aber sie sahen sie nie wieder.
Eines schönen Morgens entdeckte man ihn, wie er die Filmstreifen seiner Lagerstatt verzehrte. Die jungfräulichen Hirtinnen schätzten die verschwundene Menge auf dreißig Meter – ein kompletter Vorspann.
Man rief Clément, den Laborschef, ans Krankenbett, und er lehrte uns, daß diese Nahrung sieben Gramm pro Meter wiege; daß das Grundmaterial (Zellulosenitrat) nicht unbedingt als Gift anzusehen sei, daß die Gelatine ein bekömmliches Nährmittel sogar für einen Pflanzenfresser sei, daß er aber hinsichtlich des Bromsilbers erhebliche Vorbehalte machen müsse.
Diese Diagnose ließ mich einen tödlichen Verlauf der Dinge fürchten. Aber anstatt zu sterben, nagte Ochse das Weidengeflecht seines Korbes an, anschließend verweigerte er erstmals tapfer das Fläschchen und entwich in ein paar munteren Sprüngen aus dem Frauengemach.
Wild mit dem Schwänzchen wedelnd schloß er sich dem Trupp der Bühnenarbeiter an, die ihn mit Holla aufnahmen und ein für allemal adoptierten.
So begann sein wahres Leben, das eines Ateliertechnikers.
In der Tischlerei, nahe bei der großen Hobelbank, auf einem Bett gekräuselter Späne, die ihm auch als Frühstück dienten, richtete er sich ein. Der Holzfräser, der sich mit ihm angefreundet hatte, pflegte zu sagen: »Sind schon intelligent, solche Tiere. Hartholzspäne oder harziges Zeug mag er nicht, da schüttelt er sich. Aber für Pappelholz ist er zu allem bereit!«

Nachmittags besichtigte Ochse die Schneideräume, und dann, nach ein bißchen freundlichem Nasenreiben, stibitzte er ein oder zwei Blatt Skript, welche zu verzehren er sich in den Gang hinaus bemühte. Dann irrte er zwischen Schreibmaschinengeknatter durch die Büros, knabberte an der Rückseite der strohgeflochtenen Stühle herum, mümmelte einen Radiergummi oder schlemmte einen kalten Zigarrenstummel. Zum guten Schluß hörte man manchmal aus den stockdunklen Negativlabors einen Fluch, dann einen dumpfen Fall, dann entrüstetes Blöken. In der finsteren Nacht, die er für menschenleer gehalten hatte, war soeben ein Chemiker über Ochse zu Boden gegangen, welcher lautlos die mit den Duftnoten von Hydrochinon, Fixiernatron oder Methol angereicherte Wässerungslösung in sich hineinsoff.
An bestimmten Tagen spazierte er los durch die Straßen des Viertels, und der Polizist sah ihm freundlich nach; im Vorbeimarschieren grüßte er unseren Briefträger, aus dem unser berühmter Maler Ambrogiani geworden ist.
Er kippte Mülltonnen, um seine Lieblingsspeisen auszuwählen: Kartoffelschalen, einen Strohhut, einen alten Handschuh. Dann ging er, die Meute der Hunde mit Kopfstößen teilend, im Schlenderschritt hinüber zu Fabiens kleiner Kneipe. Und dort offerierte ihm der Chef, der seine Freude daran hatte, jedesmal einen Aperitif. Mitten in einem Halbkreis von Kennern stand Ochse mit den Vorderhufen auf der Theke und leckte genüßlich seinen Wermuth auf: wenn er dann in den Schoß der Familie zurückkehrte, vollführte er den Gehsteig entlang kleine Säufersprünge, wobei er seine Rosenkranzperlchen gleichmäßig verstreute.
Mich erfüllte diese seltsame Diät mit großer Besorgnis. Zwei mir befreundeten Ärzten teilte ich meine Befürchtungen mit: einer sollte eines Tages Professor für Chirurgie an der Pariser Hochschule für Medizin sein, und der andere ahnte noch nicht, daß er später als Präsident der Ärztekammer fungieren würde.

Was ich zu Ochses Diät erklärte, wurde von mehreren Zeugen bekräftigt. Aber die beiden Gelehrten – ich schäme mich für sie – flüchteten sich in eine negative Haltung und sagten immer nur: »Sie machen sich über uns lustig.« Nicht sehr wissenschaftlich klingende Worte, welche die Männer der Wissenschaft aber sofort auf der Zunge haben, wenn man sie mit Tatsachen konfrontiert, die in ihre Theorien nicht hineinpassen. Bei Ochse schlug die Diät unverschämterweise an, obwohl die Mediziner sie indirekt verurteilt hatten. Mit acht Monaten war er ein echter Widder, dessen Gehörn schon prachtvoll sproß, und Pendule sagte zuweilen: »Wenn wir ihm Gras füttern könnten, dann würde ein Merinoschaf draus.«

Eines Morgens stand vor dem Ateliergebäude auf der Straße eine Karawane von Lastwagen, Lieferwagen, Anhängern, Autos. Wir fuhren hinauf ins Vorgebirge, wir waren im Begriff, *Regain* zu drehen.

Alle waren da, und oben auf dem Verdeck des großen Tonwagens stand sogar Ochse blökend zwischen Kabeln und Projektoren.

Um den Motorenlärm zu übertönen, formte Bébert, der Fahrer, die Hände zum Sprachrohr und rief: »Jetzt kriegt er endlich Gras zu sehen!...« In der Tat, das versprach ein interessantes Aufeinandertreffen zu werden. Im Augenblick allerdings leckte er an dem frischlackierten Schienenwagen der Kamera herum.

Nach zwei Stunden Fahrt erreichten wir den Höhenzug von Allauch und einen weltverlorenen Bauernhof, den die Generalstabskarten als »Angèles Hof« aufführen, weil dort der Film gedreht worden war.

Das Gebäude war verfallen, und der beste Teil des Daches war auf die Decke des Erdgeschosses heruntergestürzt. Um unseren Schlafsaal einrichten zu können, mußten wir diesen jammervollen Zustand noch vor Einbruch der Dunkelheit beseiti-

gen. Aber bevor es um die Bequemlichkeit ging, beschlossen wir, eine kleine Zeremonie zu veranstalten: Ochse sollte dem grünen Gras des lieben Gottes vorgestellt werden.
Während man ihn von seinem Wagendach herunterholte, warnte uns der weise Pendule: »Den werden wir so streng bewachen müssen wie die vom Floß der *Medusa.* VORSICHT, daß er nicht zuviel davon frißt. Die Tiere, die platzen sonst ganz leicht.«
Vor dem Bauernhof erstreckte sich eine in acht Herbstregentagen erstandene kleine Wiese. Dorthin trug man Ochse, dort setzte man ihn nieder; im Kreis standen wir um ihn herum und warteten.
Das Gras ging ihm bis zum Bauch. Er beschnupperte die zarten, in der Morgenbrise zitternden Gräser, dann den Thymian, dann den Salbei, dann die nahrhaften roten Kügelchen des saftigen Süßklees.
»Das bringt ihn ganz durcheinander«, sagte Bébert, der selber ganz aufgeregt war.
Aber plötzlich hob Ochse den Kopf, schaute uns ungeheuer ängstlich an und blökte verzweifelt. Dann floh er mit unwiderstehlichem Schwung auf einen kahlen Erdhügel, auf dem nichts wuchs als eine uralte Pinie, und fing an, die harte Rinde zu benagen.
Niemals, nein, niemals wollte er Gras fressen, was beweist, daß Erziehung Lebewesen in ihrer Natur verändern kann. Er fuhr fort mit seiner Diät und stahl Pfirsiche aus der Küche, da ein Seifenstückchen, dort ein Ei oder eine kleine Leberwurst. Aber da sein Instinkt schon fehlgeleitet war, beging dieses verirrte Schaf den größten Irrtum seines Lebens.
Alle waren wir intensiv damit beschäftigt, oben auf dem Heilig-Geist-Hügel ein verfallenes Dorf hinzustellen. Mit der Kirche hatten wir angefangen, sie sah schon recht ansehnlich aus mit ihrem achtzehn Meter hohen Glockentum, über dessen geborstene Dachspitze ein Kreuz schief hinausragte. Marius

versah die dickbäuchigen Mauern mit geradezu künstlerischen Rissen, während Pendule das Reibescheit schwang und da und dort einen Flecken Verputz auf die nackten Steine klatschte. Ochse schaute ihnen zu, augenscheinlich sehr interessiert...
Endlich begann Pendule einen Eimer Gips anzurühren. Der Gips mußte erst anziehen, darum drehte er sich eine Zigarette und plauderte dabei ununterbrochen mit dem hoch auf der Leiter stehenden Marius. Beide diskutierten sie die Reize der »Kleinen unten vom Tabakladen«, als Marius plötzlich mit total entsetztem Blick schrie: »O weh! O weh!«... Pendule senkte den Blick: Es war schon zu spät. Ochse hatte soeben einen Liter Gips verschluckt. Pendule warf sich auf ihn, packte ihn an den Hinterbeinen und schüttelte ihn, als wollte er einen Sack ausleeren, dabei sagte er: »Ochse, du bist verrückt! Ochse, du wirst krepieren!«
Unterdessen preßte Marius aus Leibeskräften Ochses Bauch, und Bébert schrie zum Hof hinüber: »Ochse hat sich den Magen vollgegipst! Bringt das Schinkenmesser! Wir müssen ihn operieren!«
Leider, leider war alles vergebens, und Ochse erstickte in den Armen seiner Freunde. Als Léon, der Koch, das Skalpell-Messer – zu spät – herbeibrachte, schlug ein aus dem Piemont stammender Steinbrecher vor, ihn auf der Stelle zu Koteletts zu zerlegen, wobei er argumentierte, der Gipsputz habe das Fleisch nicht verdorben. Der taktlose Fresser wurde übelst beschimpft, ja Pendule vermöbelte ihn sogar noch.
Am nächsten Tag wurde Ochse unter einem hundertjährigen Olivenbaum bestattet. Auf seinem Grab errichtete man eine Art Stele mit folgender Inschrift: »Hier ruht Ochse, verschieden im Alter von neun Monaten.« Die Labormädchen kamen eines Tages im Lieferwagen herauf und vergossen ihre Tränen über die Grabblumen... Einige Wochen später schließlich hörte ich, als ich nach einem langen Tag noch an meinen noch immer unvollendeten Dialogen arbeitete, einen traurig-zarten

Chor aus dem Tälchen heraufsingen. Ich ging hinaus, lauschte, und dann sah ich Pfadfinder im Kreis über Ochses Grab gebeugt; sie hatten es für das eines Kindes gehalten und sangen ihm die Psalmen des Abschieds.

Das war die merkwürdige Laufbahn des Lammes namens Ochse. Es war von liebenswürdigem Naturell, hatte unbestritten Talent, und auf der Leinwand sicherte das flimmernde Weihnachtsspiel seiner Anmut ein ruhmvolles langes Leben: aber in seinem Milieu hat es nicht gelebt, es lebte nicht inmitten von Zweihörnern, war nicht schmucker Fresser von Kornblumen und Klatschmohn. Als einsames Schaf unter Menschen wurde es zum Allesfresser und Gierhals, und seine lasterhafte Gefräßigkeit führte es blindlings, grausam ausgegipst, in den Untergang.
Jedoch hat es nie den erstickenden Geruch der Schlachthöfe, nie das Geblöke zum ewigen Lebewohl (*Ihr, die ihr hier eintretet, laßt alle Hoffnung fahren!*), nie das kalt die Ader durchtrennende Messer, nie das lungensprengende Gebläse kennengelernt, seine Rippen wurden nicht zu Rippchen, seine Nieren nicht zu sauren Nierchen, seine muskulösen Oberschenkel blieben Oberschenkel, wurden nicht zu Lammkeule, und sein Fleisch, das niemals im Schaufenster lag, hat nicht das dumpfe Gefängnis der Backröhre, nicht den hitzeknisternden Topf, nicht die schwindelnde Flammenhölle des Bratspießes durchgemacht... Ganz und unangetastet ist er gestorben, wie ein Menschenkind, und vielleicht hat an diesem Herbstabend der Chor der Pfadfinder die kleine Schafseele hinauf zum Tor des Paradieses geleitet.

4
César und die gute Alte
1936

Im Jahre 1935 hatte ich nach Gionos großartigem Roman *Un des Baumugnes* gerade *Angèle* fertiggedreht und war jetzt voll beschäftigt mit dem Bau von Studios und der Einrichtung eines Labors, da meldete sich Léon Volterra mit der Nachricht, er werde die ersten Monate der kommenden Saison für das Stück *César,* den Abschluß meiner Marseiller Trilogie, reservieren.

Unglücklicherweise war sein Zerwürfnis mit Raimu noch immer nicht vergessen; zum andern waren die Schauspieler, die mir so wunderbar gedient hatten, als die Verfilmungen von *Marius* und *Fanny* entstanden, plötzlich zu Filmstars geworden; was sie bekamen, war mindestens zehnmal soviel wie eine Theatergage, mit Freuden unterschrieben sie die Verträge, die man ihnen vorlegte, und manchmal ein halbes Jahr im voraus; ich telefonierte herum und kam zu dem Schluß, es würde unmöglich sein, sie für mehr als zwei Monate auf derselben Bühne zusammenzubekommen; nachher müßte man Zug um Zug auf Zweitbesetzungen zurückgreifen.

Der Verleihchef für alle unsere Filme berief eine Konferenz sämtlicher Zweigbüros ein.

Sie war kurz, die Meinung einhellig: Eine *César*-Verfilmung mit denen, die die Rollen von Anfang an gespielt hatten, schätzten sie von vornherein auf circa zehn Millionen; wenn aber das Theaterstück nicht mindestens dreihundertmal gespielt würde, dann würde der Film gleich zwei Drittel seines Marktwerts einbüßen. Nun, Raimus Fehlen und die Tatsache,

daß die gesamte übrige Originalbesetzung Stück für Stück abbröckeln würde, all das bedeute ein enormes Risiko: besser also kein Theater und dafür sofortige Verfilmung mit allen Darstellern aus *Marius* und *Fanny*, denn die Dreharbeiten würden nur fünf oder sechs Wochen dauern und auch nicht die tägliche Anwesenheit des gesamten Ensembles erfordern.
Es war die Vernunftlösung; ich konnte sie nur akzeptieren, und ich beschloß, einen *César* für die Leinwand zu schreiben. Die Pariser Büros bestellten die Schauspieler herein, sie wurden auf der Stelle engagiert, das Datum lag für meinen Geschmack allerdings etwas knapp; aber da mehrere schon Verträge für andere Filme unterschrieben hatten, blieb mir nur ein einziger Monat für die Niederschrift meines Drehbuchs. Ich meinte übrigens, diese Frist werde voll ausreichen. Racine war es, glaube ich, der eines Tages gesagt hat: »Mein Stück ist fertig. Ich brauche es nur noch zu schreiben.« Bei allem Respekt für das Genie Racine, ich bin überzeugt, das Stück, das er dann schrieb, war ganz und gar nicht mehr das, das er im Kopf schon verfaßt hatte. In dem Maße, wie die Figuren Kontur gewinnen, fangen sie an, sich zu wehren, der Autor kann nicht mehr mit ihnen umspringen, sie sagen plötzlich nicht die Worte, die ihm vorschwebten. Wie vielen meiner Kollegen ist es auch mir passiert, daß ich ein Stück um eine Szene herum geschrieben habe, und genau die mußte ich im letzten Moment streichen. Der eigentliche Schaffensakt vollzieht sich im Niederschreiben, und ich glaube, man könnte ein lächerliches Romanprodukt herstellen, ginge man her und paraphrasierte Zeile für Zeile – *Madame Bovary*.

Mit absolutem Selbstvertrauen machte ich mich also ans Werk, mühelos flossen mir die ersten Filmszenen aus der Feder; aber meine Arbeit wurde ständig unterbrochen vom Telefon, von den Maurern, Tischlern, Filmarchitekten, Requisiteuren, die schon die Dreharbeiten vorbereiteten. Bald merkte

ich, daß ich überflüssige Szenen schrieb, daß die Handlung sich ins Ungewisse fortbewegte und daß ich nicht mehr wußte, worauf ich hinauswollte. Ich war tief enttäuscht und entmutigt, da kam die Vorsehung in Gestalt unseres Chefrequisiteurs mir zu Hilfe.
Möbel, Teppiche, Geschirr, Tapetenstoffe wurden uns von Marseiller Antiquitätenhändlern oder Trödlern geliefert; die Mietgebühren waren bescheiden, es kam auch vor, daß sie sie uns aus reiner Freundschaft unentgeltlich überließen.
Der wertvollste aller dieser ehrenamtlichen Mitarbeiter war für uns Madame Gaucherand. Ganz nah beim Alten Hafen, in der Rue Fortia, besaß sie ein riesiges Lager, das so viele alte Möbel beherbergte, daß man kaum noch durchkam.
Die Requisiteure, denen ich alte provenzalische Möbel zur Auflage gemacht hatte, gingen geradewegs zu Madame Gaucherand. Wie gewöhnlich bereitete sie ihnen den freundlichsten Empfang. Lange durchmusterten sie die Lagerhalle, dann entdeckten sie in einer lichtlosen Ecke ein echtes Speisezimmer »Louis VX provençal«.
Er hatte noch nicht einmal versucht, die dicke Staubschicht wegzublasen, da sah Henri (unser Chefrequisiteur) bereits mit einem Blick, welch schöne Stücke er vor sich hatte, und packte mit jeder Hand einen Stuhl.
»Ist das was für Sie?« erkundigte sich Madame Gaucherand.
»Genau was wir brauchen. Wir nehmen es gleich mit.«
»Nein«, versetzte Madame Gaucherand. »Ich kann's Ihnen nicht ohne Genehmigung meiner Schwester ausleihen. Sie hat mir verboten, Ihnen auch nur das geringste Möbelstück herauszugeben, wenn Sie ihr nicht Monsieur Pagnol herbringen. Sie muß ihm etwas sehr Wichtiges sagen.«
»Und das wäre? Wir können es ohne weiteres ausrichten.«
»Also das ist nicht möglich. Nicht einmal mir hat sie sagen wollen, worum es geht. Es ist etwas Persönliches.«
»Geht es um Geld?«

»Bestimmt nicht. Um Geldfragen kümmere nämlich ich mich. Sie will ihn persönlich sprechen. Mehr weiß ich auch nicht.«
»Ist sie hübsch, Ihre Schwester?«
»Sie sieht phantastisch aus für ihr Alter, aber sie geht auf die Neunzig zu. Da hat sie sich halt diese Idee in den Kopf gesetzt. Sagen Sie ihm, wenn er herkommt, können Sie mitnehmen, was Sie wollen, umsonst.«
»Gut«, sagte Henri, »ich verspreche Ihnen, er kommt her, wenn ich ihm diese Standuhr zeige.«
Er packte das langgestreckte Gehäuse unter den Arm, aber Madame Gaucherand klammerte sich daran fest.
»Lassen Sie das sofort los, und sagen Sie ihm, meine Schwester erwartet ihn.«

Henri kam und faßte mir die Sache auf seine Weise zusammen: »Madame Gaucherand hat eine Schwester, die ist nicht mehr voll da und die will Ihnen ein Geheimnis anvertrauen. Wenn Sie nicht hingehen, will sie uns nichts mehr leihen.«
Deswegen brechen wir eines Morgens mit zwei Lastwagen auf, um ihrer Schwester den Besuch abzustatten.
Mißtrauisch äußerte Madame Gaucherand zuerst Zweifel an meiner Identität, und ich mußte ihr meinen Führerschein zeigen.
Da bewegte sie sich auf eine große Leitertreppe zu, die zum ersten Stock hinaufführte; dann rief sie laut, die Hände in die Hüften gestemmt: »Schwester! Kommen Sie herunter! Er wartet auf Sie!«
Daraufhin erblickten wir am oberen Ende der halsbrecherischen Vorrichtung zuerst schwarze Schuhe, dann den Saum eines lang und länger werdenden schwarzen Kleides. Schließlich wurde eine sehr lange alte Dame sichtbar und kletterte langsam die Holzstufen herunter. Sie trug eine Halskrause aus schwarzer Spitze und am höchsten Punkt des Schädels einen knapp mandarinengroßen weißen Knoten.

»Wo ist er, Schwester?« fragte sie.
»Der hier ist es, Schwester«, sagte Madame Gaucherand und deutete mit dem Finger auf mich.
»Danke, Schwester«, sagte die alte Dame.
Sie vollendete den lebensgefährlichen Abstieg und kam auf mich zu.
»Du bist sehr jung«, sagte sie zu mir, »aber durch deine Photographien erkenne ich dich (denn sie siezte ihre Schwester, aber duzte den Rest der Welt). Komm mit, und ihr andern laßt uns in Ruhe. Ihr könnt ja schon das Speisezimmer aufladen.«
Ziemlich mühsam bewegte sie sich auf einen uralten, motten- und staubzerfressenen Gobelinsessel zu, der hinten in einem von antiken Möbeln gesäumten Gang dicht an der Wand plaziert war. Sie nahm Platz, sagte zu mir: »Setz dich«, und zeigte dabei auf ein gefährlich wurmstichiges Sitzpult. Ich gehorchte.
»So«, sagte sie. »Du wirst glauben, ich bin ein bißchen verrückt, und vielleicht hast du recht. Ich muß dir sagen, daß ich fast neunzig Jahre alt bin. Tja, in diesem Alter hat man halt Launen, weil einem sonst nichts bleibt. Nun ja, also. Ich habe *Marius* im Theater gesehen, als ich noch jünger war, so vor fünf oder sechs Jahren. Dann habe ich es nochmal im Kino gesehen. Danach habe ich *Fanny* gesehen. Und dann bin ich jedesmal wieder reingegangen, wenn man sie gespielt hat. Fünf- oder sechsmal. Das hat mir sehr gefallen. Ich habe gelacht und ich habe geweint, ich war glücklich. Nur eins hat mir Kummer gemacht: daß sie am Ende nicht heiraten. Und sogar jetzt geht mir das noch nach. Jawohl. Oft frage ich mich, wenn ich nachts nicht schlafen kann: ›Was wohl aus ihnen geworden ist? Und das Kind, hat man ihm nie erzählt, daß sein wirklicher Vater, daß das Marius war? Allerdings, jetzt wird es so vier oder fünf sein. Es ist noch zu klein für solche Gespräche... Und sie? Vielleicht schreibt sie Marius heimlich Briefe?‹ Also kurz gesagt, all das verfolgt mich. Zum Glück hat

Henri neulich meiner Schwester erzählt, du hättest noch ein Stück geschrieben und dieses Stück würde zeigen, wie alles ausgeht. Ich hatte es ja immer gewußt. Deswegen wollte ich dich sehn. Wann wird er fertig sein, der Film?«
»In fünf bis sechs Monaten«, sagte ich.
»Das heißt, dann sind wir schon mitten im Winter«, sagte die alte Dame. »Genau was ich befürchtete... Hör zu, du wirst mich verstehn. In meinem Alter zählt jeder Tag, man ist nie sicher, daß man das Ende der Woche noch erlebt... Sechs Monate, das ist lang... Ich kann nicht so lange warten... Also, dein Stück, ich habe mir gedacht, vielleicht wärst du so nett und würdest es mir erzählen.«
Genau dazu war ich nicht in der Lage. Meine Charaktere kannte ich gut, die Hauptszenen sah ich ziemlich deutlich vor mir, aber es gelang mir nicht, sie logisch zu verknüpfen und in das ganze jene beständige, gleichmäßig beschleunigte Bewegung hineinzubringen, die das eigentlich Dramatische ausmacht. Aber wir brauchten das Speisezimmer, und andererseits war jetzt die alte Dame schon so gespannt und so voll naiver Gemütsbewegung, daß ich nicht mehr zurückkonnte.
Tapfer hob ich zu meiner Geschichte an, intensiv schaute sie mir ins Gesicht. Beim geringsten dramatischen Umschwung verschränkte sie die Hände und wiederholte leise: »Mein Gott! Mein Gott!« Panisse billigte sie, Césariot tadelte sie, wobei sie immerhin sagte: »Natürlich ist das nicht nett von ihm... Aber denk dich mal an seine Stelle...« Der Name Escartefigue genügte, daß sie Tränen lachte, und sie wollte wissen, ob er noch immer der gehörnte Ehemann sei, wie in *Marius.* Ich weiß nicht warum, aber vor Monsieur Brun hatte sie Angst. Sie kommentierte: »O der, der ist stark. Ich sage dir: Der ist der stärkste von allen.«
Irgendwo in der Mitte des Drehbuchs war der Faden abgerissen. Aber ich hatte jetzt nicht das Recht, da einfach stehenzubleiben. Wie der Großvater, der für seine Enkelin ein Mär-

chen erfindet, las ich die Fortsetzung von ihrem Gesicht ab. Als wir die alte Dame verließen, stand mein Film.

Acht Tage später sagte mir Henri, während er vom Lastwagen die Möbel für das Wohnzimmer von Panisse ablud, in fröhlichem Ton: »Sie haben verdammt richtig gehandelt, daß Sie der guten Alten *César* noch erzählt haben: sie ist heute nacht gestorben.«

5
Der Bäcker Amable
1938

In einem kleinen Dorf tief im Hügelland wirkte ein Bäcker namens Amable. Es war ein kleiner, dunkelhaariger, hilfsbereiter, aber schweigsamer Mann. Eine Frau hatte er nicht; jeden Morgen kam eine brave Alte aus der Nachbarschaft und stellte sich in den Laden, um den Brotverkauf zu überwachen: die Kunden bedienten sich nämlich selbst, nachdem sie auf einer Holzlatte so viele Kerben gemacht hatten, wie sie Brote nehmen wollten. Amable verstand viel von seinem Beruf und übte ihn mit Liebe aus. Von Mitternacht an erglänzte heller gelber Lichtschein aus dem Fenster der Backstube und zeichnete schattenhaft auf die schmutzigen Scheiben das Filigrangewebe einer längst toten Spinne. Ab fünf Uhr kühlten in den Körben die runden Weißbrote und knackten leise... Und am Sonntagmorgen erhellte ein Berg von goldröschen Croissants den ganzen Laden. Von Zeit zu Zeit fuhr Amable in die Stadt hinunter, denn das Fleisch ist stark, und von daher kam denn auch alles Übel.

Eines Abends, zwei Tage nach Weihnachten, brachten ihn zwei gutmütige Polizisten zurück ins Dorf; sie hatten ihn schlafend im Straßengraben gefunden, neben seinem gestrandeten Automobil; er war fürchterlich betrunken und antwortete den Bauern, die mit diversen medizinischen Ratschlägen herbeieilten, höhnisch grinsend: »Meine Arschbacken in pikanter Soße!...«

Man brachte ihn zu Bett, und die Polizisten deckten ihn zu. Der Dorfschullehrer erklärte, es handle sich nur um einen Unfall, aber am nächsten Tag gab es vor Mittag kein Brot.

Zwei Tage danach enthüllte der Wirt des Cercle Républicain*, daß er vier Pastis getrunken und dann die Flasche mitgenommen hatte. Dann hatte er bei Papet in Les Bouscarles ein großes Faß Wein und ein Fäßchen Schnaps gekauft, wobei er verlauten ließ, er brauche das, um Trauben einzulegen. Aber Trauben kaufte er keine, und das war der Anfang vom Ende.
Da er nicht mehr die Kraft hatte, den Teig gründlich durchzukneten, wurden die Brote schwer, kompakt, flach. Manchmal auch weißlich und weich, oder auch hart und verbrannt... Eines Nachts endlich fiel er vollgelaufen mit Pastis vornüber in den Backtrog und schlief ein.
Brot gab es trotzdem. Es schmeckte nach Anis, und die Kinder waren begeistert, aber der Lehrer und der Pfarrer, die noch nie ein Wort gewechselt hatten, riefen die wichtigen Männer des Dorfes zu einer Konferenz zusammen. Diese beschloß, daß Amable und vor allem das tägliche Brot gerettet werden müßten.
Erste Maßnahme war der geistliche Zuspruch des Pfarrers, wozu der Lehrer eindringliches Anschauungsmaterial beisteuerte. Dieser Antiklerikale hatte aus Marseille Plakate der Blaukreuzler kommen lassen: Leber eines gesunden Menschen – Säuferleber. Normale Bauchspeicheldrüse – Säuferbauchspeicheldrüse. Diese Bilder waren farbig. Zarte, appetitliche Farben für die tugendhaften Organe; scheußliche Farben für die nicht tugendhaften.
Aber beim Anblick der rötlich-teigigen Lebern oder der zu wuchernden Pilzen entarteten Bauchspeicheldrüsen lachte der mehlige Saufbruder laut heraus, eilte zu seinem Faß und zog ein gehöriges Glas Wein ab.
Die ständige Trunkenheit wirkte sich auf seine Gesundheit aus, und der arme Amable verfiel von Tag zu Tag. Mit funkelndem Blick, aber hohläugig und mit verrutschter Perücke

* Genossenschaftlich organisiertes Dorflokal – Zentrum der antiklerikalen Bewegung in Frankreich

stand er noch am Backtrog, er buk Brote in Form von fliegenden Tauben oder von Schweinen. Eines Tages schuf er eine ganze Ofenladung voll obszöner Darstellungen, alle sehr gelungen, so daß der Herr Pfarrer sich mit einem großen Messer bewaffnete und diese Brote in lauter unschuldige Scheibchen zersäbelte, bevor er sie für den Weg zu den Familientischen freigab.

Daraufhin faßte der Gemeinderat den Entschluß, schweres Geschütz aufzufahren.

Amables Vorrat ging langsam zur Neige; die beiden Bistros und der Wirt des Cercle Républicain schworen, sie würden ihm nichts mehr ausschenken, und die, die Wein im Keller hatten, taten den gleichen Schwur.

Der Bäcker wurde furchtbar wütend und drohte, seinen Laden für immer zuzumachen. Man antwortete ihm: »Das würde uns nur allzu recht sein, denn wenn du weggehst, kommt halt ein andrer Bäcker!«

Am nächsten Morgen hörte man ihn zu früher Stunde, wie er seinen alten Peugeot ankurbelte. Höflich trat der Lehrer an ihn heran: »Wohin fahren Sie, Amable?« Statt einer Antwort riß er so heftig die Kurbel herum, daß die antike Blechkiste zwanzig Zentimeter senkrecht in die Höhe hüpfte und entsetzlich zu rattern begann. Unter lautem Schrottgeklapper entzockelte der Bäcker in einer Wolke aus Qualm und Staub.

Er war in die Stadt gefahren, und jetzt blühten die Gerüchte. Jeder sagte, der Bäcker würde nicht mehr zurückkehren.

Armandin (der von Nathalie) zog mit Karren und Maultier los, um in Aubagne Brot zu holen, und der Bürgermeister, Célestin (vom Hof Les Baumettes), kündigte an, er werde den Präfekten um die Entsendung einer Feldbäckerei bitten, solange der neue Bäcker noch nicht eingetroffen sei.

So gegen sechs Uhr abends – es war ein schöner Sommerabend und auf dem Dorfplatz war eine große Boulepartie im Gange – spielten der Herr Pfarrer und der Herr Lehrer, welche gemeinsame Besorgnis versöhnt hatte, zusammen gegen Hinkebein Durbec und den Maurer Martelette und hatten ihre liebe Mühe mit den beiden. Aber während Casimir in der gespannten Stille vorsichtig zu einem schwierigen Wurf ansetzte, vernahm man plötzlich fernes Motorgeknatter, dann sah man aus der letzten Kurve das Auto des Bäckers auftauchen.

Der Zickzackkurs des Fahrzeugs machte allen sofort klar, warum er in die Stadt gefahren war, zum Volltanken nämlich. Als er den Dorfplatz erreichte, stürzten ihm der Bürgermeister und der Feldhüter entgegen und befahlen ihm höchstobrigkeitlich, zwecks Vermeidung von Unfällen im Dorf sofort anzuhalten. Er antwortete mit schwerer Zunge: »Meine Arschbacken in pikanter Soße!« und wollte die Straßensperre durchbrechen, aber vier fidele Burschen nagelten ihn fest, indem sie lässig das Heck seines Gefährts anhoben, während der Feldhüter jetzt den Zündschlüssel ausdrehte; der Bäcker schrie: »Hilfe! Diebe! Hilfe!«

Wie eine Schnecke aus ihrem Gehäuse zerrte man ihn aus seinem Auto. Der Herr Pfarrer sprach gütig auf ihn ein.

»Mein Freund«, sagte er, »es ist absurd anzunehmen, daß der Herr Bürgermeister die Absicht hätte, Ihnen irgend etwas zu entwenden!«

»Wir bringen dich nach Hause«, sagte der Bürgermeister, »wir wollen dir damit einen Gefallen tun.«

»Geben Sie zu«, sprach der Herr Pfarrer, »daß Sie schwerlich imstande sind, diese Maschine zu lenken.«

»Meine Arschbacken in pikanter Soße!« sprach der Bäcker.

»Das sind überflüssige Worte«, sagte der Herr Pfarrer. »Sie entspringen einem krankhaften Zustand. Wie können Sie sich nur so fröhlichen Herzens unablässig selbst in Krankheit stürzen? Handelt so ein vernünftiges Geschöpf, ein Geschöpf Gottes?«

»Meine Arschbacken in pikanter Soße!« sagte mit fester Stimme der Bäcker.

Der Zug erreichte nun das Auto, welches der Feldhüter zur Bäckerei vorgefahren hatte. Amable stieß seine barmherzigen Wärter zurück, hob die Plane an und wollte zwei Kisten herausheben, die aber zu schwer für ihn waren.
In christlicher Nächstenliebe packten der Tischler und der Schmied jeder eine und stellten sie auf den Ladentisch. Aber als die erste Kiste die Marmorplatte berührte, hörte man ein helles Klirren, ganz wie von Flaschen.
»Der Unglückliche!« rief der Bürgermeister aus, »er hat zwei Kisten Wein mitgebracht! Schafft das sofort weg!...«
Aber der Bäcker hatte schon einen Tigersprung getan und schwang das große Messer, das zum Brotschneiden diente.
Die Augen traten ihm aus den Höhlen, und geifernd heulte er auf: »Den ersten, der näherkommt, mach ich hin!«
Diskret traten alle einen Schritt zurück.
»Und außerdem, was habt ihr eigentlich alle in meiner Bäckerei zu suchen? Das ist mein Haus! Raus, oder es geschieht ein Unglück!«
Der Feldhüter, obwohl sonst ein beherzter Mann, und der Herr Pfarrer, der es nicht eilig hatte, ins Paradies zu kommen, waren als erste draußen.
»Er ist im Recht«, sagte der Feldhüter. »Wir können gar nichts machen. Er ist in seinem eigenen Haus.«
Der Bürgermeister versuchte zu diskutieren. Aber der Bäcker schwang sein Messer so bedrohlich, daß der Rückzug unvermeidlich wurde; alle fanden sich auf der Straße wieder, während Amable von innen die Läden zuknallte.
Indessen sprach der Herr Pfarrer, der an die Macht des geistlichen Wortes glaubte, immer weiter mit erhobener Stimme. Er rühmte die Tugenden des Wassers, den Adel der Arbeit, während der Bürgermeister traurig mit den Schultern zuckte und der Lehrer, der von einem unerklärlichen Lachen geschüttelt wurde, spitze Schreie ausstieß und Tränen vergoß, wobei er sich den Bauch mit beiden Händen hielt.

Endlich hörte man durch die Tür hindurch die Antwort des Bäckers. Amable schrie: »Wer gesagt hat, das sei Wein, ist ein Dummkopf, weil beim Wein, da schmeck ich gar nichts mehr. Ich habe fünfzig Flaschen hergebracht! Es ist Rum, es ist Cognac, es ist Schnaps, es ist Rachenputzer... es ist Treber, es ist Klarer, es ist hochprozentiges Zeug!«

Die bestürzte Menge blieb stumm. Man vernahm das »Plop« einer Flasche, die entkorkt wird, dann ein lustvolles Stöhnen. Dann hörte man nichts mehr.

»Und unser Brot«, sagte traurig der Herr Pfarrer.

»Was unser Brot betrifft«, sagte der Bürgermeister, »so kriegen wir seine Arschbacken in pikanter Soße!«

Am nächsten Tag blieb der Laden geschlossen, aber durch das offene Fenster hindurch konnte man den Leibesübungen des Bäckers beiwohnen: mit zurückgeworfenem Nacken, mit dem hocherhobenen Arm eine Flasche haltend, deren Boden der Zimmerdecke zugewandt war, pumpte er, man sah es am mächtig rollenden Adamsapfel, den Rum-Verschnitt oder den mit Blausäure gepanschten Kirsch in sich hinein.

Da er jedesmal zur Flasche griff, wenn jemand zuschaute, und da diese Zechdurchgänge jeweils von einem Strom obszöner Worte begleitet waren, postierte der Bürgermeister den Feldhüter vor der Bäckerei; er sollte die Kinder wegscheuchen, die das neuartige Kasperletheater unerhört spannend fanden und die nicht mehr zur Schule gehen wollten.

Am Nachmittag verlegte er sich auf Lieder aus der Soldatenzeit. Die bigotten alten Frauen hielten sich die Ohren zu, wenn sie unter seinem Fenster vorbeigingen, dann bekreuzigten sie sich: diese fromme Handbewegung gab für einen Moment das rechte Ohr frei und erlaubte ihnen, Neues von diversen Sanitätsgefreiten und anderen Husaren aufzuschnappen.

An jenem Abend fand im Cercle Républicain eine Generalversammlung statt. Pläne für die Eröffnung einer neuen Bäckerei wurden entworfen, man sprach auch wieder vom Präfekten.
»Meine Freunde«, beschloß der Bürgermeister die Diskussion, »ich übernehme es, die Sache bis heute in vierzehn Tagen zu regeln, vorher geht es allerdings nicht, denn mit den Formalitäten dauert es immer seine Zeit. Währenddessen muß unser Freund Justin sich weiterhin opfern. Das Bürgermeisteramt wird ihm eine Entschädigung von zehn Francs pro Tag bewilligen dafür, daß er unser Brot in Aubagne holt.«
»Nie im Leben«, versetzte Justin. »Viermal habe ich es gemacht. Jetzt langt's mir... Erstens sind es sechs Stunden Weg, und auf was für Straßen, ihr wißt es ja. Mein Maultier geht dabei drauf. Und außerdem sind meine Mandeln jetzt reif, ich muß sie vom Baum holen. Also ich habe mein Soll erfüllt. Jetzt ist ein andrer an der Reihe!«
»Er hat recht«, sagte der Bürgermeister. »Glücklicherweise haben wir Baptistin.«
Aber Baptistin wollte von nichts wissen, und dann lehnten auch noch Clovis und Martial vom Hof Les Busines dankend ab. Der Bürgermeister sprach plötzlich von Dienstverpflichtung, und der Ton wurde um eine Note schärfer. Da erschien Monsieur Salignac. Er war vor seiner Pensionierung bei der Marine gewesen, und man nannte ihn den Käpt'n, weil er zwanzig Jahre lang als Barmann bei der Transatlantik-Companie gewesen war. Er hatte im Dorf ein kleines Haus und kam zur Jagdsaison für zwei bis drei Monate her.
Als man ihm die Katastrophenlage erklärte, lächelte er überlegen: »Ich weiß«, sagte er. »Ich kenn eure Geschichte, denn der Bäcker von Aubagne hat mir davon erzählt. Aber ich habe gleich mitgebracht, was hier gebraucht wird.«
Er zog aus der Tasche ein sorgfältig verschnürtes Päckchen. »Es handelt sich um ein englisches Medikament, das die Säufer radikal kuriert. Ein Lord, dem es ein bedeutender Arzt ver-

schrieben hatte, hat es zu einem horrenden Preis erstanden. Dann, als er es nehmen sollte, hat er es doch lieber mir geschenkt. Wir werden unseren Bäckermeister schon hinkriegen mit der Behandlung, die einem Herzog aus dem englischen Oberhaus geholfen hätte.«

Monsieur Salignac riß das Papier auf und öffnete die kleine Schachtel. Um ein hübsches Fläschchen war der Arzneizettel herumgerollt. Unglücklicherweise war er in englischer Sprache abgefaßt. Man lief ins Pfarrhaus und holte Ellwall's kleines Wörterbuch, das in Form und Format einem Pflasterstein glich. Dann legten der Herr Pfarrer, der Herr Lehrer und Monsieur Salignac ihre Vokabelerinnerungen aus dem Priesterseminar, aus dem Lehrerseminar und aus der Schiffsbar zusammen. Das Ergebnis der Dechiffrieraktion war klar und präzise, bis auf zwei oder drei sehr gelehrte Wörter, die sie zwar übersetzen konnten, deren Sinn sie aber trotzdem nicht verstanden. Der Lehrer war der Meinung, diese Wörter hätten doch mehr oder weniger dekorative Funktion, und es sei unnötig, ihnen besondere Beachtung zu schenken.

Die Magd aus dem Wirtshaus konnte ein bißchen Mandoline klimpern. Man klemmte ihr das Instrument unter den rechten Arm, eine Flasche Pernod unter den linken; so zog sie in die Nacht hinaus und ließ sich auf der Steinbank unter dem Fenster des Bäckers nieder.

Die Bauern wurden gebeten, sich in ihre Häuser zurückzuziehen, damit er sich unbeobachtet fühlen sollte, während der Generalstab des Dorfes hinter den Platanen in Stellung ging, um die Operation zu überwachen.

Die Magd sang zunächst auf italienisch und mit einer Stimme, die in ihrer Frische alle überraschte, *O Sole mio.* Die ersten beiden Strophen hatten keinerlei Wirkung, außer auf den Herrn Pfarrer, der eine Solistin für den Kirchenchor entdeckte. Aber am Ende der dritten Strophe, bei einer schmachtend ausgehaltenen Note, ging das Fenster auf, und im Mondschein erschien eine bleiche Gestalt. Sie zeigte ihm die Flasche Pastis, wobei sie vorgab, sie hätte sie dem Wirt entwendet. Gerührt stieg der Säufer schließlich zu ihr hinab, in jeder Hand hielt er ein großes Glas.

Zwei Schritte entfernt stand der Brunnen. Hier mixten sie den Zaubertrank: dem Mädchen gelang es, einen guten Schuß »Arznei« in das Glas des entflammten Säufers zu schütten. Dann tranken sie ausgiebig – und zärtlich. Dann sang die Magd ein neapolitanisches Wiegenlied, während der Bäcker wacker ihr Mieder durchknetete. Er wollte anschließend die Situation noch ein bißchen weiter ausnutzen, und der Herr Pfarrer wollte schon den Rückzug zum Pfarrhaus antreten, da stand der Bäcker kerzengrade auf und stierte wie vom Blitz getroffen um sich. Seine Nasenflügel krampften sich zusammen, sein Kinn wurde grün, sein Schnurrbart zitterte... Dann ertönte ein schwaches Röhren, der schwere Körper schwang herum, und mit beiden Händen vor dem Bauch entfloh der Bäcker Richtung Schlafgemach.

Ziemlich stolz auf ihre gelungene Tat, aber von dem durchschlagenden Erfolg doch ein wenig verschreckt, zog sich die Magd dorthin zurück, wo die Generalstäbler warteten, zeigte das fast leere Fläschchen und sagte: »Dem hab ich ’ne volle Portion untergejubelt!«
»Fünfzig Tropfen, hatten wir Ihnen gesagt«, murmelte der Lehrer. »Machen Sie das mal, zählen Sie mal im Dunkeln!« sagte die Magd. Nervös stiegen alle drei, der Herr Pfarrer, Monsieur Salignac und der Lehrer, auf die niedrige Brüstung, um näher an die Straßenlaterne heranzukommen, und lasen noch einmal des Lords Kurbeschreibung. Dabei entdeckten sie mit Entsetzen, daß die Dosis nicht in Gramm, sondern in »grains«, also Körnchen, angegeben war.

»So geht es«, sagte der Lehrer, »wenn diese stumpfsinnigen Engländer unser metrisches System ablehnen. Jetzt haben sie den Unglücklichen vielleicht umgebracht!«
Der Totengräber, der auch als Mesner diente, trat zum Herrn Pfarrer und flüsterte: »Soll ich schon mal die Letzte Ölung herholen?«
Aber plötzlich öffnete im ersten Stock der Bäcker das Fenster. Scheußliche Krämpfe schüttelten ihn, bis das Fenster ihn buchstäblich herauswürgte, er fiel dem Totengräber in die Arme, der ihn erst zu Boden gleiten ließ und dann mit einer Hand vor dem Mund hinter eine Platane rannte.
Der Schmied und der Tischler packten Amable vom Boden auf und schleppten ihn eilends zum Brunnen. Dort tauchten sie ihn ins eiskalte Wasser, »weil das wohltut«. Der Lehrer und der Pfarrer entrissen ihn den beiden hilfreichen Schergen und schafften einen leblosen Körper zurück zur Bäckerei; auf halbem Weg schien plötzlich wieder Leben in das totenbleiche Gesicht zu kommen, gerade so viel, wie für den letzten Seufzer nötig ist.
Irgend jemand stieg mit einer Leiter in das Schlafzimmer hinauf, kam von innen zur Ladentür herunter und machte auf.
Man steckte den armen Amable ins Bett, das zuvor die treue Magd hergerichtet hatte. Da lag er nun, den Kopf tief in den Kissen, die Nase dünn und spitz zur Decke gerichtet. Die treue Magd kehrte einen Haufen Unrat zusammen.
Der Herr Lehrer erhitzte auf dem Spirituskocher Leinöl, um dem Siechenden Umschläge zu bereiten, der Herr Pfarrer sprach mit leiser Stimme Gebete, allerdings noch nicht die für das Sterbebett vorgesehenen.
Die medizinische Verabreichung bestand in »aigo boulido«, einer Art Kräutertee aus zwei in Salzwasser gekochten Knoblauchzehen: er trank davon ein enormes Quantum. In den ersten Morgenstunden schlug er die Augen auf, und als der Herr Pfarrer ihn fragte: »Wie fühlen Sie sich jetzt?«

deutete er ein kleines Lächeln an und murmelte: »Meine Arschbacken in pikanter Soße...«
Was alle Welt aufatmen ließ.
Als der Lehrer und der Pfarrer beim Hahnenschrei sich total erschöpft heimwärts verzogen, lehnte es die treue Magd ab, vom Krankenbett zu weichen.

Am nächsten Morgen kam der Wirt vom Cercle Républicain, um den neuesten Stand zu erfahren. Die Bäckerei war geschlossen, die Läden zugeklappt.
Gegen Abend stellte sich der Generalstab ein, geführt vom Käpt'n, der sich hier schwer in die Verantwortung hineingeritten hatte.
Als der Lehrer mit dem Stock an die Läden schlug, ging sacht das Fenster einen Spalt auf und das Gesicht der Magd erschien. Sie deutete ein beruhigendes Lächeln an, legte den Finger an die Lippen und schloß wieder geräuschlos.
Der übernächste Tag war ein Sonntag. Kurz vor sieben Uhr führte Tonin sein Maultier zum Brunnen. Während das Tier ernst und gemächlich trank, wanderte Tonins Blick nach oben. Genau über dem Kamin der Backstube erblickte er etwas wie ein Erzittern der Luft, dann ein geballtes weißes Wölkchen, dann eine langaufsteigende, blaue, vom Morgenwind gezauste Rauchgirlande. Er erkannte den Duft von Pinienscheiten und rannte los, das Dorf zu informieren.
Um zwölf Uhr mittags stand vor dem Laden eine kompakte Menge – die Kinder in der ersten Reihe. Alle diese Leute sprachen leise untereinander in gespannter Erwartung der Dinge.

Genau beim zweiten Glockenschlag flogen die Türläden auf. Man erblickte Amable, wie er in weißer Bäckerkleidung erst den rechten, dann den linken Flügel in der Halterung befestigte. Unbeholfen grüßte er die versammelte Mannschaft, dann ließ er die Kinder herein, die Erwachsenen folgten. Auf dem

großen Mitteltisch erhob sich der Berg der Croissants, gekrönt von zuckerglänzenden Brioches.
»Greift zu!« sagte er. »Für die Kinder ist's heute umsonst.«
Aber sie wagten nicht, die Hand auszustrecken, und betrachteten still diesen Mann, den sie nicht kannten und der da mit verschränkten Armen vor einer Mauer aufgeschichteter Brote stand: bis zur Decke reichten sie. Die schön geordneten massiven Weißbrotlaibe erinnerten an einen Festungswall. Darunter stauten sich die fantasiereichsten Brotformen: es gab lange schlanke und kompakte breithüftige, es gab plumpe Knollenbrote und flache Flunderbrote, es gab solche mit zigeunerdunkler Kruste und ganz blonde, leichtgebackene, es gab die zarten für empfindliche Altweibermägen und die weichen, die sich der Herr Pfarrer in seinen Milchkaffee stippte.
Während man noch dabei war, all diese Reichtümer zu mustern, drängte sich Casimir, der Wirt vom Cercle Républicain, nach vorne durch.
Er strahlte vor Zufriedenheit und rief: »Bäcker, zu Mittag hab ich die Jäger da: ich brauche dreißig Pfund!«
Da gab ihm der Bäcker zur Antwort: »Casimir, dafür bin ich nicht mehr zuständig. Das Brot, das mache ich euch immer noch, aber für das Auswiegen und Verkaufen...«
Er hielt plötzlich inne, und der Mehlstaub verhinderte nicht, daß er sichtbar errötete.
Alle wandten den Blick zum Ladentisch. Und hinter der großen, wie zwei Sonnenscheiben glänzenden Waage gewahrte man eine schöne Frau. Unter schwarzblauen Stirnbändern zeigte sie volle, bleiche Wangen, schimmernde Zähne, große, von zärtlicher Rührung erfüllte Augen. Und kaum hatten Casimirs aufgerissene Augen die Magd erkannt, da räusperte sich der Bäcker zweimal. Endlich sagte er stolz und mit fester, lauter Stimme: »Wendet euch an die Bäckerin!«
Sie heirateten zum Erntedankfest, und sie waren glücklich und wurden geachtet.

Keinen Tropfen Alkohol trank Amable jemals mehr. Ja, die Arznei hatte so radikale Wirkung gezeigt, daß Papets Weinkeller, der genau gegenüber lag, verlegt werden mußte und daß Casimir hinfort zur Abendstunde keinen Pastis mehr an die Tische draußen servieren durfte, denn während der allgemeinen Boulepartie hätte der Anisduft sonst den Bäcker aus dem Konzept gebracht.

Aber nie erfuhr er, daß er sein Glück dem leichtfertigen Sinneswandel eines alten, inzwischen sicher vom *delirium tremens* dahingerafften Lords verdankte.

Am Tag vor der Hochzeit paßte nämlich die Bäckerin den Lehrer vor seiner Schule ab: »Nie darf man ihm erzählen, daß er diese Arznei geschluckt hat. Das würde ihm schwer zu schaffen machen... Er glaubt nämlich, was ihn geheilt hat (sie schlug die Augen nieder), war die Liebe.«

»Recht hat er«, sagte der Lehrer.

Ich trug mich mit der Absicht, diese Geschichte auf die Leinwand zu bringen, als ich eines Tages in der Nouvelle Revue Française auf ein paar Seiten von Giono stieß, die betitelt waren: »Die Frau des Bäckers«. Ich saß in einem Zug auf der Rückfahrt aus Belgien; dreimal, mit wachsender Bewunderung, las ich die fünfzehn Seiten. Es war ebenfalls die Geschichte eines Dorfbäckers: nur war er kein Säufer. Es war ein armer Kerl, der sich in einer großen Liebe verzehrte und der kein Brot mehr buk, weil seine Frau ihn verlassen hatte. Die Suchfahrt aller Männer des Dorfes nach der schönen Bäckersfrau war eine ländliche Ilias, eine Dichtung aus homerischem und virgilischem Geist zugleich... Am gleichen Tag beschloß ich, meinen durch die Liebe geheilten Säufer hintanzustellen und Jean Gionos Meisterwerk zu verfilmen.*

M. P.

---

* *La Femme du Boulanger*. Verfilmt von Pagnol.
Dt. Filmtitel: »Des andern Weib«

6
Erinnerungen an Regain
1937

Redortiers

*Regain** ist einer der schönsten Romane von Jean Giono. 1934 hatte ich bereits, unter dem Titel *Angèle*, ein anderes seiner Werke, *Un des Baumugnes*, in die Kinos gebracht, und mit dem großen Erfolg der Verfilmung war dem breiten Publikum auch das Talent eines Fernandel und einer Orane Demazis offenbar geworden. Beide engagierte ich für *Regain* und *Le Schpountz*.

Wie man weiß, spielt *Regain* in einem verlassenen Dorf der provenzalischen Voralpen. Ich fragte bei Giono an, ob das Dorf wirklich existiere. Er antwortete, es handle sich um Redortiers bei Banon, sämtliche Bewohner seien vor langen Jahren nach und nach abgewandert. Wir machten uns eines schönen Morgens auf den Weg, die zwei Autos beförderten den Kameramann, den Toningenieur, den Bühnenbildner, einen Standphotographen, Marius, unseren Maurermeister, Charley Pons, den Atelierdirektor, und den Techniker Bébert.

Das Landschaftsbild der provenzalischen Voralpen ist immer schön, aber oft ist es eine herbe Schönheit. Die schmale Straße lief den Talgrund zwischen zwei Bergketten dahin, und als wir an den Kreuzungspunkt zweier Täler gelangten, bremste Bébert unvermittelt ab und deutete nach links in das neue Tal hinein, an dessen Ende der hohe Pyramidenstumpf eines Hü-

---

* *Ernte*, dt. 1951

gels aufragte, und dieser Hügel schien von Häuserruinen und Bäumen gekrönt zu sein.
»Das wird's wohl sein, wonach wir suchen«, bemerkte er. Er bog in eine Art Forstweg ein, der aus zwei Radspuren bestand, zwischen denen eine niedrige Hecke aus Wacholder und Rosmarin streifend unter dem Wagen anschlug.
Der Toningenieur sagte: »Den Lastwagen werden wir nicht so leicht da raufkriegen.«
»Wenn jeder mit Hand anlegt«, versetzte Marius, »dann haben wir diesen Fahrweg in zwei Tagen soweit. Aber ich kann mir nur verdammt schwer vorstellen, wie er zum Dorf hinaufführen soll.«
Wir erreichten den Fuß des Hügels. Die Autos mußten wir zurücklassen; der Saumpfad, denn ein solcher war es nun, war halb zugewachsen mit Wacholdersträuchern und Ginster, und er stieg in gefährlich engen Serpentinen an.
Wir machten uns an den Aufstieg auf dem gewundenen Steilweg. Hob man den Kopf, bot sich ein tragischer Anblick: Die Spitze des Hügels, der wir zustrebten, schien zinnenbewehrt; es waren die letzten noch hochragenden Mauern eingestürzter Häuser.
Oben fanden wir uns auf dem Dorfplatz wieder, der unter den wenigen Pinien ganz den Zwergeichen und dem Dorngestrüpp zu gehören schien; der Portalvorbau der Kirche lag nun zertrümmert im Gras, die Apsis war auf den Altar heruntergefallen, ein großer Feigenbaum streckte einen Ast mitten durch ein kaputtes Glasfenster. Immerhin blieb eine schmale, von zerbrochenen Ziegeln übersäte Straße, von den Häusern rechts und links waren auf unerklärliche Weise einige leidlich erhalten, wenn man von den fehlenden Fensterläden und Scheiben absah. Auch die Türen hatte man fast alle abtransportiert. Auf einem wurmstichigen Tisch in der Küche lag der bronzehart anzufassende Schuh eines Bauern, und über den Spülstein verstreut fanden sich die grünlichen Scherben von

einem zerbrochenen Krug. Männer hatten hier gelebt und Frauen, sie hatten auf dem Dorfplatz getanzt, sie hatten sich geliebt, sie hatten Kinder bekommen, dann, eines Tages, waren sie gegangen, in die Städte (die jungen Männer hatten sie durch den Militärdienst kennengelernt) oder auf den Dorffriedhof, und alles was von ihrer harten Mühsal blieb, waren diese erschütternden Ruinen, schmerzlich legten sie Zeugnis ab von der ergreifenden Schwäche des Menschen, der als schneller Schatten über diese anorganisch kalte Erde geht, die Erde, die hartnäckige Nährerin des wuchernden Grases.
Unterdessen hatte Marius einige Häuser fachmännisch begutachtet, und er riet uns, unser Mittagessen in einem großen Küchenraum einzunehmen, dessen Decke uns seiner Meinung nach nicht auf den Kopf fallen würde.
Dann sagte er: »Ein Kamin ist da, der wird es aushalten. Sammelt mir schön trockenes Holz, zwei frischgrüne Büschel Thymian und ein Büschel Rosmarin. Ich bereite alles vor, dann können wir unser Fleisch auf dem Rost braten...«
Die Techniker schafften das verlangte Holz herbei, und der Standphotograph, ein Mann aus dem Norden, mit anderen Worten ein zu jeder Gefälligkeit bereiter Pariser, kam mit Thymian und Rosmarin zurück; aber sein Thymian war nichts anderes als Raute, jeder Widder hätte sich bei dem Geruch sofort übergeben, und als Rosmarin hatte er ein paar Hagebuttenzweiglein angesprochen. Diese Fehlgriffe waren schnell berichtigt.
Im Kreis auf dem Küchenboden sitzend, hielten wir eine erstklassige Jägermahlzeit, und getreu unseren Gepflogenheiten erläuterte ich sodann meinen Mitarbeitern, was ich vorhatte.
»Also zunächst einmal«, sagte ich, »hier an diesem Ort können wir aus mehreren Gründen nicht drehen. Erstens, weil unser Film von Außenaufnahmen beherrscht sein wird, und die nehmen mindestens vier oder fünf Wochen in Anspruch. Es ist nicht drin, daß man hier an die zwanzig Leute unterbringt und

verköstigt. Nicht einen Tropfen Wasser gibt es hier, und ich meine auch, das Dorf ist aufgegeben worden, weil die einzige Quelle versiegte.
Zweitens: Die Aufnahmen wären sehr erschwert durch die engen Straßen, in die die Sonne nur ein oder zwei Stunden pro Tag hineinfällt.
Drittens: Um den ziemlich wahrscheinlichen Unfällen vorzubeugen, müßten wir zuallererst sämtliche Ruinen stabilisieren, und dafür, d.h. für das Heranschaffen von Wasser und Zement, müßte man wieder mehr als einen Kilometer Fahrstraße anlegen.«
Alle schlossen sich meiner Meinung an, aber Willy, unser Kameramann, erklärte: »Sehr, sehr schade, weil die Ruinen sehr schön sind, und die Farbe der Steine würde sich auf dem Film wunderbar machen...«
»Da hast du recht«, sagte ich. »Aber wir haben eine Lösung: wir bauen die Ruinen an einem andern Ort wieder auf.«
»Wo denn?« fragte der Bühnenbildner.
»Bei Angèles Hof, auf dem Heilig-Geist-Hügel, der mir ja gehört und der eine Landschaft überragt, die genauso wild ist wie die hier.«
»Und das kostet wieviel?« fragte der Bühnenbildner.
»Teuer wird es, aber lange nicht so teuer, wie wenn wir hier drehen würden, weil wir nämlich den ganzen Film in sechs Wochen machen werden statt in zehn oder zwölf.«
»Wie das?«
»Weil wir nämlich zwanzig Minuten von unseren Marseiller Studios entfernt sein werden, wo du uns unverzüglich drei oder vier Innendekorationen aufbauen wirst. Wenn es regnet, fahren wir sofort wieder runter, und der Tag ist nicht verloren. Marius, kannst du es übernehmen, einen Großteil dieser kaputten Gemäuer genauso wieder aufzubauen?«
»Sicher«, versetzte Marius, »aber ich brauche dann circa zwanzig Maurer und noch mal so viele Handlanger, und außerdem

ist dort oben alles felsig, und deswegen brauche ich drei Steinbrecher und kiloweise Sprengstoff.«
»Kriegst du. Jetzt, Kinder, müssen wir uns eingestehen, daß die Zeit anders arbeitet als ein Filmarchitekt, und ihre Spuren, die wir vor uns sehen, sind so seltsam und so geheimnisvoll, daß man sie nicht erfinden kann. Also wird jetzt der Photograph durchs Dorf gehen und eine Menge Detailaufnahmen anfertigen. Eingestürzte Gewölbe, geborstene Türstürze, gewölbte oder schiefe Wände, unerklärliche Risse, dann der Baum, der aus einem Pferdestall hochgewachsen ist, der die Ziegel hochgestemmt hat und mit seinen Ästen fast das ganze Dach übergreift. Ich will auch Aufnahmen vom Gras in den Straßen und von dem sich ankrallenden Mauerkraut haben.«
»Das geht aber eigentlich jetzt nicht«, sagte der Pariser. »Das Licht ist eher schlecht...«
»Wir verlangen gar keine Meisterwerke von dir, sondern eine Dokumentation.«
Der Photograph erzitterte in seiner weiblich empfindsamen Seele und sprach: »Eine Dokumentation? In diesem Fall muß ich euch gleich warnen: solche Photos signiere ich auf keinen Fall!«
Charley stöhnte auf: »Mensch, sag nicht solche brutalen Sachen! Wir fangen sonst an zu weinen!«
Augenblicks bedeckten die drei Techniker mit beiden Händen ihre Augen und stießen Verzweiflungsschreie aus.
Ich griff ein.
»Die Frage ist entschieden. Ich genehmige nicht nur das Nichtsignieren, ich untersage das Signieren. In einer Stunde fahren wir nach Marseille zurück, und zwar mit den Photodokumenten. Wenn er sie nicht machen will, dann lassen wir ihn hier in den Ruinen, wo er die Nacht mit den Eulen verbringen kann. An die Arbeit!«
Ziemlich häufig aßen wir in einem Restaurant am Prado, hundert Meter von den Studios entfernt, zu Mittag. Der Wirt war

der dicke Léon. Nicht daß er fett war, aber wir nannten ihn den dicken Léon, um ihn von meinem Assistenten zu unterscheiden, dem kleinen Léon.
Zurück von den Hügeln, ging ich gleich zum dicken Léon abendessen; ich teilte ihm unsere Pläne mit und bat ihn, uns einen Koch zu finden.
»Wie viele werdet ihr sein?« erkundigte er sich.
»Mittags ungefähr zwanzig, abends ungefähr zehn.«
»Abends?«
»Jawohl, abends, denn wir werden im Schlafsaal übernachten.«
»Gut. Wenn es so ist, dann komme ich mit euch. Morgens fahre ich mit den Vorräten hinauf, abends fahre ich wieder herunter.«
»Und was ist mit Ihrem Restaurant?«
»Ich habe in der Küche noch einen sehr fähigen Gehilfen, außerdem meine Frau. Ich gedachte sowieso vier Wochen Ferien zu machen, weil ich unbedingt an die frische Luft muß. Wenn Sie mir ein Auto zur Verfügung stellen, dann bin ich Ihr Mann.«
Zurück im Studio, teilte ich meinem Techniker Bébert die erfreuliche Neuigkeit mit, und ich trug ihm auf, ein Auto für den dicken Léon bereitzustellen.
»Also das«, fing er an, »das wird ein bißchen schwierig unter Umständen, weil wir mit den Autos etwas knapp dran sind, vor allem, wenn die Produktion läuft. Ich wollte Sie sowieso deswegen sprechen... Wir haben den Ballot, den Lastwagen, den großen Renault, Ihren Citroën, den von Charley, den von Willy, den Tonaufnahmewagen und notfalls den Peugeot vom Labor. Gut wäre es halt, wenn wir zwei Autos mehr hätten...«
Zu jener Zeit kostete ein neues Auto um die dreißigtausend Francs; aber für die schlechten Straßen durchs Vorgebirge war es klüger, Gebrauchtwagen anzuschaffen.

Schon wollte ich Bébert losschicken zu den diversen Autowerkstätten im Viertel, als Charley aus seinem Büro trat, herüberkam und sagte: »Willst du sechs Taxis kaufen, lauter Citroën?«

»Hast du gerade mitgehört?«

»Nein«, versetzte Charley. »Die von der Werkstatt in der Rue Paradis haben mich angerufen. Sie haben aus der Konkursmasse eines kleinen Betriebes diese sechs Autos übernommen und verlangen dreißigtausend dafür.«

»Die gehn aber ran«, bemerkte Bébert. »Soviel kostet ein neues Auto.«

»Stimmt«, sagte Charley, »aber der Preis ist dreißigtausend für die sechs zusammen, plus ein siebtes in Form von Ersatzteilen.«

»Dann müssen das schlimme Klapperkästen sein«, sagte Bébert.

»Nein«, sagte Charley. »Es sind keine Klapperkästen. Nicht die Autos, das Unternehmen ist zusammengekracht. Wenn der Chef interessiert ist, schaun wir sie uns an.«

»Fahrt nur gleich hin!«

So sandte der liebe Gott, der manche Artigkeiten auf Lager hat, mir für dreißigtausend Francs sechs Autos, die noch Jahre hindurch gefahren sind.

Aubignane entsteht

Am nächsten Morgen brachen wir zu den Hügeln auf, in drei Autos und dem Troßwagen, der einen großen Kochherd, Stühle, Eßgeschirr, eine ganze Sippe von Kochtöpfen, einen Bratspieß und den dicken Léon transportierte; letzterer kam mit, um seine Küche einzurichten.

Angèles Hof war noch in recht gutem Zustand. Wir ließen Léon und zwei Dekorationsmaler dort zurück, wir selbst stiegen zu Fuß zur höchsten Stelle des Heilig-Geist-Hügels hin-

auf. Es war ein Felsrücken von der Form eines gewaltigen Schlachtkreuzers.
Marius der Maurer hatte sich nicht anschließen wollen; er wählte seinen eigenen Weg, indem er Serpentinen durch den Pinienwald abschritt; auf diese Weise legte er den Verlauf des Fahrwegs fest, der für den Transport von Material und Darstellern unentbehrlich war.
Auf dem Hügelkamm trafen wir wieder zusammen.
Von oben blieb Marseille halb verborgen im rauchigen Dunst, aber in der Ferne glänzte die Zinnplatte des Meeres.
Zur anderen Seite hin die öde Gegend des Étoile um die drei einsamen Felsgipfel der Tête Rouge, des Taoumé und des Garlaban herum.
Marius hatte ein 10-m-Maßband und drei kleine Töpfe mit schwarzer, roter und weißer Farbe mitgebracht, um auf dem Felsen den Straßenverlauf sowie den Standplatz der Ruinen zu markieren. Er leitete diese Aktion.
»Als erstes«, sagte er zu mir, »stellen wir die Kirche hier vorne an den Bug des Schiffes, knapp steuerbord.«
»Wird es einen Glockenturm geben?« erkundigte sich Willy besorgt.
»Aber sicher«, sagte Marius. »Einen Glockenturm von zwölf oder fünfzehn Metern Höhe.«
»Das ist mir aber ganz und gar nicht recht«, sagte Willy.
»Wieso? Bist du Freimaurer?«
»Nein«, sagte Willy, »aber der Schatten von diesem Turm wird uns das Leben zur Qual machen; wenn er genau auf die Stelle fällt, wo wir gerade drehen wollen, dann müssen wir zwei Stunden warten, bis er wieder weggeht.«
»Unsinn«, versetzte Marius, »die Dorfstraßen werden in Ost-West-Richtung verlaufen. Also wird der Schatten des Turms morgens um fünf oder sechs, während du noch schläfst, auf die Straßen fallen. Je höher dann die Sonne steigt, um so kürzer wird der Schatten. Um die Mittagszeit fällt der ganze

Schatten auf das Kirchdach, und nachmittags fällt er auf der anderen Seite den Hügel herunter, dann wirst du nicht einmal mitkriegen, daß der Turm einen Schatten hat.«
Mit dem Kompaß in der Hand dirigierte Willy Marius beim Trassieren der künftigen Dorfstraßen, wobei Charley mittels verschiedener Farbmarkierungen auf großen Steinen den Verlauf festhielt.
Anschließend wählte ich selbst den Standplatz für die beiden noch bewohnten Gemäuer aus, gemeint sind das Haus von Panturle und die Schmiede des alten Gaubert. Was die Mamèche anging, so würde sie in der verfallenen Kirche hausen.
Auf dem am wenigsten abschüssigen Hang kehrten wir zum Hof zurück, wobei Marius im Hinuntergehn Markierstangen setzte, denn er gedachte die Wegebauarbeiten gleich am nächsten Morgen zu beginnen.
Beim Hof trafen wir etwa zehn Maurer aus den umliegenden Dörfern an; Marius hatte sie zusammengerufen; in der Küche saß Charley, rief sie nacheinander herein, und es folgte jedesmal ein langes Aushandeln ihrer Ansprüche.
Unterdessen saß Marius auf der Brüstung der Terrasse und musterte gedankenverloren die einzelnen Felsetagen des Hügels.
»Mit den Maurern«, sagte er zu mir, »wird's keine Probleme geben. Ich kenne sie allesamt. Es sind Maurer vom Land, die ihr Handwerk aus dem effeff beherrschen. Überdies sind zwei Gipser dabei und ein Stuckateur aus Marseille. Jetzt werde ich mir zwei oder drei Steinbrecher suchen, weil es hier sehr felsig ist und weil es ein sehr hartes Kalkgestein ist. Wenn wir Dovi noch hätten, wäre das eine feine Sache.«
»Ist er nicht mehr im Dorf?«
»Nein, er ist in Rente gegangen. Er wohnt in Saint-Marcel, in einem hübschen Häuschen.«
»Gib Charley die Adresse. Ich wette, er trauert ab und zu seiner Bohrstange nach. Selbst wenn er ein bißchen älter gewor-

den ist, kann er immer noch den Vorarbeiter machen und die Gruppe führen.«
Acht Tage später verließ eine kleine Autokarawane das Studiogelände. Es ging los mit der Arbeit, wir schrieben den 4. Oktober 1936.
Die Stabsabteilung richtete sich im renovierten Bauernhof ein. Jeden Morgen kurz vor sieben trafen die Arbeiter auf Fahrrädern oder Motorrädern ein, denn Marius und seine Leute hatten den Forstweg ausgebaut; anschließend stiegen sie zu Fuß zur Baustelle hinauf. Hinter ihnen her stiegen wir mit der Axt auf der Schulter oder der Hippe in der Hand; ich suchte Standplätze für die Kamera aus, ich hieb störende Bäume um, dann ging ich hin und leitete die Arbeit der Steinbrecher.

Dovi

Seit langer Zeit schon kannte ich ihn, den großen Dovi.
Eines Sommerabends, vor dem Ersten Weltkrieg, waren zwei kleine Jungen damit beschäftigt, am Hügelhang Schlingen aus Messingdraht auszulegen. Sie wußten, es war verboten, auf diese Weise auf Kaninchenjagd zu gehen, ihr Verbrechen war ihnen wohlbewußt, und beim geringsten Geräusch schreckten sie zusammen. Plötzlich hörten sie hinten aus einem kleinen Seitental dumpf dröhnende Schläge: als ginge jemand mit einem gewaltigen Hammer auf Felsgestein los. Diesem Lärm lauschten sie recht gelassen: Gendarmen führen im allgemeinen keinen Steinhammer mit sich. Dann, als sie nach vollbrachter ruchloser Tat wieder zum schmalen Saumweg hinunterstiegen, drangen die Schläge deutlicher an ihr Ohr, sie erblickten einen hochgewachsenen Mann, der das schwere Werkzeug der Steinbrecher durch die Luft sausen ließ. Jedesmal, wenn er einen Felsbrocken wegsprengte, setzte er den Fäustel ab und hob das abgesplitterte Stück auf. Aufmerksam untersuchte er die Bruchstelle. Er rieb mit dem Finger darüber,

dann roch er an diesem Finger. Er machte einen zufriedenen Eindruck. Die beiden Jungen gingen näher und erblickten nicht weit von ihm eine Frau, die zwischen einer großen Steinbrecherzange und einer an den vier Enden zusammengebundenen Sackleinwand am Boden saß. Die Frau war großgewachsen, kräftig und dunkelhaarig. Sie sprach nicht. Sie wartete und knabberte am Stengel einer Bartnelke.

Der Mann sah zu den beiden Knaben hin und rief ihnen zu: »He, Kleiner! Wem gehört das, questa collina?«

Es war ein Piemonteser.

Daß es so etwas geben könnte wie das Grundbuch, davon hatten die kleinen Wilderer natürlich keine Ahnung. Aber sie wußten, daß dieser Ort Vincents Hügel genannt wurde und daß Monsieur Vincent, der in der Stadt arbeitete, im Dorf ein Häuschen besaß.

Der Mann sagte: »Ich komme aus Piemont. Ich bin Steinbrecher. Man sagt Dovi zu mir. Ich werde Vincent fragen. Danke.«

Mit großen Schritten ging er in Richtung des Dorfes davon, das jenseits des Tälchens lag. Die Frau blieb zwischen den Werkzeugen sitzen, die Abenddämmerung senkte sich herab.

Fünf Jahre später befand sich an derselben Stelle ein kleiner, hellweißer Steinbruch: bei Sonnenuntergang sah man Dovi auf dem Hügelkamm stehen; er blies in eine große Meermuschel, und nach allen Richtungen ertönte durch den Abend das Alarmsignal. Dann verschwand er in einem Loch, und im Gestein gingen die Sprengladungen hoch.

Neben der kleinen Straße stand eine bescheidene Hütte nebst Gemüsegarten, vor der Tür staken im Boden zwei dicke grüne Hölzer. Noch einmal fünf Jahre weiter, und es waren zwei schöne Platanen, blauer Schatten fiel auf die Terrasse eines hübschen Häuschens...

Als Charley ihn wiedertraf, zückte Dovi sofort seine Visitenkarte. Sie lautete schlicht, aber ohne Abkürzung: MONSIEUR DOVI.

Sogleich lieferte er die Erklärung: »Jetzt bin ich ein MONSIEUR, weil ich nämlich nicht mehr arbeite. Und dann, so eine Visitenkarte, das bedeutet eben, man ist ein HERR. Aber für das, was du mir gerade erklärst, brauche ich mindestens zwei Gehilfen, die ich gut kenne und die jung sein müssen.«
»Kein Problem«, sagte Charley.
»Denn jetzt habe ich nicht mehr soviel Kraft wie vor zehn Jahren. Aber wenn's für Marcel ist, dann faß ich schon noch mal Handschlegel und Spitzhaue an, sogar gern, aber nicht zu früh am Morgen, klar? Nicht vor sechs, weil ich bin jetzt verwöhnt!«
Er war die drei Monate hindurch, die der Bau des Dorfes dauerte, der Boß der Steinbrecher, und er war es mit Autorität. Manchmal schlugen die jungen Arbeiter – athletisch gebaute Kerle – minutenlang wie wild auf irgendeinen massigen Block ein, daß die Hämmer klingend zum Himmel flogen, aber nicht ein Bröckchen Gestein sich löste.
Dann ging Dovi bedächtigen Schrittes näher.
Er sagte: »Hört auf!«
Er schaute auf den Block, ging einmal herum, er schlug leicht mit der Pickelspitze dagegen, dann sagte er: »Dreht den Stein so rum!«
Die jungen Männer ergriffen die Steinzangen; das sind lange, stählerne Hebel, die Glockenklang erzeugen können. Sie trieben die Brechstange unter den Block und stemmten ihn hoch, während Dovi immer dickere Keile unterschob. Plötzlich hob er die Hand und untersuchte das Gestein; dann bezeichnete er einen Punkt der Oberfläche und sagte: »Hier, schlag zu!«
Der junge Steinbrecher schlug, der Block barst auseinander. Eines Tages zeigte ich ihm einen fast kubikmetergroßen Kalkbrocken und bat ihn, er möge ihn sprengen, denn er blockierte einen engen Pfad dort, wo Marius seinen Fahrweg geplant hatte. Dovi warf einen Blick auf den Felsblock und lächelte. »Armer Stein«, bemerkte er geringschätzig. »Da braucht es

keine Sprengladung. Außen glitzert er und scheint hart. Aber innen drin, da ist er ein Buch.«

»Wieso ein Buch?«

»Schau hin.«

Ohne besonderen Kraftaufwand zerteilte er ihn mit dem Pikkel in zwei bis drei Zentimeter starke Platten.

»Steine«, bemerkte er sentenziös, »knackt man nicht mit dem Hammer, sondern mit dem Hirn.«

Eines Tages kam Bébert zu mir: »Dovi versteckt jeden Abend zwei Säckchen unter dem Kopfkissen. Das müssen seine Ersparnisse sein. Wenn er sie die ganze Zeit mit sich herumträgt, dann kommen sie ihm am Schluß noch weg. Und außerdem gibt's hier an die dreißig Arbeiter, und wir kennen sie gar nicht... Also, er sollte sein gespartes Geld lieber zu Hause aufbewahren...«

»Ich spreche mal mit ihm drüber.«

Abends im Schlafsaal paßte ich auf, was Dovi machte: er verstaute unter seinem Kopfkissen zwei dreißig bis vierzig Zentimeter lange runde Säckchen. Ich rief ihn her. Er trat an mein Bett.

»Dovi, du tätest besser dran, dein gespartes Geld zuhause zu lassen...«

Er schien sehr überrascht und sagte: »Was für gespartes Geld?«

»Die beiden Säckchen unter deinem Kopfkissen, oder?«

Er lachte, und in seiner Antwort schwang Mitleid für jemand, der so unwissend sein konnte.

»Aber hör mal! Das ist das Dynamit und die Sprengkapseln!«

Ich meinte erst, er scherze.

»Du bist doch wohl nicht so verrückt, Dynamit in den Schlafsaal raufzubringen!«

»Im Gegenteil, Vorsicht ist das! Wenn ich das Zeug unten lasse, im Schrank, den man gar nicht abschließen kann, dann sind hier welche, die stehn um sechs auf, die wollen sich zum Frühstück Würstchen braten oder was weiß ich, die machen dann

Blödsinn und kommen auf die dümmsten Gedanken, also jedenfalls, die sind einfach nicht zuverlässig, und das Dynamit, also, das laß ich dann eben nicht aus den Augen!«

Mehrere, schon halb entkleidet, waren näher gekommen, anscheinend leicht beunruhigt.

Dovi machte eines der Säckchen auf, entnahm ihm eine Patrone und zeigte sie ausführlich der ganzen Runde.

»Solang da kein Zünder drin ist, passiert da gar nix! Schaut her!«

Mit diesen Worten grub er seine Zähne in die Patronen, hämmerte damit gegen das eiserne Bettgestell und machte uns schließlich das Angebot, er werde eine vor unseren Augen aufessen. Nur mit dem Argument, wir müßten sparsam mit den Dingern umgehn, konnte ich ihn davon abbringen.

Obwohl er nicht unrecht hatte, ließ ich in meinem Büro einen kleinen Panzerschrank aufstellen und gab ihm den Schlüssel dazu, und er lachte drei Monate lang mehrmals pro Tag, wenn er an die Angst dachte, die wir bekommen hatten.

Mein Freund Dovi wird diese Zeilen nicht lesen. Im Alter von mehr als achtzig Jahren, nach einem langen, von Arbeit, Klugheit und Rechtschaffenheit bestimmten Leben hat er uns vor kurzem verlassen.

Wir brauchten wie gesagt fast drei Monate, um das verfallene Dorf auf den Hügel zu stellen. Sie wurden zur schönsten Ferienzeit meines Lebens. Hier ein paar Aufzeichnungen aus einem uralten Schulheft, das mir wieder in die Hände gefallen ist.

Pendule

Pendule ist nicht sehr groß, aber breit gebaut und stark. Stets guter Laune, ist er der Reihe nach Zimmermann, arbeitsloser Maurer, hervorragender Studiotechniker gewesen, nur als Grammatiker kann er nicht gelten.

Eines Abends beim Essen sagte er zu Charley: »Es wäre gut, wir würden eine andere Amboß anschaffen, weil die die wir haben, zu klein ist. Ich weiß von einer in der Stadt: die ist nicht teuer und die ist ein schönes Stück.«
Die Tafelrunde lächelt, weil Pendule glaubt, Amboß sei weiblich. Dabei sagen fast alle hier »das Hammer«; aber wer selbst seine Sprache nicht richtig beherrscht, lacht besonders gern über die Schnitzer der anderen.
Charley, der seinen kindlichen Spaß hat, fängt an, Pendule Fragen zu stellen.
»Also nach deiner Meinung ist unsere Amboß eine zu kleine?«
»Eine viel zu kleine«, sagt Pendule. »Es ist eine Schlosseramboß oder meinetwegen eine für einen Kunstschmied. Sie hat einen netten Schwalbenschwanz, aber sie ist klein.«
Die andern legen es darauf an, daß er jetzt mehrfach versichert, wie fast neu diese Amboß ist, welch schönen Klang sie gibt, daß es eine echte Schmiedeamboß ist, und jedesmal, wenn er das Feminin gebraucht, lachen alle, bis Pendule plötzlich sagt: »Aber was gibt's denn da so saublöd zu lachen?«
Ich spüre, gleich wird er böse werden.
»Sie lachen, weil du sagst ›eine‹ Amboß.«
»Und heißen muß es wie?«
»›Ein‹ Amboß«
»Also das ist stark! Ist das Ding männlich?«
»Aber ja doch! Es ist ein männliches Wort.«
Da sperrt er seine großen Augen noch weiter auf und sagt: »Na ja, es ist ja auch aus Stahl!«
»Richtig«, bemerkt François, »er ist nun mal männlich, obwohl man ihn ständig verdrischt.«

Charley möchte mit den Späßchen um den Amboß noch ein bißchen weitermachen.
Am nächsten Morgen, während er oben, wo die Seilwinde anfängt, Pendule hilft, einen Lastwagen voll Gips und Zement

abzuladen, sagt er zu ihm: »Gestern abend war der Boß fast ein bißchen gemein zu dir.«
»Wieso?«
»Weil er dir weismachen wollte, daß eine Amboß männlich ist.«
»Ob das Ding männlich oder weiblich ist«, versetzte Pendule, »ist mir scheißegal!«
Aber jetzt hat sich der Zweifel festgefressen.
Nie mehr wird er das Wort Amboß gebrauchen.

Acht Tage später ist auf einmal ein Journalist aus Paris da. Ein Mann von *Cinémonde.* Er schläft wie wir im Schlafsaal, sein Bett hat er zwischen Pendule und Charley.
Es ist zehn Uhr abends. Er sitzt auf seinem Bett. Pendule liegt schon. Er raucht. Garcia und Dovi schnarchen. Ich lese, auf das Kissen gestützt, noch einmal den Text des Films. Durch den Bretterboden hört man von unten das Geschimpfe kartenspielender Männer, dann unterbricht noch der Anlasser vom Auto des dicken Léon die Stille des Tales.
Freundschaftlich erkundigt sich der Journalist, der sich gerade einiges notiert: »Pendule heißen Sie? Das ist doch nicht Ihr richtiger Name?«
»O nein!« sagt Pendule. »Es ist ein Spitzname.«
»Und woher kommt der?«
»Weil wenn ich laufe, da pendle ich so hin und her, wie halt der Pendel von 'ner Uhr.«
Der Journalist lächelt und sagt: »Wie *das* Pendel.«
Pendule schaut ihn an, seine Augen schleudern Blitze. »Ach nee! Sie kommen wohl extra von Paris her, um mich wieder mit dem der-die-das-Amboß zu schikanieren? Reden Sie, mit wem Sie wollen, mich können Sie mal!«
Er schmeißt seine Kippe weg, zieht das Laken übers Kinn und schläft ein.

Vorgestern hat uns der dicke Léon einen gewaltigen Kaninchenpfeffer zubereitet. Sechs lebende Kaninchen hatte man ihm angebracht. Aber der Topf war zu klein, so hat er nur fünf davon geschlachtet. Das sechste spaziert durch die Küche, nagt an gerösteten Weißbrotstückchen und verzehrt mit Genuß, was vom Kräuterstrauß übrig geblieben ist, der für seine brutzelnden Freunde die Sauce würzen half. Ich bringe ihm frischen Thymian. Er sagt nicht nein und mümmelt das Kraut mit zierlicher Bewegung.

»Wenn Henri mir noch mal vier anbringt«, bemerkt Léon, »dann ist er mit von der Partie.«

Aber es ist ein so friedfertiges, liebes Kerlchen, daß ich mich zu seinem Schutzherrn aufwerfe, daß ich sage: »Nein, er wird nicht mit von der Partie sein!«, daß ich sogar das Pathos nicht scheue.

»Léon, als erstes werden wir ihn taufen: nie wirst du es wagen, ein Tier zu braten, das einen Namen hat: nur die Namenlosen wandern in die Pfanne.«

Weil er große, traurige Ohren hat und weil er oft nachdenklich ist, taufen wir ihn »Gaubert«. So hieß der alte Schmied aus *Regain*, gespielt vom großartigen Delmont.

Gaubert fühlt sich mehr und mehr zuhause, manchmal hat er regelrecht geistreiche Einfälle. Oft macht er sich unter dem Eßtisch über die Schnürsenkel unserer Leinenschuhe her, im Nu hat er sie auf. Manchmal kommt er nachmittags, wenn ich schreibe, und schläft auf meinem Schoß.

Auch dem dicken Léon trägt er seine Freundschaft an, und die Belohnung sind Kartoffelschalen; die Maurer, die jeden Abend von der Baustelle herunterkommen, um vor der Heimfahrt auf der Terrasse noch einen Aperitif zu trinken, bringen ihm duftende Kräuter: die Folge sind glänzende Augen und glänzendes Fell. Der dicke Léon richtet auch das Wort an ihn, und er antwortet mit bedeutsamen Bewegungen seiner langen Ohren, wie eine Art kleiner Zeigertelegraph: mühelos hat er das gefährliche Kap des nächsten Kaninchenpfeffers umschifft. Mehr noch, er hat sich mit Duc und César, zwei schönen, anhänglichen und grimmigen Polizeihunden, angefreundet. César ist eine Hündin, aber sie verdankt ihren Namen dem Umstand, daß sie während der Dreharbeiten zu *César* zur Welt kam. Sie hat Gaubert adoptiert, er schläft an sie gekuschelt in ihrer Hütte, der große Duc seinerseits mag ihn ebenfalls gerne leiden. Zu dritt tollen sie durch die Küche. Während der dicke Léon Drosseln mit kleinen Westen aus Speck bekleidet, veranstalten sie heitere Jagdpartien unter dem langen Tisch entlang. Wenn sich Gaubert dann ausgepumpt auf den Rücken legt und die Augen schließt, dann betrachtet Duc ihn neugierig, schnuppert ihn ab und leckt zärtlich das schwarze, ewig zitternde Mümmelschnäuzchen.

Charley mag diese Spiele nicht. Er mag Gaubert nicht, weil Gaubert, der die Hunde mag, vor ihm Angst hat, und ich weiß auch, warum: weil ihm Charley eines Tages – aus Versehen – auf die Pfote getreten ist. Also prügelt Charley, sobald die Tollereien mit dem Kaninchen losgehn, die beiden Hunde mit dem Stock und treibt sie unter gräßlichen Drohungen hinaus. Eines Abends werde ich böse.

»Mein armer Charley, knurrig wie ein alter Hagestolz bist du. Dieses Kaninchen nimmt sich vor dir in acht, weil du seine Pfote schlimm mißhandelt hast. Du hast es nicht absichtlich getan, aber das weiß es ja nicht. Also, verzeih ihm seinen naiven Groll. Erlaube ihm, sich mit seinen Freunden zu amüsieren!«

»Und ich, ich sage dir, diese Freunde sind zu große Brummer, und sie werden ihm eines Tages wehtun. Und gerade weil ich ihm auf die Zehen getreten bin, will ich ihm das Leben retten.«

»Du glaubst also, die Hunde werden ihn umbringen?«

»Vielleicht, aus Versehen.«

»Ach, Unsinn! Ich habe gesehen, die sind beim Spielen dermaßen rücksichtsvoll, daß du's dir gar nicht vorstellen kannst, weil es in deiner Natur nämlich nicht liegt, rücksichtsvoll zu sein. Gaubert ist ihr kleiner Freund, und er selbst ist der Auftreiber, er langweilt sich nämlich, er leidet unter dem Alleinsein. Vielleicht hält er sie für Riesenkaninchen, jedenfalls hat er Zutrauen zu ihnen.«
»Das sollte er lieber nicht.«
»Aber er kann sich doch gar nicht täuschen: der Instinkt der Tiere ist unfehlbar. Laß ihnen also ihre gemeinsamen Spiele. Es ist reizend anzuschauen, und allen dreien tut es gut. Im sonstigen Leben bist du kein herzloser Kerl, deswegen finde ich es wirklich komisch, daß du nicht fähig bist, die Freundschaft dieser Hunde für ein Kaninchen zu begreifen und zu würdigen! Du leidest an einer Verhärtung des Gefühlslebens. Dann laß aber bitte die Tiere in Frieden!«
»O.k.«, sagte Charley.
Gekränkt, mit den Schultern zuckend, verläßt er den Raum.

Drei Tage später komme ich mit sinkender Dunkelheit zurück von den Studios, wo ich Schecks und Schauspielerverträge unterschrieben habe. In der Küche treffe ich nur Léon an, der einen großen eisernen Kochtopf überwacht, und Charley, welcher Pfeife rauchend vor dem Holzfeuer sitzt.
Ich frage ihn: »Wo sind die andern?«
»Die sind auf einen Sprung nach Aubagne, aber gegen acht wollen sie zurück sein.«
Ich setze mich an den Tisch. Der dicke Léon stellt mir einen kleinen Whisky hin. Ich schaue in die Runde. Irgend etwas geht mir ab.
»Wo ist Gaubert?«
Charley nimmt die Pfeife aus dem Mund und antwortet bedeutungsschwer: »Wenn's der Kopf ist, den du sehen willst, der liegt auf Eis, und das kleine weiße Bommelchen da hinten

auf dem Tisch ist der Schwanz. Der Rest befindet sich in Léons Kochtopf…«

Ich bin wütend.

»Hast du selber die Hunde aufgehetzt?«

»Aber keineswegs«, sagt Léon. »Charley war oben bei Marius, und ich war allein. Die Hunde spielten wie sonst auch mit dem Kaninchen. Und dann hat ihn die Hündin beim Kopf genommen, der Hund beim Hintern, und dann hat jeder nach seiner Seite hin gezogen… Ich drehte ihnen den Rücken zu, ich stand am Herd. Als ich mich umgedreht habe, war der arme Gaubert einen Meter lang. Ich wollte ihn ihnen wegnehmen, aber jeder hat sein Ende brav festgehalten. Da hab ich ihn, weil er ja nicht an einer Krankheit gestorben, sondern verunglückt ist, abgezogen und mit schwarzen Oliven in einer Sauce zubereitet. Der Duft ist wirklich gut.«

Ich bin sehr betreten. Charley verzieht keine Miene, als er mir nun sagt: »Der Instinkt, du hast es ja selbst gesagt, ist unfehlbar. Und ferner hattest du vorausgesehen, die würden bei ihren Spielen immer weiter dazulernen – auch da hattest du recht, aber du hattest den Hundeinstinkt vergessen, der hat sie nämlich dank einer Verhärtung des Gefühlslebens dazu getrieben, den armen Gaubert bis zum Zerreißpunkt langzuziehen; ich, mit der gleichen Verhärtung des Gefühlslebens, ich hatte sonnenklar vorausgesehen, daß der arme Gaubert, der so intelligent war wie eine Leberwurst, am Ende genau die Form derselben verpaßt bekommen würde, vor der Endstation: Léons Kochtopf.«

Die Léonschen Gleichungen

Eines Morgens komme ich aus dem Schlafsaal herunter und frühstücke in Gesellschaft von Bébert, Pendule, Dovi, Charley, dem kleinen Léon, Marius und René, die soeben eingetroffen sind. Dieses Frühstück besteht nicht aus Kaffee plus Crois-

sants und auch nicht aus Butterbroten. Auf dem langen Tisch stehen Schinken, Aufschnitt, Koteletts, die sich jeder selbst auf dem Pinienzapfenfeuer grillt, wobei er ab und an etwas getrockneten, staubdünnen Thymian oder in gleicher Form Salbei oder Rosmarin darüberstreut. Je nach Geschmack.
Man kaut und man spricht. Ich erläutere den Tagesplan. Der dicke Léon ist noch nicht da, er ist wohl noch auf dem Markt. Mitten im Reden bemerke ich auf der weißen Wand gegenüber, dicht neben dem Herd, drei oder vier mit Kohlestift hingeschriebene Ziffernreihen.
»Wer hat diese Zahlen auf die Wand geschrieben?«
»Das werden wohl Abrechnungen von Léon sein«, meint Marius.
»Bestimmt nicht«, versetzt Bébert. »Nicht Abrechnungen, sondern Berechnungen. Léon sucht nach einer neuen Systemwette.«
Charley erhebt sich.
»Die Arbeiter kommen. An die Arbeit.«
Sie gehen hinaus. Ich gehe mir die Zahlen näher anschaun. Es handelt sich ganz bestimmt nicht um Wettsysteme, genausowenig um Küchenabrechnungen.
Gerade in diesem Moment trifft Léon beladen mit Lebensmitteln ein. Er wirft fünf oder sechs gerupfte Hühner und eine große Speckseite auf den Tisch.
Er sieht mich vor den Zahlen stehn, lächelt und sagt: »Sie kennen sie?«
Der Ton, in dem er gesprochen hat, bedeutet: Unmöglich, daß Sie sie nicht kennen.
Ich antworte: »Nein. Alles, was ich dazu sagen kann, ist, daß es wahrscheinlich eine Gleichung darstellen soll.«
Ein Geständnis, das den dicken Léon erschüttert. Wie ein Erwachsener zu einem Kind, so spricht er zu mir: »Aber hören Sie mal! Das ist doch die Laplacesche Gleichung! Man nennt sie auch ›Kontinuitätsgleichung!‹«

Er setzt sich an den Tisch und schneidet mit einem langen, biegsamen Messer schmale Streifen Speck ab.
»Übrigens«, sagt er, »ist es nur der mathematische Ausdruck für ein wohlbekanntes physikalisches Phänomen.«
In diesem Moment kommt Bébert herein, macht den Schrank mit dem Wein auf, entnimmt zwei Flaschen, dann hört er Léon zu, der weiterspricht: »Es ist die Gleichung aus der Strömungslehre. Wenn es keine Wirbel in der Flüssigkeit gibt – denn wir gehen zunächst davon aus, daß es sich um eine Flüssigkeit handelt –, dann lassen sich die drei Geschwindigkeitskomponenten, die jeweils den drei Koordinatenachsen eines jeden in der Flüssigkeit befindlichen Moleküls parallel sind, berechnen mit partiellen Ableitungen. D.h. es ist eine hübsche partielle Differentialgleichung.«
Da sagt Bébert tiefbeeindruckt, eine Flasche in jeder Hand: »O Léon, bitte sag das noch mal für mich! Tu mir den Gefallen!«
»Einverstanden«, versetzt Léon, »aber gib mir erst die beiden Flaschen zurück, die die Steinbrecher bei mir nicht bestellt haben und die du mit François und Pendule in irgendeiner heimlichen Ecke köpfen wirst!«
»Schon möglich«, sagt Bébert, »aber du hast nicht das Recht, uns jedes flüssige Molekül vorzuenthalten, wo es uns doch so gut in der Kehle tut!«
Und er ergreift grinsend die Flucht.
Für mein Teil bin ich hocherstaunt, daß unser Küchenmeister sich für »Partielle Differentialgleichungen« interessiert.
»Sagen Sie, Léon, wo haben Sie die Höhere Mathematik her?«
»Von der Uni. Vor dem Krieg war ich Mathematiklehrer, sodann Artillerieoffizier. Nach meiner Verwundung hat man mich auf Genesungsurlaub nach Marseille geschickt. Die Stadt hat mir gefallen. Ich bin geblieben, habe geheiratet und das kleine Lokal gekauft; da schau ich mir dann von Zeit zu Zeit, wenn ich Zerstreuung brauche, die schönen Formeln wieder an, die mich an meine Jugendzeit erinnern…«

Das Ohr

Borel ist ein junger, sympathischer Hilfsarbeiter; bei der Arbeit willig. Heute befreit er ein paar Pinien von Ästen und Zweigen; die Bäume mußten fallen, um Platz für den Fahrweg zu schaffen. Gründlich schärfe ich meine Hippe und komme ihm zu Hilfe.

Sofort sehe ich, sein Werkzeug muß dringend geschliffen werden. Ich halte ihm meines hin.

»Gib her, ich werde es dir schleifen.«

Er ist sehr stolz auf diesen Tausch. Er fährt sacht über die stählerne Schneide und sagt freudig: »Schneidet wie ein Rasiermesser!«

Er faßt einen Ast von vier bis fünf Zentimeter Durchmesser ins Auge, holt schwungvoll mit dem Haumesser über die Schulter aus und führt den Streich.

Der Ast ist glatt durchtrennt.

Er lächelt und sagt: »So was macht Spaß!«

Aber plötzlich wechselt sein Gesichtsausdruck, er reißt weit die Augen auf, faßt sich mit der Hand ans rechte Ohr und hält sich blutige Finger vor die Augen: er hat sich das Ohr abgetrennt, und dieses liegt unten auf einem Büschel Thymian.

Ich hebe es auf, während er sein Taschentuch auf die Wunde preßt und leise vor sich hin stöhnt; eilends führe ich ihn zum Hof. Charley öffnet den Verbandskasten und macht einen Druckverband mittels steriler Watte; dabei lacht er Tränen, denn ich halte immer noch das Ohr in der Hand.

Ich strecke es ihm hin. Er sagt: »Ist schon komisch anzuschaun, wenn's nicht mehr an der Birne sitzt.«

Er bettet das Knorpelgebilde in antiseptisches Gazematerial, lädt den Verletzten in ein Auto und schafft ihn ins Krankenhaus La Valentine, wo ein geschickter Arzt ihm den Schalltrichter wieder drannähen wird.

Eine Erfindung

Eines Abends im Schlafsaal, ich bin schon im Bett, lese ich noch Zeitung. Charley, mein Bettnachbar, denkt mit weit geöffneten Augen nach. Plötzlich sagt er in meine Richtung: »Weißt du, was wir machen könnten? Ein Elektroauto.«
»Zu welchem Zweck?«
»Zu dem Zweck, daß wir kein Benzin mehr kaufen müßten; wir verbrauchen fast hundert Liter pro Tag.«
»Aber den Strom müssen wir dann doch genauso bezahlen wie das Benzin.«
»Eben nicht! Bis das Ding läuft, würden schon Kosten anfallen, klar, aber ab dann NICHTS mehr!«
Ich weiß, daß er weder von Technik noch von Physik eine Ahnung hat und daß er mir etwas total Abwegiges unterbreiten wird.
»Sag mir, wie du dir's so in den Einzelheiten denkst.«
»Also gut«, sagt Charley, »stell dir ein Fahrgestell vor ohne Benzinmotor.«
»Gut. Das läßt sich machen.«
»Wo der Benzinmotor wäre, montiere ich einen Elektromotor hin, und der läuft mit einem Akku.«
»Gut. Sicher sind da mehrere Batterien notwendig.«
»Einverstanden. Wir werden so viele einbauen, wie du willst. Bevor es losgeht, muß man sie laden: das sind die genannten Startkosten.«
»Gut. Aber dann?«
»Dann«, sagt er geheimnisvoll, »dann montiere ich genau über dem Elektromotor einen ziemlich starken Dynamo, mit einem Keilriemen.«
»Oho, oho! Der Motor dreht sich und dadurch dreht sich der Dynamo mit?«
»Ganz genau. Von der einen Seite her lädt der Dynamo die Batterien wieder auf, und die geben nach der andern Seite ihre

Ladung ab und treiben so das Auto vorwärts, und wir fahren umsonst in der Gegend spazieren! Bist du mitgekommen?«
»Bestens... Aber fürchtest du nicht, der Dynamo könnte zuviel Strom erzeugen und am Ende die Batterien sprengen?«
»Nein«, sagt Charley. »Wenn die Sache gut durchkonstruiert ist, besteht keine Gefahr. Man kann ja gegebenenfalls einen Widerstand dazwischenbauen.«
»Du solltest mir eine Zeichnung machen.«
Er zieht Bleistift und Papier aus der Tasche.
Aber plötzlich springt er auf, rennt ans offene Fenster und brüllt: »Was sucht ihr da? Wollt ihr wohl den Hammer wieder dahinlegen, wo ihr ihn genommen habt! Fünf Hämmer weg in zwei Wochen! Wer seid ihr?«
Und jetzt rennt er auf einen halbwüchsigen Bengel los, der den Hammer fallen läßt und flieht.
Am nächsten Abend im Schlafsaal sagt er zu mir: »Hör mal zu... Das Elektroauto, du weißt, von dem ich dir erzählt habe, das kann nicht funktionieren.«
»Hast du herausgefunden, warum?«
»Klar«, sagt er. »Wenn's funktionieren täte, hätte Citroën es schon längst gebaut...«

Arthur Honegger

Während die Dreharbeiten im Gange waren, sahen wir eines schönen Morgens Arthur Honegger, den illustren Komponisten, aus dem Auto steigen.
Ich hatte ihn um die Musik zu *Regain* gebeten.
Gewöhnlich wartet man, bis ein Film fertig geschnitten ist, wählt dann einen Komponisten aus und führt ihm zwei- oder dreimal die Arbeitskopie vor.
Er schreibt seine Musik in drei bis vier Tagen, man nimmt sie auf, und fertig ist die Sache.

Arthur bat ich, wirkliche Musik zu komponieren und für ein paar Tage herzukommen und den Dreharbeiten zuzuschauen. Ich hatte nämlich wichtige Szenen ohne jeden Dialog geschrieben, sie spielten in großartiger Vorgebirgslandschaft, und ich hatte zu ihm gesagt: »Zu diesen Bildern wird es keinen Text geben, deine Musik wird es sein, die spricht.«
Er blieb gut vierzehn Tage bei uns.
Er war ganz unkompliziert, er betrachtete sich als Mitglied der Truppe. Gutgelaunt saß er beim Mittagstisch zwischen zwei Technikern und nahm an allen unseren Aktionen teil. Mußten Zementsäcke oder eine der schweren Lichtmaschinen verladen oder abgeladen werden, dann wandte Bébert sich hilfesuchend an ihn: »O Arthur, Sie sind stark, bitte, könnten Sie mal kurz mit anpacken?«
Dann legte Arthur die Anzugjacke ab, krempelte die Ärmel hoch und schulterte Fünfzig-Kilo-Säcke, oder sie schleppten zu zweit eine drei Zentner schwere Lichtmaschine.
Er verfolgte die Dreharbeiten in allen Einzelheiten; dann, war eine Szene abgedreht, entfernte er sich gedankenverloren in Richtung Pinienwäldchen, wobei er bereits einiges in sein Büchlein notierte... Am Abend schließlich schloß er sich in seinem Arbeitsraum ein und komponierte eine Musik, die sich als grandios erwies, würdig vor allem Gionos Werk. Ich glaube, es ist die einzige Filmmusik, die von den großen klassischen Symphonieorchestern, vor allem in Deutschland, gespielt worden ist, der Titel ist *Regain-Symphonie*.